看懂禪機 上

呂冬倪——著

All that WE ARE is the RESULT of what WE HAVE THOUGHT. The MIND is EVERYTHING.

前言

當我完成這本《看懂禪機》時，再回首我出版的第一本《看懂心經》，時光已經飛逝二年了。

再次感謝鼓勵我的讀者們，有你們的支持，讓《看懂心經》有再版的機會。我不是什麼高僧大德，也不是什麼法師大師，我只是一位喜歡研究佛法的路人甲，會出版《看懂心經》，純粹只是個偶然的機緣。

我只是希望把我這二十八年來，研究佛法的心得，和有緣人分享，或許能夠幫助有興趣學佛的同修們，給他們一些見解和看法，希望有助於他們對佛法的解惑和學習。

記得有位朋友問我，看完《看懂心經》之後，他才知道唯有透過「靜坐禪定」的練習，才能夠讓第七識「末那識」停止作用。一旦第七識「末那識」停止作用，我們的思想活動就停止，「妄想執著」當然就不存在。這時候，「自性佛」就顯現出來。

但是，要用什麼方法才能夠讓第七識「末那識」停止作用呢？書中並沒有說明方法。

我這位朋友真的很認真的看完《看懂心經》，而且也準確地提出一個重點：要如何讓第七識「末那識」停止作用呢？我並不是留一手不寫出方法，而是準備在我寫的第二本書《看懂禪機》裡，再詳細說明。

《看懂心經》的首要重點，是要介紹「唯識學」，認識第七識「末那識」的作用。透過「唯識學」

的學習，才能夠明白釋迦牟尼佛到底在說什麼？

釋迦牟尼佛告訴我們，眾生都有「自性（佛性）」，但是都被自己的「妄想執著」所蒙蔽；「妄想執著」是我們第七識「末那識」的產物；而要去除「妄想執著」，只有一個方法，就是透過「靜坐禪定」的修習，讓第七識「末那識」停止作用，「自性（佛性）」自然顯現。

這本《看懂禪機》，是《看懂心經》的續集，它的首要重點，正是說明用什麼方法？來讓第七識「末那識」停止作用。答案是：修道要從第六識「意識」下手。

讓第七識「末那識」停止作用的方法是：透過「靜坐禪定」的修習，停止自己第六識「意識」的分析判斷功能，讓第六識「意識」無法傳遞分析判斷的結果，給第七識「末那識」做決定，第七識「末那識」就會停止作用，「自性」自然顯現。

我花了二年的時間才完成《看懂禪機》，當我完稿時，我才發現一個大問題：寫太多。《看懂心經》這本書，大約寫了十六萬八千多字；而《看懂禪機》的初稿，居然有六十四萬多字，我把《五燈會元》的原文部分全部刪除，其它部分精簡再精簡，也還有五十七萬七千多字。

天啊！這麼多字，一本書怎麼裝的下？經過詢問「白象出版社」，建議我可以分成三本書，以「套書」的方式來出版。這就是為什麼，《看懂禪機》是以「套書（三本書）」方式來發行的原因。

但是，很可惜，我把「量子力學證明三界唯心萬法唯識」這個單元刪除了，我打算把這個單元移到將來寫《看懂宗教》這本書裡。另外，原本預計有「禪機懶人包」這個單元，也一併刪除。因為，字數實在太多，容納不下。

最後，再一次感謝各位有緣讀者的鼓勵與支持。這套「套書」出版以後，我將繼續撰寫下一本書

《看懂證道歌》。

我建議讀者們看完《看懂心經》和《看懂禪機》之後，每天要安排至少三十分鐘來練習「靜坐禪定」，否則一切都只是紙上談兵。而練習「靜坐禪定」，必須要有一本「禪修參考書」，來做為良師良伴。

修習「靜坐禪定」的「禪修參考書」很多，常見的有「三祖僧璨」所著述的《信心銘》，「牛頭法融」所著述的《心銘》，以及「永嘉玄覺」所著述的《證道歌》。

我最推薦「永嘉玄覺」所著述的《證道歌》，因為《證道歌》的內容淺顯易懂。所以，我將出版《看懂證道歌》，來做為有心修習「靜坐禪定」者的禪修良伴。

最後，讀者們可以掃描本書背面的QR Code，或者上網瀏覽我設立的《看懂系列叢書網頁》，可以獲得更多的資訊，網址如下：https://www.kandonbook.com/

呂冬倪

二零二一年三月寫於 澳洲・布里斯本・家中

導讀

我花了二年的時間完成《看懂禪機》，初稿有六十四萬多字，我精簡再精簡，也還有五十七萬七千多字（最後定稿時，有五十四萬九千多字。）。所以，只好把《看懂禪機》分成上、中、下三集，也剛好以三大部分來詮釋「禪機」。

以下簡單說明這三大部分的重點和內容，讓讀者們在最短的時間內，知道自己可以學習到什麼「禪學知識」。

•《看懂禪機》上集重點導讀：

（一）第一單元「看懂禪機」的五十個問答

透過問答的方式，解釋說明「禪、定、禪定、禪機、佛法修行、見性成佛、妄想執著、唯識學、四禪八定、禪定口訣、入流亡所、禪宗的起源、古印度瑜伽、不立文字、教外別傳、禪宗經典、唯識熏習」等等，禪學的基本常識。

（二）第二單元 禪宗的特殊傳法儀式

「禪宗」有二個很特殊的傳法儀式，一個是「以僧伽黎圍之」，另一個是「付法傳衣」。這二個特殊的傳法儀式，就從釋迦牟尼佛傳法給「印度禪宗」第一代祖師大迦葉尊者的時候開始。「一貫道」的點道傳法儀式，就是源自於這二個特殊的傳法儀式。另外，釋迦牟尼佛傳「法衣」給大迦葉尊者，這件「法衣」，不是菩提達摩在中國所傳的「法衣」。

第三單元 禪宗的法脈傳承

要學習禪法，一定要知道「禪宗法脈傳承的歷史」。要了解禪法，一定要知道三十三代祖的生平事蹟和「傳承心法的詩偈」。「傳承心法的詩偈」是禪宗歷代祖師，一生修習禪法的心得報告。我們可以從歷代祖師，流傳下來的傳法詩偈中，學習到歷代祖師最原始的禪法心要。

- **《看懂禪機》中集重點導讀：**

從第四單元到第十四單元，重點介紹「禪宗」十一個宗派的源由，包括「牛頭宗、荷澤宗、洪州宗、石頭宗、溈仰宗、臨濟宗、曹洞宗、雲門宗、法眼宗、黃龍派、楊岐派」等，還有各宗派創始祖師的「生平、事蹟、典故、著作、興衰、禪機對話、接引方法、傳承弟子、法脈傳承、禪法的核心思想」等等。

- **《看懂禪機》下集重點導讀：**

從第十五單元到第二十一單元，重點介紹中國禪宗六代祖師傳法教學時，所使用的經典。初祖達摩祖師和二祖慧可傳授《楞伽經》、三祖僧璨傳授《信心銘》、四祖道信傳授《入道安心要方便門》、五祖弘忍傳授《最上乘論》、六祖惠能傳授《金剛經》等。另外，介紹《六祖壇經》、永嘉禪師著作的《證道歌》和普明禪師著作的《牧牛圖頌》等，學習禪法很棒的經典和著作。

另外，建議讀者們在閱讀這三本書的時候，只看你看得懂的部分，看不懂的部分，請先跳過去。等你以後佛學基礎更紮實的時候，再回過頭來閱讀學習看不懂的部分。

尤其是佛經原文的部分，請跳過去，只看白話翻譯的部分。這些佛經原文的功能，是方便查閱原文的出處。因為，雖然我已經盡可能的用白話文翻譯解釋做說明，但是因為每個人學佛的根機不同，每位讀者看得懂的部分也不同。

有個學佛的觀念，要和各位讀者們分享。佛經裡所謂的「上根、中根、下根」，三種學佛的根機層次，並不是以「聰明智慧」來定義區別，而是以學佛者「精進學習」的程度來區分。

就好像是小學畢業後，才能夠上中學；中學畢業後，才能夠上大學；大學畢業後，才能夠上碩士班；碩士班畢業後，才能夠上博士班一樣。

「下根學佛者」有初級的佛學基礎之後，再「精進學習」中級佛法，成為「中根學佛者」；「中根學佛者」再「精進學習」高級佛法，才能成為「上根學佛者」。

所以，各位讀者們要知道，沒有人可以在沒有「精進學習」高級佛法的情況下，天生就是「上根學佛者」。

有一種人，剛接觸到佛法，就深信不疑，馬上就跳級到「中根學佛者」，甚至是「上根學佛者」。這是因為他在前世的時候，已經「精進學習」過中級佛法或者高級佛法。當時「精進學習」的記憶，儲存在第八識「阿賴耶識」裡，隨著他的「中陰身」投胎轉世到這一世，繼續「精進學習」佛法。

在《金剛般若波羅蜜經》裡，須菩提問佛說：「世尊！頗有眾生，得聞如是言說章句，生實信不？」，佛告訴須菩提說：「莫作是說。如來滅後，後五百歲，有持戒修福者，於此章句能生信心，以此為實，當知是人不於一佛二佛三四五佛而種善根已於無量千萬佛所種諸善根，聞是章句，乃至一念生淨信者。」

可見，你想成為「中根學佛者」或是「上根學佛者」，都必須「精進學習」佛法。像我也不是天生就會看懂佛經，了解佛法。我也是「精進學習」了二十八年的佛經和佛法，才能夠出書和大家分享學佛心得，所以大家一起加油「精進學習」佛法吧！共勉之！

目錄

《看懂禪機》上集

第一單元 「看懂禪機」的五十個問答

第二單元 禪宗的特殊傳法儀式

第三單元

禪宗的法脈傳承

目錄

目錄

「看懂禪機」的五十個問答

一、「禪」是什麼？

【問一】「禪」是什麼？

【答一】一般字典的解釋，通常會說：「禪」是「禪那」的簡稱，為佛教的修行方法之一，即「靜思」的意思。

【問二】「禪」既然是「靜思」的意思，那麼到底要「安靜的思慮什麼事情」呢？

【答二】一般字典的解釋，常會說「禪」是「靜思」的意思，其實這個解釋會讓人產生誤解和疑惑。因為「禪」是「梵語」，是「印度話」的音譯，原意確實有「靜思」的意思，但是這個解釋，無法完整的詮釋「禪」的真正意義。

【問三】那要怎麼解釋，才能夠完整的詮釋「禪」的真正意義呢？

【答三】應該把「禪」解釋為「靜視」，即「安靜的注視某一特定對象」，例如：佛號、咒語、呼吸、香頭等，才是原來「梵語」的意思。一般的字典解釋為「靜思」，會讓人誤以為是「安靜的思想什麼事情」。要「思想什麼事情」，就必須要用到大腦「分析判斷」的功能，這一點和原來「梵語」的意思，完全相違背。因為，「梵語」的「禪」，是不可以有「分析判斷」的情況發生。所以，我才建議要把「禪」解釋為「靜視」才對。

「靜視」的意思是：「安靜的注視某一個特定對象」，要注意！只是「注視某一個特定的對象」，而且不針對「這個特定的對象」，去做「分析判斷」的思慮。

「靜思」與「靜視」，兩者的差別，在於「靜思」要用大腦去做「分析判斷」；而「靜視」則不用大腦去做「分析判斷」，就只是「注視著、看著」某一個特定的對象。

簡單做個結論：「禪」是「靜視」的意思，也就是「安靜的，注視某一個特定對象」，而且當下不用大腦去做「分析判斷」，就只是「注視著、看著」的「心理狀態」。

【問四】「禪」是「靜視」的意思，這個解釋有什麼依據呢？

【答四】依據當然有，我們來看看《佛光大辭典》和吳汝鈞《佛教思想大辭典》是如何解釋「禪」？

（一）《佛光大辭典》

●名相：禪

◎釋文：梵語 dhyāna，巴利語jhāna。又作禪那。意譯作靜慮（止他想，繫念專注一境，正審思慮）、思惟修習、棄惡、功德叢林（以禪為因，能生智慧、神通、四無量等功德）。寂靜審慮之意。指將心專注於某一對象，極寂靜以詳密思惟之定慧均等之狀態。

（二）吳汝鈞《佛教思想大辭典》

【禪】梵語dhyāna巴利語jhāna，其意為「瞑想」，漢譯作「定、靜慮、思惟修」，又稱「禪定」。這是通過一種方式，使心念安定下來的實踐，這種方式通常是「打坐」。

解釋文中提到：「止他想」、「繫念專注一境」、「將心專注於某一對象」和「通過一種方式使心念安定下來的實踐」，再加上「唯識學」的重點，我這才明白，原來「禪」只是「注視著、看著」的一種「心理狀態」，而不是「靜慮（安靜的思慮什麼事情）」。

【問五】「禪」和「佛法的修行」有什麼關係呢？

【答五】「佛法」教導我們，想要跳出「六道輪迴」的苦海，就必須要透過「修行」來「見性成佛」。而「禪定」就是「修行」的方法，「禪定」能夠生出智慧、神通、四無量等功德。

修習「禪」，是為了「定」。「禪」是「注視著、看著」某一個特定對象的一種「心理狀態」，修行者利用我們人類的這種「注視著、看著」的「心理狀態」，來讓我們的「心理、精神」達到「定」的境界。

【問六】「定」是什麼？

【答六】依據《佛光大辭典》和吳汝鈞《佛教思想大辭典》對「定」的解釋如下：

（一）《佛光大辭典》

●名相：定

◎釋文：令心專注於一對象，而達於不散亂之精神作用，或即指其凝然寂靜之狀態。反之，心散亂不止之狀態，則稱為「散」。「定」原為梵語 samādhi（三摩地、三昧）之意譯。

（二）吳汝鈞《佛教思想大辭典》

【定】使心專注於一對象，而不散亂。

所以，「定」就是「三摩地、三昧」的意譯，在吳汝鈞所編著的《佛教思想大辭典》裡，把「三摩地（定、三昧）」解釋的最清楚，請務必再三仔細研讀，如下：

【三摩地】這是一種心、精神的統一作用，把心、精神集中到某一對象上去，而凝斂其力量，進入宗教意義的深沉的瞑想境地。通常所謂「禪定」，即指此而言。此中並不必需要一特定的東西，作為集中的對象。初步的精神集中，是要一對象來助成，但是最高級的精神集中，卻是「無對象的集中」，「無集中」的集中，這則近於「禪境」。此時，「集中者」與「被集中者」，是一而非二，這表示這種「修行」純是「一心的活動」。

二、「禪定」是什麼？

【問七】修習「禪」，是為了「定」，那「禪定」是什麼呢？

【答七】依據《佛光大辭典》和吳汝鈞《佛教思想大辭典》對「禪定」的解釋如下：

（一）《佛光大辭典》

●名相：禪定

◎釋文：「禪」，為梵語 dhyāna 之音譯；「定」，為梵語 samādhi 之意譯。「禪」與「定」皆為令心專注於某一對象，而達於不散亂之狀態，梵漢並稱作「禪定」。

（二）吳汝鈞《佛教思想大辭典》

【禪定】透過「禪」的修習，而使心貞定下來。或「禪定」自身，即是一種使心念專一、不散亂的修行。

做個結論：「禪」是「安靜的，注視某一個特定的對象」，不做「分析判斷」，就只是「注視著、看著」的「心理狀態」。「定」是使心專注於一對象，而不散亂的「心理狀態」。

所以，「禪」和「定」幾乎沒什麼區別，通常合為「禪定」一詞。要說有區別，「禪」就只是「注視著、看著」；而「定」是將心定於一處（或一境）的一種安定狀態。

【問八】修習「禪定」，就是訓練「精神集中」。但是這又和「佛法的修行」，有什麼關係呢？

【答八】「佛法」是釋迦牟尼佛教導眾生「見性成佛」的方法，而修習「禪定」，就是「見性成佛」的修行方法。

修習「禪定」，其實就是訓練「精神集中」，把心猿意馬的「散亂心」，集中成「一心、一念」。目的是為了停止自己第六識「意識」的分析判斷功能，讓第七識「末那識」停止作用，「妄想執著」跟著消失，第八識「阿賴耶識」就滅除了「業識種子」，然後「轉識成智」，轉變為「清淨智」，稱為「大圓鏡智」，此時「自性」自然顯現。以上所說，是佛法「唯識學」的理論，下面陸續會談到。

【問九】為什麼說，修習「禪定」，就是「見性成佛」的修行方法呢？

【答九】這要從釋迦牟尼佛在菩提樹下悟道後，所說的「第一句話」說起。今日佛教的創立，就是源自於這句話；而修習「禪定」才能「見性成佛」，也是源自於這句話。

三、「妄想執著」是怎麼產生的？

【問十】那麼釋迦牟尼佛悟道後，所說的「第一句話」是什麼？

【答十】在《指月錄》第一卷裡，記載釋迦牟尼佛成道的過程：

「入正『三昧』。至八日明星出時。廓然大悟。成等正覺。乃歎曰。奇哉一切眾生。具有『如來智慧德相』。但以『妄想執著』不能證得。」。

翻譯成白話文就是：

釋迦牟尼佛在菩提樹下修習「禪定」，進入「禪定」的境界，到了第八天看到明星，突然悟道成等正覺（成佛），就感嘆的說：「奇怪啊！一切的眾生，都具備有和『如來（佛）』相同的『智慧德相（簡稱『自性』）』，但是因為有『妄想執著』，所以不能證得。」。

【問十一】佛說「人人都有自性佛（如來智慧德相）」，眾生都有「妄想執著」，這二句話很稀鬆平常，有什麼重要的呢？

【答十一】既然你常聽過這二句話，人人都有「自性佛」，只是被我們的「妄想執著」所覆蓋蒙蔽。那你有沒有想過，要用什麼方法，去除我們的「妄想執著」呢？我猜想，你應該沒有想過，或者有想過，但是不知道怎麼做？對吧？

其實，要想去除我們的「妄想執著」，我們首先要了解，這個「妄想執著」是怎麼產生的？必須了解原因，才知道用什麼方法來去除。

【問十二】那我們的「妄想執著」是怎麼產生的呢？

【答十二】佛說，我們的「妄想執著」是我們的第七識「末那識」所產生的。

【問十三】第七識「末那識」是什麼？

【答十三】第七識「末那識」是我們所具備的八個「心識」之一，排行第七。這是一門佛法的學問，可以說是「佛法心理學」，稱為「唯識學」。

四、「唯識學」是什麼？

【問十四】「唯識學」是什麼？

【答十四】「唯識學」是「佛法心理學」，修道要修「心」，這個「心」就是「唯識學」的主體。「學佛修道」不學習「唯識學」，你就無法了解自己的心理狀態，你就無法說服自己為什麼要「學佛修道」？

在我的第一本書《看懂心經》，裡頭的第十單元「認識唯識學」，有詳細的說明，請參閱。這裡簡單的介紹「唯識學」，「唯識學」可以說是「佛法心理學」，它的學說來自於《瑜伽師地論》。

《瑜伽師地論》是「日月燈明佛」親授給未來佛彌勒佛的佛法，彌勒佛是修習《瑜伽師地論》後，證佛果成佛的。在彌勒佛的「兜率天淨土」裡，彌勒佛就是《瑜伽師地論》的專任講師。

根據《大唐西域記》記載，印度的「無著菩薩」修習禪定，他的靈識上昇至「兜率天」，跟從「彌勒菩薩」受學《瑜伽師地論》，並傳述後世。在漢傳的譯本中，最完善的是「玄奘法師」所翻譯的《瑜伽師地論》，「玄奘法師」西行印度取經，最重要的目的，就是要取得這本《瑜伽師地論》。

【問十五】《瑜伽師地論》是「日月燈明佛」親授給彌勒佛的佛法，佛經有記載嗎？

【答十五】當然有！記載在《楞嚴經》卷五。《楞嚴經》中有著名的「二十五圓通法門」，就是二十五位聖賢的修行心得報告，「彌勒菩薩」是第二十三位出場報告的，報告內容有提到「日月燈明佛」親授彌勒佛「唯心識定」的佛法一事。

依序出場報告的二十五位聖賢如下：憍陳那五比丘、優波尼沙陀、香嚴童子、藥王藥上二法王子、跋陀婆羅、摩訶迦葉及紫金光比丘尼等、阿那律陀、周利槃特迦、憍梵鉢提、畢陵伽婆蹉、須菩提、舍利弗、普賢菩薩、孫陀羅難陀、富樓那彌多羅尼子、優波離、大目犍連、烏芻瑟摩、持地菩薩、月光童子、琉璃光法王子、虛空藏菩薩、彌勒菩薩、大勢至法王子及同修五十二位菩薩、觀世音菩薩等。

「二十五圓通法門」是指釋迦牟尼佛對諸菩薩、聲聞詢問，各自證悟得到「圓通」的方法，總共有二十五位菩薩、聲聞起身做心得報告，歸納起來總共有二十五種方法。

所謂「圓通」是「圓滿周遍，融通無礙」之義，「二十五種方法」是指「六塵（色塵、聲塵、香塵、味塵、觸塵、法塵）」、「六根（眼根、耳根、鼻根、舌根、身根、意根）」、「六識（眼識、耳識、鼻識、舌識、身識、意識）」及「七大（地大、水大、火大、風大、空大、識大、根大）」。

【問十六】談談彌勒佛的修行心得報告

【答十六】第二十三位出場報告的就是「彌勒菩薩」，彌勒佛在當時還是「彌勒菩薩」的身分，我節錄彌勒佛修行心得報告的這一段經文，順便解釋許多重要的「唯識學」名相（專有名詞）。

《大佛頂首楞嚴經》卷五原文：

爾時世尊，普告眾中諸大菩薩，及諸漏盡大阿羅漢。汝等菩薩及阿羅漢，生我法中，得成無學。吾今問汝，最初發心悟十八界，誰為圓通，從何方便入三摩地。……。彌勒菩薩，即從座起，頂禮佛足，而白佛言：我憶往昔經微塵劫，有佛出世，名日月燈明。我從彼佛而得出家。心重世名，好遊族姓。爾時世尊，教我修習唯心識定，入三摩地。歷劫已來，以此三昧事恒沙佛。求世名心歇滅無有。至然燈佛出現於世。我乃得成無上妙圓識心三昧。乃至盡空如來國土淨穢有無。皆是我心變化所現。世尊。我了如是唯心識故，識性流出無量如來。今得授記，次補佛處。佛問圓通，我以諦觀十方唯識，識心圓明，入圓成實，遠離依他及遍計執，得無生忍，斯為第一。

《大佛頂首楞嚴經》卷五翻譯：

這時候，世尊對法會中各位大菩薩和各位無漏阿羅漢說：「你們各位大菩薩和無漏阿羅漢，在我佛法中已經證得『無學』果位，我現在問你們，你們最初發心，並且已經修行領悟『十八界』的『圓通』，那麼，哪一個法門最能『圓通』，從哪一個法門入手，最能方便證入『三摩地』的呢？……。

●名相：無學

◎釋文：為「有學」的對稱。雖然已經知道佛教的真理，但未斷迷惑，尚有所學者，稱為「有學」。相對於此，「無學」是指已經達到佛教真理的極致，無迷惑可斷，亦無可學者。「聲聞乘」四果中的前三果為「有學」，第四「阿羅漢果」為「無學」。

●名相：十八界

◎釋文：指在我人一身中，「能依」之識、「所依」之根與「所緣」之境等十八種類之法。「界」為種類、種族之義。謂十八種類自性各別不同，故稱「十八界」。即「眼、耳、鼻、舌、身、意」等「六根」，能發生認識的功能，及其所對應的「色、聲、香、味、觸、法」等「六境」，為認識的對象，以及「感官（六根）」攀緣「對境（六境）」所生的「眼識、耳識、鼻識、舌識、身識、意識」等「六識」，合為十八種，稱為「十八界」。「十八界中」，除去「六識」，則為「十二處」，而「六識」實際亦由「十二處」的意處所展開，依此，「十八界」或「十二處」攝盡一切法。

●名相：圓通

◎釋文：謂遍滿一切，融通無礙；即指聖者妙智所證的實相之理。由智慧所悟的真如，其存在的本質圓滿周遍，其作用自在，且周行於一切，故稱為「圓通」。復次，以智慧通達真如的道理或實踐，亦可稱「圓通」。《大佛頂首楞嚴經》卷五謂，二十五位菩薩各個皆具「圓通」，共有六塵、六根、六識、七大等「二十五圓通」。此外，楞嚴會上二十五聖之中，以「觀世音」的「耳根圓通」為最上，故稱為「圓通大士」。

●名相：三摩地

◎釋文：梵語samādhi，巴利語同。七十五法之一，百法之一。又作「三昧、三摩提、三摩帝」。意譯為「等持、正定、定意、調直定、正心行處」。即遠離「惛沈（指使身心沈迷、昏昧、沈鬱、鈍感、頑迷，而喪失進取、積極活動的精神作用）」和「掉舉（指心浮動不安的精神作用）」，心專住一境的精神作用。

「彌勒菩薩」從座位上站起，頂禮佛足，對佛說：「我回憶過去無數劫時，有佛出現在世間，叫做『日月燈明佛』，我跟從此佛出家後，卻仍然追逐世間的榮譽名聲，喜好遊樂，攀附高貴種姓。那時世尊教我修習『唯心識定』，證入了『三摩地』。又經歷了無數劫以後，我以此『三昧』侍奉恆河沙數諸佛，追求世間榮名的心念歇滅沒有。

又到了『燃燈佛』出現於世間時，我就成就了『無上妙圓識心三昧』，直到成就盡空一切的境界。此時，我已經明悟，無盡如來國土，不論是穢是淨，是有是無，都是『識心』變現而成。

世尊，由於我了知這樣的『唯心識』的緣故，所以，從我『識性』裡能湧流出無數量的如來佛。現在我已經得到如來的『授記』，得入『一生補處』菩薩的位階中。

佛問哪個法門最為『圓通』，依我修證，我仔細審視十方世界，都只是『識心』所成，『識心』一旦圓明，就能夠證入『圓成實性』，從而遠離『依他起性』和『遍計執性』，從而能得到『無生忍』，能於不生不滅的法性中，安忍不動心念，這應該是第一法門。」

●名相：授記

◎釋文：指弟子所證或死後的生處；後專指未來世證果及成佛名號的預言。「授記」主要指證言「未來成佛」之意，最著名者，如釋迦牟尼佛於過去世得到「燃燈佛」的授記，又如彌勒佛曾經受到釋迦牟尼佛的授記。

●名相：一生補處

◎釋文：菩薩階位的最高位，即「等覺位」。或譯作「一生所繫」。因經此生的繫縛即可補佛位處，故稱「一生補處」，略稱「補處」。一般說來，「等覺位菩薩」還存有「根本無明」，受變易生死，故名「一生」；到最後斷惑入「妙覺位」，補前佛位處，故名「補處」。而將「彌勒菩薩」名為「一生補處菩薩」，主要是依據《佛說觀彌勒菩薩上生兜率天經》等經所說。蓋彌勒菩薩今在兜率天，待其此生結束後，將降在「娑婆世界」補釋迦牟尼佛的佛處。

●名相：識心

◎釋文：對「唯識宗」的「心所」法門而言，指眼識、耳識、鼻識、舌識、身識、意識、末那識、阿賴耶識等，八個「心識」的八個「心王」。

●名相：心識

◎釋文：「心」與「識」的並稱。「心」是指第八識「阿賴耶識」，「識」是指依「意根（第七識「末那識」）」所生起的「前六識」，有「了別、分別、識別」的作用。

●名相：唯識宗

◎釋文：大乘佛教宗派之一。「唯識宗」以彌勒、無著、世親之學為宗。主張一切現象都是「心識」所轉化變現。只有「心識」是真實存在，「現象」是幻有。創立「八識說」，以第八識「阿賴耶識」為輪迴的主體。此派經由「真諦、玄奘」傳入中國，也稱為「法相宗」、「瑜伽行派」、「瑜伽宗」。

●名相：心所

◎釋文：是「心所有法」的簡稱，意思是「心王」所擁有的「法（意識所能思及的）」，亦名「相應行法、心數、心所有法、心所法、心數法」。「心所」皆依八個「心王」而生起，與八個「心王」相應，從屬於八個「心王」，與「心」相應而同時存在，為種種複雜的精神作用。因為「心所」從屬於「心」，所以對「心所」而言，「心」稱為「心王」。「心所」共有六位五十一種，例如：觸、作意、受、想、思等精神狀態。

●名相：心王

◎釋文：相對「心所」而言，八識的「識體」自身稱為「心王」。意為精神作用的主體。「法相宗」以八識（前六識加「末那識」、「阿賴耶識」）各有「識體」，故有八個「心王」。

●名相：八識心王

◎釋文：指「眼識、耳識、鼻識、舌識、身識、意識、末那識、阿賴耶識」等，八個「心識」各有「心王」與「心所」，「識」的本體為「心王」，與「心王」相應而起的「作意、觸、受」等作用，為「心所有法」，略稱「心所」。

●名相：六位五十一心所

◎釋文：「心所」乃從屬於「心王」而生起的「心作用」，依其性質，可分類為六種，共計五十一個心所。大乘「唯識家」立五十一心所，分為「遍行、別境、善、煩惱、隨煩惱、不定」等六種精神狀態。

⑴遍行心所：指於一切性、一切地、一切時、一切俱生起的「心所」，即觸、作意、受、想、思等五種「心所」。

⑵別境心所：指於一切性、一切地，於境有起有不起的「心所」，即欲、勝解、念、定、慧等五種「心所」。

⑶善心所：指其性善，唯起於善心品的「心所」，即信、精進、慚、愧、無貪、無瞋、無癡、輕安、不放逸、行捨、不害等十一種「心所」。

⑷煩惱心所：指「根本煩惱」，即貪、瞋、癡、慢、疑、惡見等六種「心所」。

⑸隨煩惱心所：指隨從「根本煩惱」而起的「心所」，即忿、恨、惱、覆、誑、諂、憍、害、嫉、慳、無慚、無愧、不信、懈怠、放逸、惛沈、掉舉、失念、不正知、散亂等二十種「心所」。

⑹不定心所：指不入於前五位的「心所」，即悔、眠、尋、伺等四種「心所」。

●名相：法相宗

◎釋文：又作「慈恩宗、瑜伽宗、應理圓實宗、普為乘教宗、唯識中道宗、唯識宗、有相宗、相宗、五性宗」。廣義而言，泛指「俱舍宗」、「唯識宗」等以分別判決「諸法性相」為教義要旨的宗派，然一般多指「唯識宗」，或者以「法相宗」為「唯識宗」的代稱。「法相宗」為中國佛教十三宗之一，日本八宗之一。即以唐代「玄奘」為宗祖，依「五位百法」，判別「有為、無為」的諸法，主張一切「唯識」的宗派，又特以《解深密經》及《成唯識論》為憑據，以成「法相宗」的宗旨。

●名相：三性

◎釋文：乃印度「唯識學派」的重要主張，中國「法相宗」的根本教義。謂一切存在的本性與狀態（性相），從其「有、無」或「假、實」的立場分成三種，稱為「三性」。「三性」又作「三自性、三性相、三種自相、三相等」，此三者即：「遍計所執性」、「依他起性」、「圓成實性」；三者簡稱為「遍依圓」。

●名相：圓成實性

◎釋文：略稱「圓成實」，又作「圓成實相、圓成自性、第一義諦體性」。「唯識宗」所立的「三性」之一。指「真如（諸法所依的體性）具有圓滿、成就、真實等三種性質。即：

(1)圓滿：諸法的「相」，僅局限於其自身的法體，不通餘處；相對於此，「真如」的妙理則可周遍四處。

(2)成就：諸法具有「空、無常、無我」等共相；而「真如」的實體常住，無生滅作用。

(3)真實：諸法的「體」，虛妄不真；而「真如」的「性」，常住遍通。

●名相：遍計所執性

◎釋文：乃「唯識宗」所立「三性」之一，簡稱「遍計所執」。凡夫於妄情上，遍計「依他起性」之法，乃產生「實有我、實有法」的「妄執性」。由此一「妄執性」所現的相，僅能存於「妄情」中，而不存於「實理」之中。此種分別「計度（計算量度；估計料想；思量考慮；揣測）」的「妄執性」乃遍布於一切「境（感覺作用的區域或對象）」者，故以「遍計」稱之。

●名相：依他起性

◎釋文：略稱為「依他起」，「唯識宗」所立「三性」之一。指「依（倚靠、倚託）」於「他緣」而生起一切如幻假有等現象的諸法。一切有為的現象，皆由「因緣和合」而生，「因緣離散」則諸法滅盡，此即一切諸法，「有而非有、無而非無」之意，故佛典中常有「如幻假有、非有似有、假有無實」等說法。

【問十七】可以多談談「唯識學」嗎？

【答十七】《瑜伽師地論》又稱為「唯識學」，「唯識」的「唯」，是「唯獨」的意思，有「決定」的意義。「唯獨」什麼呢？「心識」，就是指我們平常的心理活動。「唯識學」說，世間的一切，唯獨是這個「心識」所變現的，「心識」是萬事萬物的主宰。「心識」清淨，就置身於清淨的世界；「心識」染汙，就置身於染汙的世界。所以我們要修道「見性成佛」，就要從淨化「心識」下手。而要淨化「心識」，就要先認識這個「心識」。「唯識學」是一門博大精深的學問，但是對初學者而言，他只要先學到基礎概念即可運用。下面列舉一些常見的「唯識學」專有名詞（名相）：

●名相：心

◎釋文：指執取具有思量（攀緣思慮）的作用者。在大乘「唯識宗」，「心」是指第八識「阿賴耶識」，含有積集之義，乃諸法產生的根本體，故亦稱「集起心」，即「阿賴耶識」蓄積「業識種子」而能生起現行之意。對此，「前六識」稱為「識」，即了別、認識作用；第七識「末那識」

稱為「意」，即思惟作用。

●名相：識

◎釋文：乃謂分析、分類對象，而後認知的作用。雖至後世時，「心、意、識」三個語彙分別使用，然於初期時，皆混合使用。依「唯識宗」的解釋，吾人能識別、了別外境，乃因「識」對「外境」的作用所顯現，故於此狀態的識稱為「表識、記識」。簡單的說，「心（第八識「阿賴耶識」）」對於「外境」而「了別、分別、識別」，稱為「識」。

●名相：心識

◎釋文：「心」與「識」的並稱。「心」是指第八識「阿賴耶識」，「識」是指依「意根（第七識「末那識」）」所生起的「前六識」，有「了別、分別、識別」的作用。

●名相：唯心

◎釋文：宇宙所有的存在，皆由「心（第八識「阿賴耶識」）」所變現，「心」外無任何實法存在。亦即「心」為萬有的本體，唯一的真實。蓋有情生存的迷界（三界），都是「一心」所變現，謂「心」外有實在的某物，乃純屬第七識「末那識」的「妄想」所致，故言「三界唯一心」、「心外無別法（亦即「三界唯心」）」。「一心」，「法相宗」解為第八識「阿賴耶識」，有「萬法唯識」之意；「華嚴宗」則解為「如來藏自性清淨心」，有「真如」隨緣作諸法之意。

●名相：唯識

◎釋文：「識」即「心」的本體，離「識」變現之外，無任何實在，稱為「唯識」。即認為吾人自己「心」外之物，「心」的諸現象，皆由「八識」自體所變現的主觀與客觀，又將所認識對象的「相似形狀」視為「心」內的影像，所映現而認為實在實有，且作為認識對象的「物境自體」，亦從「阿賴耶識」中之「業識種子」變生，故「唯識」以外，無其他實在，稱為「唯識無境、唯識所變」。

●名相：三界唯心

◎釋文：謂「三界（欲界、色界、無色界）」所有現象，皆由「一心（真如、如來藏心，即宇宙萬有的根本原理，絕對無二的心性。）」所變現。全稱「三界唯一心」。即「心」為萬物的本體，此外無別法，凡三界生死、十二緣生等諸法，實是第七識「末那識」的「妄想心」所變作。

●名相：萬法唯識

◎釋文：謂一切現象都是「心識」的轉化變現，所以現象是虛幻，只有「心識」是真實有。「心識」有八種，即「眼識、耳識、鼻識、舌識、身識、意識、末那識、阿賴耶識」等，這「八識」構成了種種不同的法界，「識心」攀緣於所現的世界。

【問十八】那「唯識學」的基礎內容是什麼？

【答十八】「唯識學」是佛法心理學，是一門大學問，我整理出十個基礎內容如下：

(1)人類的心理有八個「心識」，即眼識、耳識、鼻識、舌識、身識（以上合稱五識）、意識、末那識及阿賴耶識。

(2)人往生後，「靈魂」就脫離肉體，佛法稱為「中陰身（不是『鬼』喔！『鬼』是『中陰身』投胎到『餓鬼道』，才稱為『鬼』。）」，第八識「阿賴耶識」跟隨著「中陰身」，在「業力」的引導下，到「六道（天人道、阿修羅道、人道、畜生道、餓鬼道、地獄道」去輪迴投胎轉世。

(3)假如投胎到「人道」，「中陰身」會尋找有緣的男女做父母。「中陰身」和父精（精子）、母血（卵子）三者結合，才能在母親的子宮裡成為「胎兒」。成為胎兒之後，「中陰身」裡的第八識「阿賴耶識」開始運作，陸續生出七個「心識」。胎兒長出眼睛、耳朵、鼻子、舌頭、身體（以上合稱五根）之後，就生出眼識、耳識、鼻識、舌識、身識（以上合稱五識）。

(4)胎兒一出生，成為「嬰兒」。這個時候，「五根（眼睛、耳朵、鼻子、舌頭、身體）」接觸到外界的五種環境，稱為「五境（色境、聲境、香境、味境、觸境）」，就產生「五識（眼識、耳識、鼻識、舌識、身識）」，進而生出第六識「意識」。「五識」必定是與外境、外境接觸而後產生的。此「五識」本身單獨並不能產生任何功能，必須與第六識「意識」相結合，才能產生作用。

(5)第六識「意識」的功能有尋伺、作意、判斷、記憶、決定和引發喜怒哀樂的情緒作用。只要前「五識」一起作用，第六識「意識」就跟著起作用，進行了別、思惟、作意等功能。我們的見聞覺知、思想判斷，都是以第六識「意識」為主，第六識「意識」是心理活動的綜合中心。牽引我們去受業報的，也是第六識「意識」的功能。

(6)第七識「末那識」是第六識「意識」的根，它又把第八識「阿賴耶識」當成「我、自己」，而牢執不捨。第七識「末那識」的作用，是經常的審慮思量，執著自我，它是一個以「自我」為中心的心識，是自私的心識，「妄想執著」就是第七識「末那識」的產物。

(7)第八識「阿賴耶識」的功能非常大，前面七個心識的種子，都儲存在第八識中，就像電腦的「硬碟資料庫」一樣。第八識「阿賴耶識」能把所有「業識種子」儲存下來，不論多少，永遠不會存滿，像一顆無限量的「硬碟」一樣。

(8)我們出生到人間，是「中陰身」帶著我們前世第八識「阿賴耶識」的「業識種子」而來。「中陰身」和父精（精子）、母血（卵子）三者結合，在母親的子宮裡成為「胎兒」。成為胎兒之後，「中陰身」裡的第八識「阿賴耶識」開始運作，陸續生出五個「心識」，即眼識、耳識、鼻識、舌識、身識。胎兒一出生，成為「嬰兒」，進而生出第六識「意識」和第七識「末那識」。

(9)我們死亡離開人間之前，眼識、耳識、鼻識、舌識、身識等五識先消失，接著是第六識「意識」和第七識「末那識」陸續消失，最後第八識「阿賴耶識」，伴隨著「中陰身」脫離肉體，繼續去六道輪迴，投胎轉世。

(10)我們出生到人間，雖然是帶著我們前世第八識「阿賴耶識」的「業識種子」而來。但是在今世，也自然會造出各種新的「業識種子」，又將新的「業識種子」儲存到第八識「阿賴耶識」裡去。第八識「阿賴耶識」到了下一世，「業識種子」成熟了，成為「果報」。我們就這樣，生生世世把「業識種子」儲存進第八識「阿賴耶識」，生生世世的果報，也從第八識「阿賴耶識」的「業識種子」顯現出來。

【問十九】前面談論那麼多「唯心」和「唯識」的佛法，為什麼「學佛」一定要學習「唯識學」呢？

【答十九】因為要了解「你自己的心」，「佛法」就是談論「你自己的心」；「修道」就是修正「你自己的心」；「成道、成佛」就是安定「你自己的心」。

「學佛」不學習「唯識學」，就好像「瞎子摸象」一樣，是無法了解釋迦牟尼佛到底在說什麼的？「唯識學」是一部「佛法心理學」，學習「唯識學」之後，你才知道你的「內心世界」？你才知道釋迦牟尼佛到底在說什麼的？你才知道「妄想執著」是怎麼產生的？也才知道如何去除「妄想執著」，見到你的「自性」。

【問二十】「唯識學」主要是談論「唯心」和「唯識」，那佛經裡有提到「自心（自己心）」的佛法嗎？

【答二十】當然有！例如：

(1)《宗鏡錄》卷第二原文：「如《華嚴經》頌云。不能了自心。焉能知佛慧。」

(2)《大方廣佛華嚴經》原文：「不能了自心。云何知正道。知一切法。皆是自心。」

(3)《大方廣佛華嚴經》原文：「心如工畫師。能畫諸世間。五蘊悉從生。無法而不造。」

(4)《大方廣佛華嚴經》原文：「佛子。菩薩摩訶薩。應知。自心念念。常有佛成正覺。何以故。諸佛如來。不離此心成正覺故。如自心。一切眾生心。亦復如是。」

(5)《六祖大師法寶壇經》原文：「祖（五祖弘忍）知悟本性，謂惠能（六祖）曰：『不識本心，學法無益；若識自本心，見自本性，即名丈夫、天人師、佛。』」

(6)《六祖大師法寶壇經》原文：「師（六祖惠能）又曰：『汝若心迷不見，問善知識覓路。汝若心悟，即自見性依法修行。汝自迷不見自心，卻來問吾見與不見。』」

【問二十一】在【問九】，我問說，為什麼修習「禪定」，就是「見性成佛」的修行方法？你回答，這要從釋迦牟尼佛在菩提樹下悟道後，所說的「第一句話」說起。這「第一句話」和「修習禪定」、「見性成佛」以及「唯識學」，有什麼關聯呢？

【答二十一】釋迦牟尼佛」在菩提樹下悟道後，所說的「第一句話」是：「奇怪啊！一切的眾生，都具備有和『如來（佛）』相同的『智慧德相（簡稱『自性』）』，但是因為有「妄想執著」，所以不能證得。」」。

所以，要「見性成佛」，要見到自己的「自性」，只有一個方法，就是想辦法去除「妄想執著」，「自性」自然證得。

那「妄想執著」是如何產生的呢？學習「唯識學」，你就會知道「妄想執著」是第七識「末那識」的產物。要去除「妄想執著」，就要讓第七識「末那識」停止作用，「自性」自然顯現。

那要如何讓第七識「末那識」停止作用呢？「唯識學」告訴我們一個原理，第七識「末那識」要能夠運作，必須要靠第六識「意識」傳遞它分析判斷後的結果，否則第七識「末那識」就停止無法運作。

那要如何讓第六識「意識」停止作用呢？「唯識學」告訴我們一個方法，透過練習「靜坐禪定」，就可以停止第六識「意識」的分析判斷功能，就能讓第七識「末那識」停止作用，「自性」自然顯現。

「唯識學」告訴我們，唯有透過「靜坐禪定」的練習，才能夠讓第七識「末那識」停止作用。一旦第七識「末那識」停止作用，我們的思想活動就停止，「妄想執著」當然就不存在。這時候，你的「如來智慧德相」，也就是「自性」，就自然顯現出來，這就是所謂的「見性成佛」。

這就是為什麼，學習「禪法」一定要練習「禪坐」，因為修習「禪定」，就是「見性成佛」的修行方法。「禪定」和「佛法」的修行，關係太密切了。

五、如何修習「禪定」？

【問二十二】那要如何修習「禪定」呢？秘訣是什麼？

【答二十二】修習「禪定」確實有個「秘訣」，稱為「非思量」。「思量」是「思慮考量」的意思，但是「非思量」不是「不思慮考量」的意思，那是「不思量」。

「非思量」的「非」，是「不是」的意思，「非思量」是「不是思慮考量」的意思。為什麼用「非」字，而不用「不」字呢？

因為，「思量」和「不思量」，是「分別對待」的「相對關係」，是第六識「意識」的分析判斷結果；而「非思量」，是「不是思量」，意思是：不經過第六識「意識」的分析判斷。

修習「禪定」的目的，是要讓第六識「意識」的分析判斷功能停止，所以修習「禪定」的時候，你不可以「思量」，也不是「不思量」，而是「非思量」，也就是你「不能思想」，不能想東想西。

我們來看看《佛光大辭典》是怎麼解釋「非思量」的：

●名相：非思量

◎釋文：指不涉及「善、惡」、「是、非」等思慮分別，乃超越情識思量的境地。「禪宗」主張思量「不思量底」，其方法即稱「非思量」，此係坐禪之極致。

唐代的「藥山惟儼」禪師，他是「石頭宗」「石頭希遷」的法嗣。他有一個有名的禪機公案，就提到這個「禪定」的「秘訣」。

《景德傳燈錄》第十四原文：

澧州藥山惟儼禪師

師坐次有僧問。兀兀地思量什麼。師曰。思量箇不思量底。曰不思量底如何思量。師曰。非思量。

《景德傳燈錄》第十四翻譯：

「藥山惟儼」禪師坐在座位上，有一位僧人來請教禪法。

僧人問說：「『兀兀地（ㄨˋ，端坐著不動）』是在思慮考量什麼？」

藥山惟儼回答說：「在思慮考量一個『不思慮考量』。」

僧人問說：「如何思慮考量這個『不思慮考量』？」

藥山惟儼回答說：「不是『思慮考量』。」

「非思量」不是「不思量」，而是「不是思量」。「不是思量」即離開「造作（製造；製作）」的種種「意念（想法；意識）」，離開「心、意、識」，而不是「無心不思（發呆）」的「冥頑（昏庸頑鈍；愚鈍無知）」狀態。

這「非思量」的「非」，不是「否定」的意思，不是發呆，而是指「坐禪」時，靈明寂照的正念，也就是自己第六識「意識」的「分析判斷」功能停止的狀態。

日本「曹洞宗」的始祖「道元禪師」，撰寫一篇《普勸坐禪儀》，他就認為「非思量」是坐禪的要術。

日本的「道元禪師」在南宋時期，來到中國學習禪法四年，跟從「曹洞宗」的「天童如淨」修行，受其印可。日本嘉祿三年回國，宣揚禪風，並強調坐禪在佛教修持領域上的重要性，乃參考《禪苑清規》的〈坐禪儀〉、宏智正覺的《坐禪箴》而撰寫這一篇《普勸坐禪儀》。

《普勸坐禪儀》普勸修行者要學習「坐禪」，內容主要在敘述坐禪的意義、方法及功德，並略示趺坐及調身法，全篇僅七五六字。以「坐禪」為佛道的正門，而「非思量」是「坐禪」的要素。主張「坐禪」不是方法，而是目的，無論大悟與否，或開悟後的修行，「坐禪」都是極重要。

我節錄《普勸坐禪儀》的重點如下：

《普勸坐禪儀》：道元禪師法語

「夫參禪者、靜室宜焉、飲飡節矣。放捨諸緣、休息萬事。不思善惡、莫管是非。停心意識之運轉、止念想觀之測量。莫圖作佛、豈拘坐臥乎。尋常坐處、厚敷坐物、上用蒲團。或結跏趺坐、或半跏趺坐。謂、結跏趺坐、先以右足安左腿上、左足安右腿上。半跏趺坐、但以左足壓右腿矣。寬繫衣帶、可令齊整。次右手安左足上、左掌安右掌上。兩大拇指、面相拄矣。乃正身端坐、不得左側右傾、前躬後仰。要令耳與肩對、鼻與臍對。舌掛上腭、脣齒相著。目須常開。鼻息微通。身相既調、欠氣一息、左右搖振。兀兀坐定、思量箇不思量底。不思量底、如何思量、非思量、此乃坐禪之要術也。」

在最後一段「兀兀坐定、思量箇不思量底。不思量底、如何思量、非思量、此乃坐禪之要術也。」指出「非思量」是「坐禪」的「要術（重要的方法）」。

【問二十三】「禪定」有不同的境界嗎？

【答二十三】有！隨著修習「禪定」功力的進步，「禪定」的境界也會跟著進階而有不同，稱為「四禪八定」。

修習「禪定」的修行人隨著生前修行「禪定」的境界，往生後會投胎到「三界（欲界、色界、無色界）」中的「色界」或者「無色界」。

這裡要注意的是，即使已經修行達到「四禪八定」的境界，但是不得「菩提」，不悟「般若」，則依然是一個「凡夫」，無法跳脫三界，脫離輪迴。

【問二十四】什麼是「四禪八定」？

【答二十四】「三界」中的「色界天」分為四個層級：「初禪天、二禪天、三禪天、四禪天」。「四禪」是指「色界天」的四種「禪定境界」，即「初禪、二禪、三禪、四禪」。「四禪」是「禪定」的境界，屬於「定」的範圍，但是在「色界」稱為「禪」，而不稱為「定」。

「無色界天」中，也因修行的深淺，而分為四種層級：「空無邊處天、識無邊處天、無所有處天、非想非非想處天」，「非想非非想處天」就是天的盡頭處了。「無色界天」的四種「禪定」境界，屬於「定」的範圍，在「無色界」稱為「空無邊處定、識無邊處定、無所有處定、非想非非想處定」。

把「色界天」的四種「定」的境界，和「無色界天」的四種「定」的境界，加總起來合稱為「八定」。所以，「八定」包含「四禪」。

佛教把「禪定」分成九個「次第（次序、依次）」，稱為「九次第定」，即四個「色界」的禪定，加上四個「無色界」的禪定，再加上最後的「滅盡定（滅受想定）」，一共是九個「定」。

佛教認為，「四禪八定」是外道與佛教共有的禪定境界，唯有「滅盡定（滅受想定）」是佛教獨有，只有證得「阿那含」或「阿羅漢」的聖者才可證得。

但是，禪修者特別要注意一件事情，在「九次第定」中，以「色界」的第四個定，即「第四禪」最為重要。「解脫、證悟、神通」，皆由「第四禪」發出。釋迦牟尼佛涅槃時，亦由此「第四禪」入滅，「第四禪」是最適合得到「無漏智」的禪定。

在《大般涅槃經》裡，就敘述釋迦牟尼佛在「娑羅林」雙樹間入滅前，先數次來回進入「九次第定」，最後才由「第四禪」入滅。

《大般涅槃經》應盡還源品第二原文：

> 爾時，世尊娑羅林下寢臥寶床，於其中夜入第四禪，寂然無聲。於是時頃，便般涅槃。

釋迦牟尼佛自己入涅槃時，不是由「非想非非想定」或「滅盡定（滅受想定）」而入「涅槃」，而是由「第四禪」進入「涅槃」，足見釋迦牟尼佛以「涅槃」為最高目標，「四空定」並不一定較「色界」的「第四禪」為高。「四空定」可能只是一種禪定的「異境」而已。

雖然「第四禪」是修行智慧最適合的禪定，但這是指依照「九次第定」修行，已經體驗過「四無色定」或是「滅盡定（滅受想定）」到達禪定的極致之後，以「第四禪」為最適合得到「無漏智」的禪定。

【問二十五】談談修習「四禪八定」的境界。

【答二十五】「定」是收攝「散亂的心」，而歸於「凝然不動」的狀態。「四禪八定」總共有八個「禪定」境界，即「色界天」的「初禪天定、二禪天定、三禪天定、四禪天定」，和「無色界天」的「空無邊處定、識無邊處定、無所有處定、非想非非想處定」等「八定」。「四禪八定」再加上一個「滅盡定（滅受想定）」，就稱為「九次第定」。

「九次第定」的境界簡介敘述如下

（一）初禪天定：

(1)初期禪坐時，如果「定力」越來越深，原本靜止不動的身體，慢慢的會感覺到又動起來。這種「動觸」有八種不同的感覺，即「冷、暖、動、癢、澀、滑、輕、重」。這時候，心已離欲界，準備要進入「初禪」。

(2)禪坐一段長時間之後，有很深的「定力」，在「定」中感覺到身體不見了。隨後又感覺到身體再度動起來，就會產生一種「觸」的快樂，也就是身心內外，都覺得很舒服，很寧靜，所有的「煩惱」都不生起。此時，「心」感受到離開「欲界」的「惡」，而生起「喜、樂」的感受，稱為「離生喜樂」。

「喜」是對於禪坐所得的境界感到歡喜；「樂」指「輕安」的精神作用，即身心輕利安適，對所攀緣之境，優游自適的精神作用。「離生喜樂」，是指修到「初禪境界」時，已經脫離「欲界」的「惡不善法（身惡、語惡）」，此時覺得呼吸氣息，經由全身毛孔出入自如，因而生起「輕安」的喜樂感受。可是，仍有「尋」與「伺」的心理活動，這種境界稱為「初禪」。「初禪」雖然已經脫離「欲界」的「惡不善法」，而感受到脫離「欲界」的「喜、樂」，但是仍然有「尋、伺」的粗細分別的心理活動，尚須加以對治。

●名相：尋

◎釋文：「心所（心所有法，心理作用）」之名，舊譯作「覺」，為心的「粗分別」作用。「尋」為「找、探求、尋求推度」的意思，即對事理的粗略思考作用，細的思惟作用稱為「伺」，反之，「粗」的思惟作用則稱為「尋」。此「心所」於「欲界」及「初禪」現起，「二禪」以上則無。

●名相：伺

◎釋文：「心所（心所有法，心理作用）」之名，舊譯為「觀」，為心的「細分別」作用。「伺」為「觀察、偵候、探察、守候、等待」的意思，即細心「伺察思惟」諸法名義等的精神作用。「伺」的「心所」起於「欲界」及「初禪」，「二禪」以上則無。

什麼叫做「尋」？即「尋找」，譬如我們蹲在在地上，找一粒掉落的花生，那個就是「尋」的心理作用。剛開始學習靜坐的時候，兩眼一閉，眼前烏漆抹黑，你會不由自主的在黑暗中探求，這就是「尋」的心理作用。

什麼叫做「伺」？就是「觀察等待」的作用。賽鴿比賽時，賽鴿的主人都在終點站引領而望，盼望自己養的賽鴿，能夠在遠方的天空中出現，那個就是「伺」的心理作用。學習靜坐，閉眼了一段時間，眼前烏漆抹黑，你會不由自主的在黑暗中盼望著，期待出現一絲絲「空」的境界，這就是「伺」的心理作用。

(3)在「初禪天定」中，因為有「尋、伺」的心理作用，故有「見、聞、觸」的心理活動，而且能生起「語業（妄語，離間語，惡語，綺語）」；「二禪」以上，則以遠離「尋、伺」的原因，不再起「語業」。

(4)在「初禪天定」之中，可以對治「貪恚害尋、苦、憂、犯戒、散亂」等五種修道的障礙。

(5)「初禪天定」有五個特點，稱為「五支」，即「覺、觀、喜、樂、一心」。

①覺：也翻譯成「尋」，身體接觸外境的感受，是對境比較「粗」的心念。

②觀：也翻譯成「伺」，內心的觀察，是內心比較「細」的觀察心念。

③喜：進入初禪者，第一次發現自己已經進入「初禪」，出了欲界，全無欲界的煩惱，在定中內心很歡喜。

④樂：身體的五根所感受的快樂，進入「初禪」的時候，身體會有很舒服的感覺。所以，進入「初禪」也稱為「離生喜樂」，意思即是，因為出離「欲界」的心，生起歡喜與快樂的感覺。

⑤一心：「心」在「定境」中保持不動，又稱為「心一境性」。

(二)二禪天定：

(1)在達到「初禪」境界以後，漸漸對「初禪」境界感到不滿足，所以便攝心在「禪定」上，逐漸除去「覺（尋）」和「觀（伺）」的作用。因為變成「不尋不伺」，自然得到一種歡喜，形成「信根」，稱為「內等淨」。由「內等淨」所得的「喜、樂」，是對此「二禪天定」自身的感受，故稱為「定生喜樂」；此時甚深「禪悅」油然生起，心靈朗然洞徹，如同從暗室中走出，見到日月的光明一般。

●名相：信根

◎釋文：「信」為入「理（指真理）」的根本，「根」者堅固不動之義；此是以信心堅固不動搖，比喻草木的根。

(2)修習禪定，進入「初禪」之後，繼續修下去，就會發現「覺、觀（尋、伺）」的心念很粗。這種「覺、觀」就是我們的心念在想東西，這樣的心念很粗，修禪者又想把這個粗的心念捨棄，因為它也是一種「煩惱」。當他把「覺、觀」的心念捨棄後，就會慢慢進入「無覺無觀（無尋無伺）」的另一個境界。這時候，他的心靜如止水，處在「清明」的狀態，內心一片清淨。

(3)修習禪定，進入「二禪」之後，沒有「眼識、耳識、鼻識、舌識、身識」，唯有「意識」。由於「二禪」是「無覺無觀」，他的內心再也不去思維和判斷所接觸的境界，不起語言的分別。

(4)「二禪天定」有四個特點，稱為「四支」，即「內淨、喜、樂、一心」。

①內淨：內等淨，內心平靜，感覺到內心很清淨，乃至極寂靜，再也沒有語言的思想。

②喜：離開了「覺、觀」，離開了語言，內心感覺到歡喜。

③樂：身體寧靜與內心平靜，感覺到很快樂。

④一心：「心一境性」，也就是「定」。進入二禪的人，定在二禪的定境中，保持內心的平靜。

（三）三禪天定：

(1)達到「二禪」以後，「喜心」湧動，使得「禪定」散亂，所以開始攝心入定，「喜心」因而斷除，「妙樂」從心中流出，遍滿全身。此「妙樂」與「外境」無關，是由「內心」發出的快樂，稱為「三禪」。

(2)「三禪」捨去二禪的「喜心」，住於非苦非樂的「行捨」境地，以「正念、正知」繼續修習。因為已經遠離「二禪定」中「尋、伺」的「喜心」，還存在有「妙樂心」，故稱為「離喜妙樂」。

(3)「離喜」即離心境上的喜悅，只有「定境」之樂，渾身上下的毛孔無處不樂，故大乘經典說，菩薩內觸「妙樂」，然後才可以捨去「欲界」粗觸之樂，達到此境界，才真正沒有「情色的欲念」。

(4)在「三禪天定」中，唯有「意識」在產生作用，可以對治「二禪天定」的「貪、喜、踴躍、定下劣性」等四種修道的障難。

(5)在「三禪天定」中，妄念不起，出入息停止，漸漸心臟脈搏接近停止，但是全身溫暖而柔軟，連筋骨都軟化了，如嬰兒的身體，這就是「老子」所說：「專氣致柔能嬰兒乎。」即如嬰兒的身體一般，內觸「妙樂」，可以返還童真的境界。

(6)「三禪天定」有五個特點，稱為「五支」，即「行捨、正念、正知、受樂、一心」。

①行捨：略稱捨。指遠離「惛沈（又作昏沈。指使身心沈迷、昏昧、沈鬱、鈍感、頑迷，而喪失進取、積極活動之精神作用。）」、「掉舉（心浮動不安）」的躁動，住於寂靜，而不浮不沈，保持平等正直的精神作用或狀態。又此捨於「五蘊」中，乃「行蘊」所攝，故稱「行捨」，以別於「受蘊」所攝得「受捨」。

②正念：出世間的「無漏（無煩惱）」之念。

③正知：「正知」是以真正的智慧，觀察事物的真相，又稱為「正智」。四禪中的修行者，都能很正確的觀察到這個世間，稱為「正知」；而我們凡夫是靠過去的經驗來判斷事情。

④受樂：因捨離「二禪」的煩惱，而感受到快樂。因「三禪」以上沒有「樂受」，故世間最樂是

「三禪樂」。

⑤一心：「心一境性」，止住「心」於一境的狀態，又稱為「定」。

（四）四禪天定：

(1)到達「三禪」以後，不久又得覺「三禪」的「妙樂」擾亂定心，令心不清淨，於是生起厭離心，更進一步修習禪定功夫。最後，連「妙樂」也沒有了，達到安穩調適的「一心（心一境性）」境界。此時，出入息斷，心靈「空明寂靜」，有如「明鏡離垢」，「淨水無波」一般的湛然而照，萬事萬物都顯現無遺，絕棄諸妄想，正念堅固，稱為「四禪天定」。

(2)「四禪」捨棄「三禪」的「妙樂」，稱為「捨清淨」，唯念修養功德，稱為「念清淨」，由此得到「非苦非樂」的感受，這是「尋、伺、喜、樂」都已斷除的境界。上述一切的活動及感受，都在「一心（心一境性）」的禪定狀態中進行，故稱為「自性支」。

(3)進入「四禪」時，因為已經脫離「八災患（即尋、伺、苦、樂、憂、喜、出息、入息等，八種能動亂禪定的災患）」，意念清淨到極點，呼吸完全停頓，心完全不動，故又稱「四禪天定」為「不動定」，「四禪」以下則稱「有動定」。

(4)「初禪」至「三禪」的「心念」一直處在動中，進入「四禪」後，心如明鏡不動，清淨明朗。「心念」不動，並不表示「心念」沒有作用，而是「心念」能夠停留在一個「境界」裡，觀那個「境界」，而且「心念」不動。在「四禪」中，唯有「意識」在產生作用。

(5)進入「四禪」時，所修學的一切事，都能夠隨意成就，想要修「神通」，立刻就能夠修成「五神通」，這是內在自發的能力，因為「心定」，所以能夠發動「神通」。

(6)「四禪天定」有四個特點，稱為「四支」，即「不苦不樂、捨清淨、念清淨、一心」。

①不苦不樂：內心不是喜，也不是樂。

②捨清淨：捨掉「三禪」的「妙樂」。

③念清淨：已經沒有「妄念」，但動起念頭也可以，全由個人做主，稱為「念清淨」；凡夫的「妄念」紛飛，時時刻刻生起，「妄念」生起後，心隨境轉，做不了主。

④一心：「心一境性」，心定在四禪的定境中。

（五）空無邊處定：

(1)「空無邊處天」為「無色界」的第一層天，「空」即「虛空」，達到「四禪」的境界之後，身心仍然受到「色法（物質）」的繫縛，不能自在。於是加強禪定的功力，觀察自己的身體有如「羅縠（ㄏㄨˊ，微細煩惱）」，內外通徹。由於一心念「空」，所以在深定中只見「虛空」無邊，而沒有一切色相。這時，心中明淨，無礙自在，好像飛鳥破籠而出一樣，在虛空中自由自在的翱翔，稱為「空無邊處定」，又稱為「空處天定」。

●名相：色法

◎釋文：總稱「物質」的存在。泛指有「質礙」的物，即佔有一定的空間，具有自他互相障礙，以及會變壞的性質者。一切法可分為「色法、心法、心所法、心不相應行法、無為法」等五位，其中「色法」在「五蘊」分類中稱「為色蘊」，「心法」稱為「識蘊」。

●名相：羅縠（ㄏㄨˊ，微細煩惱）

◎釋文：指絲織之羅布與縐紗，為天人做衣之材料；轉喻微細煩惱。

(2)在「四禪」中禪定做觀「空想」，就是脫離「色（物質）」與「欲（慾望）」，而把一切都觀空。當這個「空想」完成後，就出「色界」而進入「空無邊處定」。因為感受到沒有「色法」，故「空」；沒有所謂的「邊沿（沿邊緣瀕臨界限的地方）」，所以稱為「空無邊處定」。進入此定，並不表示他的心，沒有任何作用，還有「受、想、行、識」的作用。

（六）識無邊處定：

(1)「識無邊處天」為「無色界」的第二層天，又作「無邊識處、識無邊處地、無量識處天、識入處」，略稱「識處」。「識」即心，達到「空無邊處天」的境界之後，就以「識心」普遍攀緣「虛空」。但是，「虛空」沒有「邊際」，因為沒有「邊際」的緣故，「定心」又散亂，於是就捨棄「虛空」，轉向以「心」攀緣「識」，與「識」相應，「心」定不動。此時，連「空」的印像也沒有了，只見「過去、現在、未來」的諸「識」，都顯現在「定」中，與「定」相應而不分散，心中的安穩、清淨、寂靜，無法用言語形容，稱為「識無邊處定」。

(2)進入「識無邊處定」者，拋棄了「空想」，只保持現前「一念知覺」的「心識」。「識」與「想」的區別，在於「五蘊（色、受、想、行、識）」中的「識」是「心」的「知覺作用」；而「想」是「法塵（為「意識」所攀緣的諸法）」，是「心」的「念頭」。實際上，「識無邊處定」還是有「想」，並非「無想」，只是這種「想」很細微，與「空無邊處定」的「空想」不同。它們的差別是：「空無邊處定」中的「想」是故意作「空想」；而「識無邊處定」中的「想」是拋棄「空想」，進入另一種「定」，即「識無邊處定」。

（七）無所有處天定：

(1)「無所有處天」為「無色界」的第三層天，達到「識無邊處定」以後，因為「心」所攀緣的「過去、現在、未來」的諸「識」無量無邊，能破壞「定力」，「三世心」也是和合假有，並非真實。所以，要捨去「識無邊處天」，而繫心於「無所有處」，精進不懈。在深定中，心內空無所依，諸想不起，一心內淨，安穩寂靜，稱為「無所有處定」。

(2)觀想「無所有處定」這種定，並非作「空想」，也不是「依識」，而是一心念「無所有」。在定中，修行者認為他沒有想了，但是實際上並非如此，而是他的「心念」非常細微，「意識」中的「法塵(為「意識」所攀緣的諸法)」就是「無所有」的「法塵」。在「無所有處定」中，其他的「想」都不生起，沒有種種「心想」的「相」，不分別所有的東西，只是分別「無所有」，「一心」定在「無所有」的「法塵」中。第六識「意識」還在產生作用，集中在觀想「無所有法」，所以稱為「無所有處定」。

(八)非想非非想處天定：

(1)「非想非非想處天」為「無色界」的第四層天，又作「非非想天、無思想亦無無想天、有想無想智天、非想非非想天、非有想非無想處天」等，此天位於「三界」的頂上，故又稱為「有頂天」。

(2)修行者達到「無所有處定」以後，心中如癡如醉，如眠如暗，因為還有「無明」覆蓋，所以無所覺，無所愛樂。修行者繼續修下去，又會發現這個「心念」很「粗」，他不要「一切有」和「無所有」，也不要「有想」和「無想」。

(3)修行者認為「空無邊處定」是「空想」，「識無邊處定」是「識想」，「無所有處定」是「無想」，而實際上這個「無想」還是有「很微細的想」。

(4)修行者以為在「無所有處定」之前的「定」，都是「有想」，而只有「無所有定」才是「無想」。實際上，在「無所有處定」時，修行者還有一個「定境」，但是進入「非想非非想處定」之後，連「定境」都消失了。但是修行者不知道，第六識「意識」還有非常細微的作用，甚至第七識「末那識」和第八識「阿賴耶識」的「心識」都還有在作用。

(5)修行者想要進入沒有「想」，也沒有「無想」的境界，於是一心專精於「非有處非無處」，念念不捨，終於出現「真實定」，一切「有相」和「無相」的相貌都蕩然無存，心中清淨無為。在「三界」的「定相」裡，以此定的境界最高，稱為「非想非非想處定」。

(6)「識無邊處天」為「有想」，「無所有處天」為「無想」。到此天的定心，至極靜妙，，則捨前「有想」，已無「粗想」，故稱為「非想」；捨前「無想」，尚有細想，故稱為「非非想」。

（九）滅盡定（滅受想定）：

(1)以上是「四禪八定」，加上一個「滅盡定（滅受想定）」，就稱為「九次第定」。這是「大阿羅漢」進果位用的，把一切境界都滅盡，安住在清淨境界，暫時不再來世間，躲在「涅槃」境界中不再來。

(2)修行者繼續修下去，會發現已經沒有「心識」生起，但是還有「我」的存在，因此想捨棄這個「我」，也就是說，修行者想要捨棄第七識「末那識」。第七識「末那識」執著第八識「阿賴耶識」為「我」，我們的「前六識」是可以停止的，在還未解脫之前，第七識「末那識」卻一直在作用，從不停止。如果修行者能夠使第七識「末那識」暫時不生起，就能夠進入「滅盡定」，滅除「我執」。

(3)「滅盡定」的「滅盡」，意思是：不但滅盡「前六識」的心，也滅盡第七識「末那識」的「我執」。唯有「三果（不還果）」或「四果（阿羅漢果）」的聖者，才能夠進入此「滅盡定」，它的特點既是「無我執」，斷除了一切煩惱。

●名相：四果

◎釋文：指小乘「聲聞」修行所得的四種證果。其階段依次為「預流果、一來果、不還果、阿羅漢果」。

●名相：預流果

◎釋文：音譯須陀洹、窣路多阿半那，新譯預流，舊譯入流，小乘聲聞四果之第一。意指預入無漏聖道之果位。聲聞乘之人斷三界之見惑已，方達違逆生死瀑流之位，稱為逆流果。蓋「預流」之「流」，即指「聖道之流」。斷三界之見惑已，方預參於聖者之流，稱為「預流果」。此為聲聞乘最初之聖果，故稱為「初果」。預流果聖者之輪迴生死，最長僅於人界與天界中各往返七度。

●名相：一來果

◎釋文：音譯為斯陀含。一來果，即第二果，指已斷除欲界九品修惑中之前六品，並證入果位者。一來果聖者之輪迴生死，由欲界九品之修惑，須在欲界中生死七次，即在人、天中各受七生。

●名相：不還果

◎釋文：音譯作阿那含。指聲聞第三果之聖者。彼等已斷滅欲界九品之修惑，而不再還至欲界受生，故稱不還。

● 名相：阿羅漢果

◎釋文：為聲聞四果之一，如來十號之一，意譯作應供、應、無學。指斷盡三界見、思之惑，證得盡智，而堪受世間大供養之聖者。

(4)修行者在修行的過程中，「三果（不還果）」的聖人還必須降服一些微細的煩惱，只能夠暫時進入「滅盡定」。在「滅盡定」中沒有「我執」，但是當修行者出定之後，「我執」的心會再度生起。「四果（阿羅漢果）」聖者破除了「我執」，在「滅盡定」中，沒有「我執」，出離「滅盡定」之後，也沒有「我執」。

【問二十六】談談修習「四禪八定」的修行人，往生後會投胎到「三界」中的「色界」或者「無色界」的情況。

【答二十六】釋迦牟尼佛說，有情眾生都在「三界」中，因為煩惱的關係而生死輪迴。所謂「三界」是指「欲界、色界、無色界」，「三界」構成了世間的存在。

「欲界」是由「欲樂」與「界」二者形成的複合字，「欲界」是由物質主導，以追求「欲樂」為主，故而得名。

「欲界」為「欲界天人、人、阿修羅、畜生、餓鬼、地獄」等六種境界眾生（即六道）雜居的地方，都有色身（物質，身體），也有男女飲食的欲樂，「欲界天人」也不例外，但是天層越高，慾念越低。

「欲界天」的層級，由下而上，分別為：四天王天、忉利天（又稱三十三天，天主為「帝釋天」）、夜摩天（意譯「善時天」）、兜率天（意譯「喜足天」）、化樂天、他化自在天。

修習「禪定」有成就的眾生，會投胎到「欲界」上面的「色界」和「無色界」，簡介如下：

一、色界

「色界」位於「欲界」之上，「色界」的天人，仍保有「色身（物質身體）」，而無欲樂，故「色界天人」的色身，沒有男女形相的分別，有別於「欲界眾生」的色身樣貌。「色界」眾生，其衣自然而至，以「光明」做為食物和語言。

「色界」為有形的物質，依照修習「禪定」功力的「深、淺、粗、細」，分為四種階級，稱為「四禪天」。

住於「初禪天」至「四禪天」的一切有情眾生，若未獲得佛菩提道之見道功德者，皆屬「凡夫」，都不能脫離「意、識、心」境界，都無法擺脫三界六道輪迴生死之苦。

「色界」依所進入「禪定」境界的淺深次第，分為「四地」，相應於此界的「四禪天」，細分為四個層級，每個層級都有諸天：

（一）「初禪天」：

「初禪天」是天界中，「色界天」的第一個層次，為已經脫離慾念，達到「初禪」境界的天人所居住之地。此天遠離「欲界」之苦，眾生心生「喜、樂」，故又稱為「離生喜樂地」。

「初禪天」自下往上依次為：「梵身天、梵眾天、梵輔天、大梵天」。「大梵天王（四面佛）」為初禪天」的天主，「梵輔天」為「大梵天王」的輔臣及其親眷所居，「梵眾天」為「大梵天王」的眾民所居。

「初禪天」的天人，皆已脫離了世間欲望，而以「禪樂」為樂。若人要往生「初禪天」，必須通過「禪定」功夫，達到「清淨心中，諸漏不動」的「初禪」境界。

（二）「二禪天」

「二禪天」是天界中，「色界天」的第二個層次，為已經脫離慾念，達到「二禪」境界的天人所居住之地。此天較「初禪天」又脫離了「尋、伺」等心理活動，內心明淨，穩定住於「喜、樂」的境界中，從「定」生「喜、樂」，故又稱「定生喜樂地」。

「二禪天」的天人，皆已脫離了世間欲望，而以「禪樂」為樂。若人要往生「二禪天」，必須通過「禪定」功夫，達到「清淨心中，粗漏已伏」的「二禪」境界。

（三）「三禪天」

「三禪天」是天界中，「色界天」的第三個層次，為已經脫離慾念，達到「三禪」境界的天人所居住之地。此天較「二禪天」又斷離了「喜、樂」等情感，唯有「行捨、正念、正知、受樂和專心」五種特性，故稱「離喜妙樂地」。

「三禪天」自下往上依次為：「少淨天、無量淨天、遍淨天」。謂「淨」者，為離喜樂的妙樂境界；「少淨天」謂「三禪天」中「淨樂」最少；「無量淨天」謂較「少淨天」的「淨樂」多，而難以測量；「遍淨天」謂此天「淨樂」遍滿，「遍淨天王」為「三禪天」的天主。

「三禪天」的天人，皆已脫離了世間欲望，而以「禪樂」為樂。若人要往生「三禪天」，必須通過「禪定」功夫，達到「安穩心中，歡喜畢具」的「三禪」境界。

（四）「四禪天」

「四禪天」是天界中，「色界天」的第四個層次，為已經脫離慾念，達到「四禪」境界的天人所居住之地。此天較「三禪天」又脫離了「離喜妙樂」的情感，境界更高，唯有「捨清淨、念清淨、不苦不樂受和心注一境」等特性，故又稱「捨念清淨地」。

「四禪天」自下往上依次為：「無雲天、福生天、廣果天、無想天、無煩天、無熱天、善見天、善現天、色究竟天」。

「無雲天」謂此天位於無雲之地，也有說法稱此天無苦、樂、憂、喜等四受，僅有捨受，故稱「無雲」；「福生天」謂此天福報殊勝；「廣果天」謂此天眾生福果最廣、最勝；「無想天」謂此天無妄想；「無煩天」謂此天無紛繁煩惱；「無熱天」謂此天無熱惱；「善現天」謂此天善果畢現；「善見天」謂此天修行境界精微完善，所見極為清澈；「色究竟天」謂此天達到「色界」的最勝、究竟的境界。

「無煩天、無熱天、善見天、善現天、色究竟天」，這五天又稱為「五不還天」或「五淨居天」，為證聲聞三果「阿那含」及以上聖者所居之處。

住在「色究竟天」的「大自在天（即「印度教」的「濕婆神」）」被認為是「四禪天」的天主，也是三千大千世界之主。

「四禪天」的天人，皆已脫離了世間欲望，而以「禪樂」為樂。若人要往生「四禪天」，必須通過「禪定」功夫達到「捨念清淨定」的「四禪」境界方可。而又以「五淨居天」為最勝，若能往生此五天，需要證得「聲聞」聖果。

二、無色界

「無色界」，為天界的頂層，與「欲界」、「色界」共稱「三界」。此界超越色（物質）而存在，為厭離物質的色想而修禪定者，死後所生之處。「欲界」包含人類、欲界天人等眾生；「色界」是脫離了慾念，但仍存在色身（物質身體）的天人居地；「無色界」則是連色身亦超越了的天人的居地。

「無色界」分為「空無邊處、識無邊處、無所有處、非想非非想處」四空處，故又稱「四無色」、「四無色天」、「四無色處」、「四空天」、「四空」、「無色界諸天」。

「無色界」的眾生，沒有物質形色，唯存「意識心」住於四種無量廣大的空處境界，天人們一念常住於四種「意識境界」中之一種，不起心動念，猶如熟睡一般。

「無色界」天人們的壽命極長，可到八萬大劫。長劫壽命終了時，因為極大的福報已享盡故，唯餘惡報未償，往往下墮「三惡道（畜生道、餓鬼道、地獄道）」中。

「無色界」眾生，因住於沒有五根五塵五識、唯有「意識」的境界中，故無所作為，無法超越意識境界、無法得到解脫，不離三界六道生死輪迴之苦。

「無色界」依所進入「禪定」境界的淺深次第，分為「四處」，相應於此界的「四空天」，分為四個層級：

（一）「空無邊處天」

「空無邊處天」為「四無色處」的最初天，是以「無邊的時空」為生命的存在形式。初修「無色定」，必厭棄物質世界，一心思惟無邊無際的「空觀」，使心與無邊的「空」相應。

（二）「識無邊處天」

「識無邊處天」是從厭棄外界物質世界的質礙，進一步修習內心「心識」，以「心」與「心識」作無邊無際之觀。「識無邊處天」的眾生，是以沒有邊際的心識活動而存在，這是一種一切有形俱泯、唯有「心識」的無邊存在形式。「識無邊處天」的眾生，是真正的全知者，宇宙中一切的一切，他們瞭如指掌。

（三）「無所有處天」

「無所有處天」既否定外界物質之質礙，又否定內心心識，唯思內外一切無所有。天人們的生活，就是活在「什麼也沒有」的永恆心識中。因為是「一無所有」的狀態，可以讓這裡的天人們，說有就有，要無就無。但是，一旦到了生命終了，天人們仍然無法避免六道輪迴。

（四）「非想非非想處天」

「非想非非想處天」是「無色界」的第四天，是「三界」裡最高的天。此天的修行已到極靜極妙的境界，已經沒有各種「粗想」而稱「非想」，又因其想未絕，尚有「細想」，所以為「非非想」。此天沒有物質與慾望，僅有微細的思想，而無法執行其想的作用，因此不能切實的說此心有想。但該想並非不存在，而保留了其殘餘之狀，因此亦不能說它無想。

【問二十七】我想要學習靜坐禪定，有什麼簡單的口訣嗎？

【答二十七】有！我整理出來一個禪定的口訣，我在靜坐之前，都會念誦一次來提醒自己，口訣如下：

「知息長短，知息冷暖，入流亡所，一心不亂。」

（一）知息長短，知息冷暖：

這二句口訣，出自於《增一阿含經》卷第七《安般品第十七》裡，記載著釋迦牟尼佛教他的獨生子「羅雲（羅睺羅）」「鼻根調伏氣息」的法門。

《增一阿含經》卷第七《安般品第十七》原文：

世尊告曰：「如是，羅雲！若有比丘樂於閑靜無人之處，便正身正意，結跏趺坐，無他異念，繫意鼻頭，出息長知息長，入息長亦知息長；出息短亦知息短，入息短亦知息短；出息冷亦知息冷，入息冷亦知息冷；出息暖亦知息暖，入息暖亦知息暖。盡觀身體入息、出息，皆悉知之。有時有息亦復知有，又時無息亦復知無。若息從心出亦復知從心出。若息從心入亦復知從心入。如是，羅雲，能修行安般者，則無愁憂惱亂之想，獲大果報，得甘露味。」

與大家分享我的靜坐心得，剛入座時，要「正身正意結跏趺坐，無他異念，繫意鼻頭，」，然後開始把注意力集中在「一呼一吸之間」，要「出息長知息長，入息長亦知息長；出息短亦知息短，入息短亦知息短；出息冷亦知息冷，入息冷亦知息冷；出息暖亦知息暖，入息暖亦知息暖，盡觀身體入息、出息，皆悉知之。」

（二）入流亡所：

這一句口訣，是「觀自在菩薩（觀世音菩薩）」修行的「耳根圓通法門」，出自於《大佛頂首楞嚴經》。

《大佛頂首楞嚴經》卷六原文：

爾時觀世音菩薩。即從座起。頂禮佛足。而白佛言：世尊。憶念我昔無數恒河沙劫。於時有佛出現於世。名觀世音我於彼佛發菩提心。彼佛教我從聞思修。入三摩地。初於聞中。入流亡所。所入既寂。動靜二相了然不生。如是漸增。聞所聞盡。盡聞不住。覺所覺空。空覺極圓。空所空滅。生滅既滅。寂滅現前。忽然超越世出世間。十方圓明。獲二殊勝。一者。上合十方諸佛本妙覺心。與佛如來同一慈力。二者。下合十方一切六道眾生。與諸眾生同一悲仰。

靜坐之後，調整好呼吸，學習目標是「入流亡所」。

在解說「入流亡所」之前，我們先要知道一個佛法的「名相（專有名詞）」，叫做「能所」。「能所」就是「能」與「所」的並稱。某一動作的主體，稱為「能」。其動的客體（對象），稱為「所」。「能」就是「能聽的這個念心」，「所」就是「所聽外面的境界」。例如：

①能見物的「眼睛」，稱為「能見」；被眼睛所見之「物」，稱為「所見」。

②依靠他人者，稱「能依」；被依靠者，稱「所依」。

③修行者，稱「能行」；所行之內容，稱「所行」。

④歸依者，稱「能歸」；為其所歸依者，稱「所歸」。

⑤教化人者，稱「能化」；被教化者，稱「所化」。

⑥認識之主體，稱為「能緣」；其被認識之客體，稱為「所緣」。

總之，「能」與「所」具有「相即不離」與「體用因果」的關係，故稱「能所一體」。好！有「能」與「所」的概念之後，我再來解釋什麼是「入流亡所」？

「入流」的「入」是表示人的各器官與外界接觸的現象，例如：外境的聲音從一個耳朵聽進去，從另一個耳朵出來，意指「入」進去就流掉，不停留在心裡面。此處的「入」則是指「耳入」，是外界的波動震著耳膜，使人發生有聲音的感覺現象。「流」的意思是「不住」，就是說不要將「入」留停下來，要讓它一接觸「即流」。

「亡所」的「亡」是「亡失、消除」的意思；「所」是所聽到的對象及因聽到而引起的一切對象的簡稱。所以，「亡所」是說在修行中，亡失了聽到的對象，以及因此對象所產生的一切對象。

簡單的說，「入流亡所」就是：在聞性中，耳入不住，亡失對象。

如果我們用這個功夫，把心往裡面收，最後外界的聲音你都聽不見，這就是「亡所」。能夠「亡所」，「定力」的功夫就會慢慢深厚。

「觀世音菩薩」是在海邊修禪定的，因聽海潮聲的來去，悟到聲音在聞性中剎那生滅，並非永久、實有的；而人的妄想、煩惱，都是來自對這聲音的執著。所以，「觀世音菩薩」採用「入流亡所」的方法，使聲音不再成為煩惱的來源。

我的靜坐心得，靜坐後，調整好呼吸，學習目標是「入流亡所」。自己不斷的用功，用功到心無二用，心中只有一個念頭，專注在「一呼一吸之間」。這就叫「入流」，就是「心止於一境，身止於一念」。

「亡所」的「所」就是「對象」，只管專注在「一呼一吸之間」，沒有「我在呼吸」的心念。專注在「一呼一吸」之間」，而忘掉了自己正在呼吸，也忘掉了自己，這時候的狀態就叫做「入流亡所」。

我是學習「鼻根調伏氣息」的法門，又稱為「安那般那守意法」。方法是：在你的心中，只有一個念頭在觀想「一呼一吸」，觀觀觀……慢慢的越觀，「一呼一吸」越來越慢，慢到幾乎沒有「呼吸」。不用刻意去觀想「一呼一吸」，就只是靜靜的，默默的，觀想著「一呼一吸」。我們的心會越來越安靜，越深處的內在，越安靜，甚至於到最後，就只有安靜，這就叫做「入流亡所」。

（三）一心不亂

這一句口訣，是出自於《阿彌陀經》裡的一段經文。

《阿彌陀經》原文：

舍利弗。若有善男子善女人，聞說阿彌陀佛，執持名號，若一日、若二日，若三日，若四日，若五日，若六日，若七日，一心不亂，其人臨命終時，阿彌陀佛，與諸聖眾，現在其前。是人終時，心不顛倒，即得往生阿彌陀佛極樂國土。

「入流亡所」之後，就可以進入「一心不亂」的狀態。此時，自己第六識「意識」的分析判斷功能停止，讓第七識「末那識」停止作用，「自性」自然顯現。

六、「禪宗」的起源？

【問二十八】「禪宗」是怎麼起源的？

【答二十八】「中國禪宗」來自於「印度禪宗」，「印度禪宗」起源於古印度的「瑜伽」，「瑜伽」與「禪」有著千絲萬縷的聯繫。

【問二十九】「瑜伽」是什麼？

【答二十九】「瑜伽」是梵語 yoga 的音譯，意譯作「相應（相互呼應）」。依「調息（調呼吸）」

等方法，集中心念於一處，修「止觀」為主的觀行，而與「正理」相應暗合一致。

「止觀」就是止息一切外境與妄念，而貫注於特定的對象（止），並生起「正智慧」以觀此一對象（觀），即指「定、慧」二法。

「三昧（梵語Samādhi）」和「禪定（梵語Dhyāna）」，都是修行「瑜伽法」的方法。

在「密教」，盛行「三密瑜伽相應」之說。這類「瑜伽觀行者」，稱為「瑜伽師」。依「瑜伽師」而行的境界，稱作「瑜伽師地」。《瑜伽師地論》一書，即從「五識身相應地」說到「無餘依地」的「十七地」。奉持《瑜伽師地論》的學派，稱為「瑜伽派」。

【問三十】談談古印度的「瑜伽」。

【答三十】在古印度，宗教哲學派別林立，但是「瑜伽（梵文Yoga）」是各派宗教共同採用的修行方法。「瑜伽」修行法，是以調息等方法來攝心，以達到與「正理」相應的狀態。

根據古印度哲學思想的演變過程，「瑜伽」的歷史從「原始時期」一直到「佛教的興起」，可以大概分為三個階段：「原始時期，吠陀時期，奧義書時期」。

（一）原始時期：密傳「瑜伽」

公元前三千到公元前二千五百年，古印度修行者在原始森林，從動物身上領悟到「瑜伽」的修行方法，當時主要是以「密傳」的方式傳承。經歷一千年的演變，「瑜伽」主要以「靜坐」、「冥想」及「苦行」的形式出現。

（二）吠陀時期：「瑜伽」最初的概念出現

「瑜伽」這個名詞，最早出現在公元前一千五百年左右。游牧民族「雅利安人」入侵北印度，帶來了「婆羅門教文化」。「婆羅門教」吸收了「瑜伽」做為他們宗教修行的一部分，在「婆羅門教」的經典《吠陀經》中，首次提出「瑜伽」的概念。

●名相：吠陀

◎釋文：梵名Veda，古印度「婆羅門教」根本聖典之總稱。原義為「知識」，即婆羅門教基本文獻之神聖知識寶庫，為與祭祀儀式有密切關聯之宗教文獻。

《吠陀經》共有四部，前三部《吠陀》：《梨俱吠陀》、《摩挲吠陀》和《柔耶吠陀》用於「婆羅門教」的教士修煉，後來，第四部《阿闥婆吠陀》為普通人提供了在日常生活中，修行用的咒語。

「瑜伽」這個名詞的詞根Yuj，也是在《梨俱吠陀》中最早被提到。《梨俱吠陀》由一系列的頌歌構成，將「瑜伽」定義為「約束」或者「戒律」，但是並沒有提供任何系統性的體位練習方法。

但是，在《阿闥婆吠陀》中，詳細記載了「瑜伽」的涵義，包括「呼吸控制」。這是目前所知道，關於「瑜伽」最早的起源。

「吠陀瑜伽」的修習，開始有基於肉體練習，來達到自我解脫，證悟「梵我一如」的宗教哲學目標。

●名相：梵我一如

◎釋文：為《奧義書》所代表印度正統「婆羅門」系統世界觀的根本思想。即宇宙根本原理的「梵（宇宙靈魂）」與個人本體的「我（個體靈魂）」同一不異的思想。據此根本原理，一切萬物依一定順序發生，人類乃至一切生物的靈魂，從其「業力」而有各種形式的輪迴。從此輪迴中求解脫，即是人生最高的目的，而由於覺悟「梵我一如」的根本真理，消滅「業力」，即能免再生的痛苦。

（三）《奧義書》時期：「瑜伽」成為修行的方式

公元前八世紀到公元前五世紀，出現了《奧義書》。

●名相：奧義書

◎釋文：「奧義」直譯為：「近坐」，引申為「祕密傳授」。為古印度的哲學書。是以「梵文」書寫，為師徒對坐，密傳教義的書籍，故稱為「奧義書」。

《奧義書》為記述印度哲學的原本思想。印度的宗教始於對「吠陀」的讚頌，其後以說明用法與儀式為目的的梵書興起，其中有一章名之為「阿蘭若迦」，《奧義書》即為說明此章而編述。

總結《奧義書》全書的思想，是以大宇宙本體的「梵」，與個人本質的「我」為一體，乃宇宙萬有的根本原理，此即「梵我一如」思想，亦為「觀念論」的「一元哲學」。順此根本原理，萬事萬物的發生，必有其一定的順序。人類生命即因「業」之故，而於輪迴的道中往返，將人類的行為，以善惡果報的道德要求為基礎，而展開輪迴轉生的思想。如經「禪定」與「苦行」來認識「梵我一如」的真理，即可解脫生死輪迴的束縛，而到達常住不滅的「梵界」，此即人生最的高目的。此一觀念論思想，是說明一切現象界皆為虛妄，唯獨「梵」為唯一的實在，並以「梵、我」代表心與物的兩面，而生成宇宙萬物。

《奧義書》進一步闡述《吠陀經》的經文，在早期的《吠陀經》中，「瑜伽」僅僅是一個名詞，和一種剛剛出現的「戒律」，然而在《奧義書》裡，「瑜伽」卻扮演了重要角色，成為一種修行的方法。

在《奧義書》時代，「瑜伽」的方法，為依「調息」等「觀行法」而看到「梵我一如」的境界，與「梵」結合，此即稱為「瑜伽」。

另外，《奧義書》還記載一個重要的觀念，就是「輪迴業報」。「輪迴業報」的觀點在《梨俱吠陀》中根本沒有，《梵書》中偶爾提及人死後可以轉生，只有《奧義書》完整建立了轉世者的轉世形態，取決於他前世的所作所為（業）的思想。《廣林奧義書》說，轉世者「因善業而成為善人，因惡業而成為惡人」。當然，從無盡的輪迴中解脫出來的方法也有，那就是認識到《奧義書》主張的「梵我一如」。

公元前六世紀到公元前五世紀，興起的「佛教」也將「梵我一如」、「輪迴業報」和「瑜伽」吸收到了他們的宗教教義中。

佛教的創始人釋迦牟尼佛誕生時，正是印度的「瑜伽教派」興盛的時期，他初期修行的時候，也是學習印度「瑜伽教派」的修行法門，跟隨當時的兩位瑜伽大師「阿邏・迦羅摩」和「郁陀迦・羅摩子」修煉「瑜伽」，學習《吠陀經》和《奧義書》，學習「瑜伽禪定」，希望以此找到解脫的途徑。

釋迦牟尼佛修習「無所有處定」和「非想非非想處定」，都獲得成就。但是，釋迦牟尼佛發現這兩種「定」，都不能夠達到「瑜伽」最完美的境界，對於「我是誰」，仍然沒有得到答案。

這時候，印度已經沒有釋迦牟尼佛可以尊為老師的人了，所以他便放棄修習「瑜伽」，改以修習六年的「瑜伽苦行」。但是，修習「瑜伽苦行」並沒有能夠開悟，反而讓釋迦牟尼佛身心衰弱。於是覺得「瑜伽苦行」也不是正道，便放棄修習「瑜伽苦行」。

釋迦牟尼佛來到「佛陀伽耶」的一棵菩提樹下，以吉祥草鋪成座位，靜坐冥想。抱著「若不能得正覺，絕不起座。」的決心，以「般若智慧」觀照宇宙人生的緣起本心。這樣經過七七四十九天，當東方出現閃亮的明星，光明湧現面前，釋迦牟尼終於達到「阿耨多羅三藐三菩提（無上正等正覺）」的完美境界，成為「佛陀」。

從釋迦牟尼佛成道的過程來看，如果沒有當年修習「瑜伽禪定」的基礎，不可能在短短四十九天，就證得「阿耨多羅三藐三菩提」。所以，釋迦牟尼佛是在古印度「瑜伽禪定」的瞑想基礎上，創立了「佛教」。但是，釋迦牟尼佛認為「瑜伽禪定」要配合「戒」和「慧」，只靠「瑜伽修行」，是不能夠達到解脫悟道的。

【問三十二】談談「印度禪宗」的起源。

【答三十二】在《五燈會元》裡記載一則著名的公案「拈花微笑」，說明「禪宗」衣缽的傳承，是根源自靈山會上，釋迦牟尼佛傳法給摩訶迦葉，是為「印度禪宗」的初祖。

《五燈會元》卷第一原文：

世尊在靈山會上。拈華示眾。是時眾皆默然。唯迦葉尊者破顏微笑。世尊曰。吾有正法眼藏。涅槃妙心。實相無相。微妙法門。不立文字。教外別傳。付囑摩訶迦葉。世尊至多子塔前。命摩訶迦葉分座令坐。以僧伽梨圍之。遂告曰。吾以正法眼藏密付於汝。汝當護持。傳付將來。

七、為什麼要「不立文字，教外別傳」？

【問三十二】為什麼要「不立文字，教外別傳」？

【答三十二】因為釋迦牟尼佛傳給摩訶迦葉的「禪法」，是另外一種佛法，不同於他之前所說的佛法。

先來說明「教外別傳」的意思，所謂「教外」，不是「佛教之外」，而是「言教之外」的意思。「言教」是指釋迦牟尼佛說法四十九年的佛法，這些佛法都是「立文字」而形成的佛規教條，弟子們都會用他們的第六識「意識」的分析判斷去學習，並且把學習佛法的好處，傳達給第七識「末那識」去執行。只要是對自己有好處的事情，比如說「善有善報」，「善報」對自己這個「假我」有利，第七識「末那識」就會去執行佛法的教導。

而「不立文字」，剛好相反，這種佛法不同於「立文字」的佛法。這種「不立文字」的佛法，稱為「禪法」。不注重在「文字佛法」的學習，是「禪師」用「禪機」，以心印心，先教導弟子觀念，再傳授「瑜伽禪定」的方法去修習，停止自己第六識「意識」的分析判斷功能，讓第六識「意識」無法傳達分析判斷的結果，給第七識「末那識」做決定，第七識「末那識」就會停止作用，「自性」自然顯現。

「不立文字」是禪宗的特色，這個觀念出自於《大乘入楞伽經》。菩提達摩來中國傳法，就以四卷《楞伽經》傳授給二祖慧可，在《續僧傳》卷一六「慧可傳」說：「初達摩禪師以四卷《楞伽》授可曰我觀漢地惟有此經。仁者依行自得度世。」。

在《大乘入楞伽經》裡，釋迦牟尼佛詳細的解釋，為什麼要「不立文字」。經文解釋的重點如下：

（一）大慧菩薩觀未來的一切眾生，都喜歡執著「語言文字」，以「語言文字」來解釋「義（真如）」，而產生迷惑。

《大乘入楞伽經》卷第一【羅婆那王勸請品第一】原文：

爾時摩訶薩。先受羅婆那王請。復知菩薩眾會之心。及觀未來一切眾生。皆悉樂著語言文字。隨言取義而生迷惑。執取二乘外道之行。

●名相：第一義諦

◎釋文：略稱「義」，即最殊勝的第一真理。又稱勝義諦、真諦、聖諦、涅槃、真如、實相、中道、法界。總括其名即指深妙無上的真理，為諸法中的第一，故稱「第一義諦」。

（二）釋迦牟尼佛為了教導眾生，必須宣說「佛法」。眾生卻執著在「語言文字」的「佛法」上，而不去了解「真實佛法」。

《大乘入楞伽經》卷第二【集一切法品第二之二】原文：

譬如工畫師。及畫師弟子。布彩圖眾像。我說亦如是。彩色中無文。非筆亦非素。為悅眾生故。綺煥成眾像。言說則變異。真實離文字。我所住實法。為諸修行說。真實自證處。能所分別離。此為佛子說。愚夫別開演。種種皆如幻。所見不可得。如是種種說。隨事而變異。所說非所應於彼為非說。

（三）釋迦牟尼佛解釋說，「語言文字」會讓「眾生」生起「分別對待心」。「真實佛法」必須要經過「修習靜坐」，才能夠領悟獲得。

《大乘入楞伽經》卷第四【無常品第三之一】原文：

佛言。大慧。語者所謂分別習氣而為其因。依於喉舌脣齶齒輔。而出種種音聲文字。相對談說。是名為語。云何為義。菩薩摩訶薩住獨一靜處。以聞思修慧思惟觀察向涅槃道自智境界。轉諸習氣。行於諸地種種行相是名為義。

（四）眾生尊重「佛法」，而不善於了解「佛法」的意思。執著於言教，違背於真實的「佛法」。眾生愚癡。不知道「語言文字」是「生滅法」，「第一義（真如）」是不生不滅的。「語言文字」「墮（拘泥；固執於個人的想法而不知變通）」於「文字」，「第一義（真如）」則是不「墮」。所以，諸佛及諸菩薩，不說一字不答一字，因為「諸佛妙理，非關文字。」

《大乘入楞伽經卷》卷第五【無常品第三之餘】原文：

於此及餘諸世界中。有能知我如水中月不入不出。但諸凡愚心沒二邊不能解了。然亦尊重承事供養。而不善解名字句義。執著言教昧於真實。謂無生無滅是無體性。不知是佛差別名號如因陀羅釋揭羅等。以信言教昧於真實。於一切法如言取義。彼諸凡愚作如是言。義如言說義說無異。何以故。義無體故。是人不了言音自性。謂言即義無別義體。

大慧。彼人愚癡。不知言說是生是滅。義不生滅。

大慧。一切言說墮於文字。義則不墮。離有離無故。無生無體故。

大慧。如來不說墮文字法。文字有無不可得故。惟除不墮於文字者。

大慧。若人說法墮文字者是虛誑說。何以故。諸法自性離文字故。

是故大慧。我經中說。我與諸佛及諸菩薩。不說一字不答一字。所以者何。一切諸法離文字故非不隨義而分別說。

大慧。若不說者教法則斷。教法斷者則無聲聞緣覺菩薩諸佛。若總無者誰說為誰。

是故大慧。菩薩摩訶薩應不著文字隨宜說法。我及諸佛皆隨眾生煩惱解欲。種種不同而為開演。令知諸法自心所見無外境界。捨二分別轉心意識。非為成立聖自證處。

大慧。菩薩摩訶薩應隨於義莫依文字。依文字者墮於惡見。執著自宗而起言說。不能善了一切法相文辭章句。既自損壞亦壞於他。不能令人心得悟解。若能善知一切法相文辭句義悉皆通達。則能令自身受無相樂。亦能令他安住大乘。

（五）眾生不應該執著於「第一義（真如）」，因為真實的佛法，不在「語言文字」裡。

《大乘入楞伽經》卷第五【無常品第三之餘】原文：

真實法者。無異無別不來不去。一切戲論悉皆息滅。是故大慧。善男子善女人。不應如言執著於義。何以故。真實之法離文字故。

（六）譬如有人以手指，指著某一物，小孩卻觀看手指，而不觀看此物。愚癡凡夫也是一樣，執著在「語言文字」的「佛法」，而不知道「修習禪定」，來得到「第一義（真如）」。

《大乘入楞伽經》卷第五【無常品第三之餘】原文：

大慧。譬如有人以指指物。小兒觀指不觀於物。愚癡凡夫亦復如是。隨言說指而生執著。乃至盡命終不能捨文字之指取第一義。

（七）譬如有人以手指，指著月亮，愚夫卻觀看手指，而不觀看月亮。眾生執著在「語言文字」的「佛法」，而不知道真實的「佛法」。

《大乘入楞伽經》卷第五【剎那品第六】原文：

甚深如來藏。而與七識俱。執著二種生。了知則遠離。無始習所熏。如像現於心。若能如實觀。境相悉無有。如愚見指月。觀指不觀月。計著文字者。不見我真實。心如工伎兒。意如和伎者。五識為伴侶。妄想觀伎眾。

（八）佛經隨順一切眾生心而說，但其真實義不在於文字言句之中。眾經所說，是隨諸眾生的根機智慧，而有種種說法，為令各類眾生皆得歡喜，方便趣入，並非佛經中所說的每句話，都是顯示佛教真實義。應當依義，不要依於語言文字。

《大乘入楞伽經》卷第二【集一切法品第二之二】原文：

大慧。諸修多羅隨順一切眾生心說。而非真實在於言中。譬如陽焰誑惑諸獸令生水想而實無水。眾經所說亦復如是。隨諸愚夫自所分別令生歡喜。非皆顯示聖智證處真實之法。大慧。應隨順義莫著言說。

這裡要特別注意的是：「不立文字」的意思是「不依賴文字」，並非「不需要立文字」，只不過是「不拘泥、不執著」而已。所以，不要把「不立文字」解讀成「不用語言文字」。

「禪宗」所謂的「不立文字」，並不是說「不用語言文字」。學習禪法時，遇到有困惑的時候，就要通過「語言文字」來學習，領會其中的意思，激發自己的悟性。但是，你不能夠拘泥局限於文字。所以，「不立文字」，實際上是指「不拘文字、不執文字」。

就像你要觀賞月亮，卻不知道月亮在哪裡，有人給你指出月亮的所在。那麼，你就直接觀賞月就是了，不要盯著手指看。

「教外別傳」就是說，在釋迦牟尼佛的「言說經教」之外，另外開闢一條途徑來傳播這個「禪法」。這就是釋迦牟尼佛以「拈花不語」，示現摩訶迦葉的本意。也就是說，「釋迦摩尼佛」的「拈花不語」，目的在使眾人領悟：「禪宗」不同於以往的修持方法，不以「言說經傳」，而是「以心傳心」，我不用說什麼，你也不用想什麼，去體會去感受「自性」的境界。

【問三十三】「不立文字」的禪法，和「禪機」有關係嗎？

【答三十三】當然有關係，而且關係非常重大。

八、如何看懂「禪機」？

【問三十四】那要怎樣學習，才能看懂「禪機」？

【答三十四】要看懂「禪機」，就必須要有「不立文字」和「停止意識」，這二把鑰匙才行。

【問三十五】「禪機」是什麼？

【答三十五】「禪機」的「機」，是「重要的、祕密的」意思。「禪」是「安靜的、不分別、注視某一個特定的對象」的「心理狀態」。修習「禪」，是為了「定」。「定」是令心專注於某一個特定對象，而達於不散亂的精神作用。所以，「禪機」是「禪師」為了輔助弟子領悟「禪」，進而修習「禪定」的教導方法。

下面節錄各家字典，對「禪機」的解釋，彙總融會之後，你就會更明白「禪機」是什麼？

(1)《國語辭典》（教育部）

【禪機】禪師啟悟弟子所用的技巧、言語，這類方法、言語，都超出邏輯的思惟範圍，非一般人所知，所以後引喻為只有當事人才知道的事情、對話。

(2)《佛光大辭典》

●名相：機

◎釋文：禪宗將「機」認為是指導者（師家）心的作用，因為「機」乃斷絕言語思慮者，此作用施加於受教者的心，故接受指導的學人，必須與師家的心相應，此即為「投機」。

●名相：機鋒

◎釋文：又作「禪機」。「機」，指受教法所激發而活動的心之作用，或指契合真理的關鍵、機宜；「鋒」，指活用禪機的敏銳狀態。意謂師家或禪僧與他人「對機」或「接化」學人時，常以寄意深刻、無跡象可尋，乃至非邏輯性的言語來表現一己的境界或考驗對方。

(3)吳汝鈞《佛教思想大辭典》

【禪機】禪的大機大用。這主要指禪師在開導弟子時，所表現的獨特的敏銳的言行：或拂，或拳，或棒，或喝。在「禪機」的運用方面，涉及很多個別的、特殊的因素，故如何運用，並無一定的規矩，此中亦有濃厚的神秘主義意味。

【問三十六】為什麼「不立文字」，是看懂「禪機」的第一支鑰匙？

【答三十六】釋迦牟尼佛所領悟到的「佛法」，是透過長期靜坐「禪定」的修行，才能夠「見性成佛」。而不是把「佛法」說給眾生聽，眾生就可以「見性成佛」。要「見性成佛」，必須要修習「禪定」，而不是執著在「語言文字」上的「佛法」，這叫做「紙上談兵」，光說不練是沒有用的。

最初，釋迦牟尼佛要把他「見性成佛」的方法，介紹給眾生知道，他不得不先用「語言文字（立文字）」來說明結果，講經說法四十九年，他發現大多數的眾生，都執著在他所教導的「語言文字佛法」上，而不知道要實修。

所以，釋迦牟尼佛到了晚年，他要涅槃之前，開始改變原來用「語言文字（立文字）」教導的方法，改用「不立文字、不說話、沉默」的另一種方式，來提醒和教導眾生，別忘了實修「禪定」的重要性。

「禪機」是「禪師」為了輔助弟子領悟「禪」，進而修習「禪定」的教導方法。「不立文字」的「禪機」，是用「不說話、沉默」的方式，提醒修禪者不要執著在「語言文字佛法」上。

所以，明白「不立文字」的用意，是看懂「禪機」的第一支鑰匙。

【問三十七】能舉一些「不立文字」的「禪機」例子嗎？

【答三十七】「不立文字」的例子太多了，舉例如下：

（一）《金剛般若波羅蜜經》原文：釋迦牟尼佛沒有說法

①「須菩提！於意云何？如來得阿耨多羅三藐三菩提耶？如來有所說法耶？」須菩提言：「如我解佛所說義，無有定法名阿耨多羅三藐三菩提，亦無有定法，如來可說。何以故？如來所說法，皆不可取、不可說、非法、非非法。」

②「須菩提！於意云何？如來有所說法不？」須菩提白佛言：「世尊！如來無所說。」

③須菩提！汝勿謂如來作是念：「我當有所說法。」莫作是念，何以故？若人言：「如來有所說法。」即為謗佛，不能解我所說故。須菩提！說法者，無法可說，是名說法。

（二）《五燈會元》卷第一原文：釋迦牟尼佛責罵「文殊菩薩」

文殊大士請佛再轉法輪。世尊咄（ㄉㄨㄛˋ，斥責、怒罵）曰。文殊。吾四十九年住世。未曾說一字。汝請吾再轉法輪。是吾曾轉法輪邪。

（三）《維摩詰所說經》卷中原文：「維摩詰居士」默然無言

於是文殊師利。問維摩詰。我等各自說已。仁者當說。何等是菩薩入不二法門。時維摩詰默然無言。文殊師利歎曰。善哉善哉。乃至無有文字語言。是真入不二法門。

（四）《五燈會元》卷第二原文：「須菩提尊者」未嘗說一字

①須菩提尊者在巖中宴坐。諸天雨華讚嘆。者曰。空中雨華讚嘆。復是何人。云何讚嘆。天曰。我是梵天。敬重尊者善說般若。者曰。我於般若未嘗說一字。汝云何讚嘆。天曰。如是尊者無說。我乃無聞。無說無聞。是真說般若。

②「尊者一日說法次。帝釋雨華。者乃問。此華從天得邪。從地得邪。從人得邪。釋曰。弗也。者曰。從何得邪。釋乃舉手。者曰。如是。如是。」

（五）《五燈會元》卷第一原文：「二祖慧可」禮拜沉默不語

越九年。（菩提達摩）欲返天竺。命門人曰。時將至矣。汝等盍各言所得乎。時有道副對曰。如我所見。不執文字。不離文字。而為道用。祖曰。汝得吾皮。

尼總持曰。我今所解。如慶喜見阿閦佛國。一見更不再見。

祖曰。汝得吾肉。

道育曰。四大本空。五陰非有。而我見處。無一法可得。

祖曰。汝得吾骨。

最後慧可禮拜。依位而立。

祖曰。汝得吾髓。

乃顧慧可而告之曰。昔如來以正法眼付迦葉大士。展轉囑累。而至於我。我今付汝。汝當護持。并授汝袈裟。以為法信。

(六)「四祖道信」的《入道安心要方便法門》：「決須斷絕文字語言」

「修道得真空者。不見空與不空。無有諸見也。善須解色空義。學用心者。要須心路明淨。悟解法相。了了分明。然後乃當為人師耳。復須內外相稱。理行不相為。決須斷絕文字語言。」

(七)《大般涅槃經》卷第二十六光明遍照高貴德王菩薩品第十之六原文：

若知如來常不說法，亦名菩薩具足多聞。何以故？法無性故。如來雖說一切諸法，常無所說。是名菩薩修大涅槃，成就第五具足多聞。

(八)《金剛經》原文：

如來所說法，皆不可取、不可說、非法、非非法。

(九)《大寶積經》卷二十三原文：

汝應於是義，如說而修習。若隨語言者，是則隨音聲，於彼不超過，同於世間。音聲及文字，不應隨彼轉，應知真實義，無行以隨行。實義無音聲，亦無有文字，超過語言故，乃名為實義。

【問三十八】為什麼「停止意識」，是看懂「禪機」的第二支鑰匙？

【答三十八】看懂「禪機」的第一支鑰匙：「不立文字」，是用「不說話、沉默」的方式，提醒修禪者不要執著在「語言文字佛法」上。

而看懂「禪機」的第二支鑰匙：「停止意識」，是禪師」用「拂塵、或拳揍、或棒打、或喝斥、或答非所問」等方式，直接幫助弟子領悟「禪」，進而修習「禪定」的教導方法。但是，這種教導方法，只適合「上根」的弟子，才容易領悟。對於「中根」和「下根」的弟子，只會覺得「莫名其妙、丈二金剛摸不著頭」。

「禪師」用「拂塵、或拳揍、或棒打、或喝斥、或答非所問」等方式，不透過「語言文字佛法」，直接「直指人心」，幫助弟子領悟「禪」，這個原理是來自於「唯識學」。

釋迦牟尼佛悟道時，感嘆的說：「奇怪啊！一切的眾生，都具備有和『如來（佛）』相同的『智慧德相（簡稱『自性』）』，但是因為有『妄想執著』，所以不能證得。」。

所以，只要去除我們的「妄想執著」，我們就可以見到自己的「自性」。而「妄想執著」是我們的第七識「末那識」所產生的，只要讓第七識「末那識」停止作用，「自性」自然顯現。

而第七識「末那識」要能夠運作，必須要靠第六識「意識」傳遞它分析判斷後的結果，否則第七識「末那識」就停止無法運作。因此，練習「靜坐禪定」的目的，就是要停止第六識「意識」的分析判斷功能，就能讓第七識「末那識」停止作用，「自性」自然顯現。

「唯識學」告訴我們一個原理，唯有透過「靜坐禪定」的練習，才能夠讓第七識「末那識」停止作用。一旦第七識「末那識」停止作用，我們的思想活動就停止，「妄想執著」當然就不存在。這時候，你的「如來智慧德相」，也就是「自性」，就自然顯現出來，這就是所謂的「見性成佛」。

利用「唯識學」的原理，除了「靜坐禪定」的方法，可以「持久性」的停止第六識「意識」的分析判斷功能。還有另一個方法，可以「短暫性」的停止第六識「意識」。那就是我們遇到「驚嚇、答非所問、莫名奇妙、不知所云、雞同鴨講、丈二金剛摸不著頭」等狀況時，我們就會「愣了一會兒」，當下「腦袋一片空白」，無法思考。

這些「心理狀態」，就是第六識「意識」的分析判斷功能「當機」的現象。當下，可能只有短短的幾秒鐘，就在這「電光火石」之間，第七識「末那識」「短暫性」的停止作用，我們會和我們的「自性光」擦身而過。

「自性光」一閃即逝，然後我們又回過神來，我們的第六識「意識」的分析判斷功能，又開始運作。第七識「末那識」又開始產生「妄想執著」，我們的「自性」又重新被「妄想執著」覆蓋。就在這「電光火石」之間，「上根」的人，就會明白這是「自性光」；而「中根」和「下根」的人，只會覺得「納悶、莫名奇妙、不知所云」。

「禪師」用「拂塵、或拳揍、或棒打、或喝斥、或答非所問」等方式，就是要造成「驚嚇、答非所問、莫名奇妙、不知所云、雞同鴨講、丈二金剛摸不著頭」等效果。「禪機」是「禪師」用來輔助「停止意識」的「工具」，「禪師」用「拂、拳、棒、喝、不知所云」的方式，直接幫助修禪者「直指人心，見性成佛。」。

所以，「停止意識」是看懂「禪機」的第二支鑰匙。

【問三十九】能舉一些「停止意識」的「禪機」例子嗎？

【答三十九】「停止意識」的例子非常多，舉例如下：

（一）《五燈會元》卷第一原文：二祖慧可求安心

可（二祖慧可）曰。我心未寧。乞師（菩提達摩）與安。祖（菩提達摩）曰。將心來。與汝安（安心）。可（二祖慧可）良久曰。覓（「覓」的古字，尋找）心了不可得。祖曰。我與汝安心竟（心安好了）。

（二）《聯燈會要》第一卷原文：

世尊一日陞座。大眾集定。迦葉白槌云。世尊說法竟（完畢）。世尊便下座。

（三）《五燈會元》卷第二原文：傅大士講《金剛經》

善慧大士者（傅大士；傅翕〈ㄒㄧˋ〉）

①梁武帝請講金剛經。士（傅大士）纔陞座。以尺揮按一下。便下座。帝（梁武帝）愕然（驚駭）。聖師（誌公和尚）曰。陛下還會麼。帝（梁武帝）曰。不會。聖師（誌公和尚）曰。大士講經竟（完畢）。

②大士（傅大士）一日披衲．頂冠．靸履朝見。帝（梁武帝）問。是僧邪（佛教徒？）。士（傅大士）以手指冠。帝（梁武帝）曰。是道邪（道教徒？）。士（傅大士）以手指靸履。帝（梁武帝）曰。是俗邪（儒教徒？）。士以手指衲衣（佛教徒？）。

（四）《五燈會元》卷第十一原文：臨濟義玄的「三問三打」

時睦州為第一座（禪堂中位居上座長老的僧人）。乃問。上座（長老）在此多少時。師（臨濟義玄）曰。三年。州（睦州）曰。曾參問否。師（臨濟義玄）曰。不曾參問。不知問箇甚麼。州（睦州）曰。何不問堂頭和尚（黃檗禪師）。「如何是佛法的大意」。師（臨濟義玄）便去。問聲未絕。檗（黃檗禪師）便打。師（臨濟義玄）下來。州（睦州）曰。問話作麼生。師（臨濟義玄）曰。某甲（自稱的代名詞）問聲未絕。和尚（黃檗禪師）便打。某甲不會。州（睦州）曰。但更去問。師（臨濟義玄）又問。檗（黃檗禪師）又打。如是三度問。三度被打。

（五）《五燈會元》卷第四原文：趙州從諗禪師的「喫茶去」

①問。如何是『祖師西來意』。師（趙州從諗）曰。庭前栢樹子。曰。和尚莫將境示人。師（趙州從諗）曰。我不將境示人。曰。如何是祖師西來意。師（趙州從諗）曰。庭前栢樹子。

②問。如何是佛。師（趙州從諗）曰。殿裡底。曰。殿裡者豈不是泥龕塑像。師（趙州從諗）曰。是。曰。如何是佛。師（趙州從諗）曰。殿裡底。

③師（趙州從諗）問新到。曾到此間麼。曰。曾到。師（趙州從諗）曰。喫茶去。又問僧。僧曰。不曾到。師（趙州從諗）曰。喫茶去。後院主問曰。為甚麼曾到也云喫茶去。不曾到也云喫茶去。師（趙州從諗）召院主。主應喏。師（趙州從諗）曰。喫茶去。

（六）《指月錄》卷之十一原文：趙州從諗禪師說「狗有沒有佛性？」

問。狗子還有佛性也無。師（趙州從諗）曰無。曰上至諸佛下至螻蟻皆有佛性。狗子為甚麼卻無。師（趙州從諗）曰。為伊有業識在。又僧問。狗子還有佛性也無。師（趙州從諗）曰有。曰既有。為甚麼入這皮袋裡來。師（趙州從諗）曰。知而故犯。

（七）《指月錄》卷之十五原文：德山宣鑒禪師的「棒打」

①後聞南方禪席頗盛。師（德山宣鑒）氣不平。乃曰。出家兒。千劫學佛威儀。萬劫學佛細行。不得成佛。南方魔子（指六祖惠能）。敢言『直指人心見性成佛』。我當摟其窟穴。滅其種類。以報佛恩。遂擔《青龍疏鈔（《金剛經》白話解釋講義）》出蜀（四川）。至澧（ㄌㄧˇ）陽。路上見一婆子（老婆婆）賣餅。因息肩買餅點心。婆指擔曰。這個是甚麼文字。師曰。《青龍疏鈔》。婆曰。講何經。師曰。《金剛經》。婆曰。我有一問。你若答得。施與點心。若答不得。且別處去。《金剛經》道。『過去心不可得。現在心不可得。未來心不可得』。未審上座點那個心。師（德山宣鑒）無語。

②（德山宣鑒）小參。示眾曰。今夜不答話。問話者三十棒。時有僧出禮拜。師（德山宣鑒）便打。僧曰。某甲（自稱的代名詞）話也未問。和尚（德山宣鑒）因甚麼打某甲。師（德山宣鑒）曰。汝是甚麼處人。曰新羅（古朝鮮，今韓國）人。師（德山宣鑒）曰。未跨船舷。好與三十棒。

③師（德山宣鑒）令侍者喚『義存』。『存（義存）』上來。師（德山宣鑒）曰。我自喚『義存』。汝又來作甚麼。存（義存）無對。

④雪峰問。從上宗乘。學人還有分也無。師（德山宣鑒）打一棒曰。道甚麼。曰不會。至明日請益。師（德山宣鑒）曰。我宗（禪宗）無語句。實無一法與人。峰（雪峰）因此有省。

（八）《指月錄》卷之二十原文：雲門文偃禪師的「雞同鴨講」

①問。如何是超佛越祖之談。師（雲門文偃）曰。胡餅。
②問。如何是佛。師（雲門文偃）曰。乾矢橛（乾屎塊）。
③問。如何是諸佛出身處。師（雲門文偃）曰。東山水上行。

（九）《景德傳燈錄》卷第十六原文：雪峰義存禪師的「竪起拂子」

①師（雪峰義存）竪起拂子曰。還隔遮箇（這個）麼。曰若隔遮箇即遙去也。師（雪峰義存）便打。
②有僧辭去參靈雲（靈雲志勤）。問佛未出世時如何。靈雲（靈雲志勤）舉拂子。又問。出世後如何。靈雲亦舉拂子。其僧卻迴。師（雪峰義存）問。闍梨近去返太速生。僧曰。某甲到彼問佛法不相當乃迴。師（雪峰義存）曰。汝問什麼事。僧舉前話。師（雪峰義存）曰。汝問。我為汝道。僧便問。佛未出世時如何。師（雪峰義存）舉拂子。又問。出世後如何。師（雪峰義存）放下拂子。僧禮拜。師（雪峰義存）便打。
③師（雪峰義存）上堂。舉拂子曰。遮箇（這個）為中下。僧問。上上人來如何。師（雪峰義存）舉拂子。僧曰。遮箇（這個）為中下。師（雪峰義存）打之。

（十）《景德傳燈錄》卷第六原文：石鞏慧藏禪師的「竪起拂子」

①（石鞏慧藏）一日在廚中作務次。祖（馬祖道一）問曰。作什麼曰。牧牛。祖（馬祖道一）曰。作麼生牧。曰一迴入草去便把鼻孔拽來。祖（馬祖道一）曰。子真牧牛。師便休。
②師（石鞏慧藏）問西堂（西堂智藏）。汝還解捉得虛空麼。西堂（西堂智藏）云。捉得。師（石鞏慧藏）云。作麼生捉。堂（西堂智藏）以手撮虛空。師（石鞏慧藏）云。作麼生恁麼捉虛空。

堂（西堂智藏）卻問。師兄作麼生捉。師（石鞏慧藏）把西堂（西堂智藏）鼻孔拽。西堂（西堂智藏）作忍痛聲。云大殺拽人鼻孔直得脫去。師（石鞏慧藏）云。直須恁麼捉虛空始得。

（十一）《五燈會元》卷第三原文：馬祖道一禪師的「扭鼻子」

師（百丈懷海）侍馬祖（馬祖道一）行次。見一群野鴨飛過。祖（馬祖道一）曰。是甚麼。師（百丈懷海）曰。野鴨子。祖（馬祖道一）曰。甚處去也。師（百丈懷海）曰。飛過去也。祖（馬祖道一）遂把師（百丈懷海）鼻扭。負痛失聲。祖（馬祖道一）曰。又道飛過去也。師（百丈懷海）於言下有省。

【問四十】「禪宗」的「參話頭」與「起疑情」是做什麼用途？

【答四十】「參話頭」與「起疑情」是中國禪宗的修行方法之一：

（一）參話頭：

這是修行者集中精神對「一個字」或「一句話」不斷的思索窮究，以達到開悟的目的。

（二）起疑情：

這是中國禪宗的修行方法之一，當禪法的修行者，專心一致在「話頭」或「公案」上，對外境不起分別作用，這種狀況稱為「疑情」。

什麼是「話頭」呢？「話」就是說話，「頭」就是說話之前，那一念不生不滅的心，「參禪」就是要找到「本心（自性）」。例如：念「阿彌陀佛」當「話頭」，未念之前是「頭」，一念未生的時候，就叫做「不生不滅」。時時刻刻提起這一念，反照這不生不滅」的地方，叫做「參話頭」，更明白的說，就是「觀心」。

「話頭」的種類很多，例如：「看父母未生前，如何是本來面目？」、「念佛的是誰？」、「聽法的是誰？」等等。目的在「以一念抵萬念」，這實在是祖師們巧立的法門。

「參話頭」之前，先要「起疑情」，「疑情」是「參話頭」的拐杖。例如問「念佛的是誰？」當然是自己在念，但是反問自己一下，是用口念？還是用心念？因此不明白者便在「誰」上發起「疑情」，要隨時隨地，單單照顧這個「疑情」，像流水般不斷地看去，不生二念。

用「唯識學」來解釋「參話頭」與「起疑情」，目的是以「一念」來停止自己第六識「意識」的分析判斷功能，讓第六識「意識」「當機」，無法傳達分析判斷的結果給第七識「末那識」做決定，第七識「末那識」就會停止作用，「自性」自然顯現。

九、「禪宗」的傳承？

【問四十二】談談「印度禪宗」的傳承

【答四十二】釋迦牟尼佛「拈花微笑」之後，歷經各時代的法脈傳承，如下：

第一祖：摩訶迦葉尊者

第二祖：阿難尊者

第三祖：末田地尊者、商那和修尊者

第四祖：優波鞠多尊者

第五祖：提多迦尊者
第六祖：彌遮迦尊者
第七祖：婆須蜜多尊者
第八祖：佛馱難提尊者
第九祖：伏馱蜜多尊者
第十祖：脅尊者
第十一祖：富那夜奢尊者
第十二祖：馬鳴大士
第十三祖：迦毗摩羅尊者
第十四祖：龍樹大士
第十五祖：迦那提婆尊者
第十六祖：羅睺羅多尊者
第十七祖：僧伽難提尊者
第十八祖：僧伽耶舍、伽耶舍多尊者
第十九祖：鳩摩羅多尊者
第二十祖：闍耶多尊者
第二十一祖：婆修盤頭尊者
第二十二祖：摩拏羅尊者

第二十三祖：鶴勒那尊者
第二十四祖：師子尊者
第二十五祖：婆舍斯多尊者
第二十六祖：不如蜜多尊者
第二十七祖：般若多羅尊者
第二十八祖：菩提達摩

至二十八祖菩提達摩東來中國，播下「禪」的種子，為「中國禪宗」的初祖。

【問四十二】「印度禪法」是菩提達摩第一個傳到中國的嗎？

【答四十二】不是！「印度禪法」很早就傳到中國，自東漢恒帝（西元一四七到一六七在位）時代至梁武帝（五〇二到五四九在位）時代，也就是菩提達摩自印度東來中國之前，大約有三百五十年的時間，印度就已經陸續傳來「印度禪法」，這些是印度的「小乘禪」及「大乘禪」。

在這段期間，有幾位高僧大德翻譯出這些「印度禪法」，例如：

（一）「安世高」大師來自西域「安息國」，原為「安息國」的太子，後來出家為佛教僧人，和「支婁迦識」並列為東漢時期佛經翻譯的重要人物。

安世高大師翻譯出十多種「小乘」的禪經，如《安般守意經》、《禪行法想經》、《陰持入經》、《道地經》、《人本欲生經》、《阿毘曇五法經》等等，「安世高」所譯的佛經是「上座部」教典。

（二）「支婁迦識」大師是在東漢時期，來自「月支國」的佛教僧人。「支婁迦識」所翻譯的術語，大多用音譯，少用意譯。譯文晦澀難懂，又以「無為、自然、本無」等「道家」的詞語，來翻譯「般若經」。

支婁迦讖大師翻譯出《般若道行品經》、《般舟三昧經》、《首楞嚴經》等十餘部佛典，為最早將大乘佛教典籍翻譯成中文的西域譯經僧，也是為「大乘禪」的「空」的理論，開啟了介紹的先河。

支婁迦讖所翻譯的佛經，是對中國後世影響最大的「大乘佛經」，涉及「般若、華嚴、寶積、涅槃」等部。後來「般若」學說不但為統治者所接受，而且深入平民中間，成為漢晉南北朝時的顯學。

（三）「康僧會」大師的先世出自「康居國（今新疆北部）」，是三國時期吳國著名的佛教高僧，譯經師。

康僧會大師翻譯出《六度集經》、《小品般若》、《舊雜譬喻經》、《坐禪經》等，並對安世高所譯的《安般守意經》加以注解。此外，他還註解了《法鏡經》及《菩薩道樹經》。

康僧會大師以數息、隨息等的「六妙門」，是大乘法，對於四禪所下的定義界說，也略異於一般的見解，似乎初禪的重點在定力，二、三、四禪，重點在於慧力。

（四）「鳩摩羅什」大師是東晉十六國時期，西域龜茲人（今新疆維吾爾自治區阿克蘇地區庫車縣一帶），佛教比丘，是漢傳佛教的著名譯師。其父鳩摩羅炎是來自「罽賓國（今克什米爾）」的卿相世家後裔，其母是龜茲王的妹妹耆婆。

唐朝「玄奘」大師等人的譯經被稱為「新譯」，唐朝之前的「鳩摩羅什」大師等翻譯的經卷被稱為「舊譯」。鳩摩羅什大師的譯經原則以保留原意和原典的詩歌性質為主，將原典的詩歌用漢文重寫，而非逐字逐句翻譯。

鳩摩羅什大師的譯經，幾乎觸及佛教龐博經文的各個方面：大乘經典的新譯或較準確的重譯，關於戒律的經文、小乘教派經本、經院學說與玄學的巨著等。鳩摩羅什大師也將出自大乘的「中觀學派」，介紹到中國。

鳩摩羅什大師對於修行禪定的基本方法及其現象，例如數息法、不淨觀、白骨觀等的次第，有很詳細的介紹。

鳩摩羅什大師對東亞佛教經典的貢獻巨大，他一生譯經七十四部，有《金剛般若波羅蜜經》、《阿彌陀經》、《坐禪三昧經》、《妙法蓮華經》、《摩訶般若波羅蜜經》、《維摩詰經》、《大智度論》、《中論》、《大品般若經》等。

鳩摩羅什大師譯出了空宗的《大品般若經》、《維摩詰經》等，奠定了大乘禪法的基礎。同時翻譯了多種小乘的禪經，例如《禪秘要法經》、《禪法要解經》、《坐禪三昧經》、《思維略要法》等。

【問四十三】談談「中國禪宗」的傳承

【答四十三】菩提達摩到中國來傳法，他既是西天印度的第二十八祖，同時也是中國的初祖。菩提達摩來到中國的時候，正是中國佛教「義理」盛行的時期，在這種環境下，菩提達摩要來中國傳「不立文字、教外別傳」的禪法，就有相當的困難。

菩提達摩初到中國，跟梁武帝的一席問答，相互之間沒有默契。所以菩提達摩就辭別梁武帝，沿著往長安的路線，直抵河南嵩山少林寺。在那裡，過九年的時間，才有一位「神光」的人到嵩山，去向菩提達摩乞求「安心法門」。後來，菩提達摩給神光改名叫「慧可」，就是「中國禪宗」的二祖。

二祖慧可從菩提達摩那裡得到「安心法門」的這段公案，就是中國禪宗的開始。經過兩百多年，才傳到了六祖惠能。在六祖惠能以前，都是一個人傳一個人的「單傳」，稱為「六代傳燈」。

為什麼是「單傳」呢？並不是不想多傳，而是難得其人。這當中，從二祖到三祖、四祖，都是信受的人很少。

在四祖道信所著述的《入道安心要方便門》裡，就有解釋為什麼禪宗是「單傳」。

《入道安心要方便門》原文：

法祕要。不得傳非其人。非是惜法不傳。但恐前人不信。陷其謗法之罪。必須擇人。不得操次輒說。慎之慎之。

《入道安心要方便門》翻譯：

這個修習禪學的祕密機要方法，不可以隨意傳授給不合適的人，要先判斷對方是否適合傳法。不是自己吝嗇佛法，不肯傳授給他人，而是擔心傳授給不合適的人，他不相信這個修禪方法，會讓他陷入毀謗佛法的罪名所以必須選擇性的教導，不要輕易的傳授這個修禪方法，謹慎啊！謹慎啊！

「中國禪宗」從「四祖道信」開始，才開始「大敞禪門，廣接徒眾」，建立傳法的道場。四祖道信的道場，號稱有一千五百人，為了養活眾多的徒眾，必須另闢財源，找尋生活資源。所以，從四祖道信開始，提倡「自耕自食，自給自足」，在山區裡自己開田，自己種植糧食，來養活自己，這才真正走出傳法的困境。

由此以後，四祖道信傳五祖弘忍，五祖弘忍傳六祖惠能，這期間經過二百多年艱苦的傳法階段，才真正使「禪宗」在中國興盛開花，廣泛發展，開創一個規模。

「中國禪宗」的「起源」略述如上，菩提達摩首開其端，六祖惠能以後大放異彩，「中國禪宗」的「傳承」如下：

第二十八祖：菩提達摩（東土初祖）

第二十九祖：二祖慧可

第三十祖：三祖僧璨

第三十一祖：四祖道信

第三十二祖：五祖弘忍

第三十三祖：六祖惠能

六祖惠能建立「南宗」，「南宗」巍然卓立，波瀾壯闊，大放異彩，開演為「五家七宗」，應驗了菩提達摩「一花開五葉，結果自然成。」的預言，也奠定了隋唐禪學的黃金時代。

「中國禪宗」的發展，可分成五個時期：

（一）早期禪宗：由菩提達摩到達中國開始，至六祖惠能大宏禪宗為止。

（二）禪宗的發展期：由六祖惠能門下，「洪州、石頭」二宗，發展為「五宗七派（臨濟宗的黃龍派和楊岐派、法眼宗、曹洞宗、雲門宗、溈仰宗）」，時間約為晚唐至南宋初。

（三）中期禪宗：自南宋初年「臨濟宗」的「大慧宗杲」起，而提倡「話頭禪」，「曹洞宗」的「宏智正覺」倡導「默照禪」，至於明朝中晚期，此為禪宗的成熟期。

（四）晚期禪宗：到了明朝中葉，「淨土宗」興起，此時佛教的特色為「禪淨合一」，與儒、釋、道三教合一，「禪淨合一」的影響，使得當時的僧人唯以「參話頭、念彌陀」為主，「禪宗」逐漸失去創新的生命力，為禪宗的「衰落期」，開始於晚明至清朝結束為止。

（五）禪宗的中興：清末民初之際，有鑑於佛教的衰微，「虛雲大師」起而中興禪宗，為近代禪宗中興之祖。

「禪宗」最盛行的流播地區，主要為中國江南以南，集中於兩湖、兩江、廣東、福建一帶。「禪宗」在中國佛教各宗派中，流傳時間最長，影響最廣，至今仍延綿不絕，在中國哲學思想及藝術思想上有著重要的影響。

「禪宗」的影響深遠，自唐代創立後，流傳於中國、日本、朝鮮半島、越南等地區，至今不衰。二次世界大戰後，日本「鈴木大拙」至美國弘法，「禪宗」在歐美頗受歡迎，因而將「禪宗」的影響力推至世界各地。

【問四十四】「如來禪」與「祖師禪」有什麼不同？

【答四十四】「如來禪」本來是指菩提達摩門下相傳的禪，可是後來變相為解釋的名相。所以，「仰山慧寂」禪師另立「祖師禪」的名稱，以此為菩提達摩所傳的心印，表示「祖祖相傳、以心印心」之意，以區別於教內其他諸禪。

●名相：如來禪

◎釋文：「如來禪」又稱「一行三昧、真如三昧」，此禪的旨趣，是頓悟自心本來清淨，無有煩惱，具足無漏的智性，且此種「清淨心」與佛無異，此心即佛。本來是菩提達摩門下相傳的禪，可是自中唐以後，禪宗因盛行以「棒喝、坐禪」等「不立文字、見性成佛」的方式接化眾生，又當時「如來禪」僅停滯於義解名相，而未至菩提達摩西來所傳的真禪味。故「仰山慧寂」禪師另立「祖師禪」的名稱，以此為菩提達摩所傳的心印，表示「祖祖相傳、以心印心」之意，以別於教內其他諸禪。

●名相：祖師禪

◎釋文：與「如來禪」相對稱，又作南宗禪。特指禪宗初祖菩提達摩傳來，而至六祖惠能以下「五家七宗」的禪。是主張教外別傳，不立文字，不依言語，直接由師父傳給弟子，祖祖相傳，以心印心，見性成佛，故稱「祖師禪」。

【問四十五】學習「禪宗」要研究哪些經典？

【答四十五】學習「禪宗」要研究的經典如下：

（一）《瑜伽師地論》：

《瑜伽師地論》是佛教「瑜伽行唯識學派」的根本大論，也是大乘佛教瑜伽行者修行所依循的根本論典。「瑜伽」即是在禪定修行中，心境相應。「瑜伽師」即是自作修行乃至講述傳授瑜伽諸法的老師，就是中國常說的「禪師」。

《瑜伽師地論》相傳為「無著」菩薩經由禪定，上升至兜率天親自受學於彌勒菩薩，從彌勒處得到此論並傳述後世。《瑜伽師地論》可以說是最殊勝、全面性、有次第的介紹佛學與佛法。它是一部很詳細、很深入性開示佛法的論典，這部根本論著含蓋三乘理事圓融的修行次第。

（二）《成唯識論》：

《成唯識論》是中國「唯識宗」立宗的主要理論依據，以大乘佛教「唯識宗」創始人之一「世親」菩薩的《唯識三十頌》為主線，由唐代著名高僧「玄奘三藏」法師，以「護法」菩薩學說為主，揉合印度十大論師的詮釋編譯而成，最能體現「法相唯識學派」的基本思想。

《成唯識論》按照《唯識三十頌》的結構，圍繞著成立唯識、證得唯識主題而展開，分破執、顯理、釋難、行果四個方面。

（三）《唯識三十論頌》：

《唯識三十論頌》或稱《唯識三十頌》，是大乘佛教典籍，由「世親」菩薩撰寫，「玄奘」法師翻譯。《唯識三十論》總結整理了前期各種經論中的唯識思想，是代表著「世親」菩薩在「唯識學」上的最高成就，但是他來不及為《唯識三十論》注釋就辭世了。

《唯識三十論》的結構可分為三部分：

(1)唯識相：即前面二十四頌，是對宇宙萬有之現象界的說明。

(2)唯識性：即第二十五頌，是對一切事相之理性（本體）的說明。

(3)唯識位：即末後五頌，是對修行證果之位別程序的說明。

（四）《楞伽經》：

《楞伽經》，漢譯為《楞伽阿跋多羅寶經》、《入楞伽經》、《大乘入楞伽經》。本經說明「清淨心、如來藏及阿賴耶識」的教義，是「禪宗」以及「法相宗（唯識宗）」的重要經典之一，「中觀學派」論師「清辯」亦援引本經解釋「中觀空義」。在印度和中國的佛教歷史上具有十分重要的地位。

「楞伽（梵語：Lanka）」一詞出於《羅摩衍那》，是地名，指「楞伽島」，即現今的「斯里蘭卡島

（Sri Lanka）」。《羅摩衍那》記載「楞伽島」上有座「楞伽山」，山上居住很多羅剎、夜叉，人皆不敢前往。故「楞伽」指不可入、不可往的危險處。「阿跋多羅」是指入、降臨之義，「楞伽阿跋多羅」即如來入此楞伽島、聖足山（楞伽山）所說之寶經。

本經的主要內容，是「五法」、「三自性」、八識」和「二種無我」。「五法」是指、「名、相、妄想、正智、如如」；「三自性」是緣起自性（依他起性）、妄想自性（遍計所執性）、成自性（圓成實性）」；「八識」是「眼耳鼻舌身意」六識，加上「末那識」和「阿賴耶識」；「二種無我」是「人無我」和「法無我」。

中天竺國「曇無讖」三藏法師，於北涼姑臧，最早譯出《楞伽經》。現存最早譯本是南朝宋元嘉二十年天竺三藏法師「求那跋陀羅」的譯本《楞伽阿跋多羅寶經》，四卷，又稱『宋譯』，以散文與詩句相互交叉應用，最能表現此經的原始形態，流行也最廣。

傳說禪宗祖師「菩提達摩」以此譯本授於「二祖慧可」，並云：「我觀漢地，唯有此經，仁者依行，自得度世。」以後「二祖慧可」弟子有持此經以修持者，主張「專唯念慧，不在話言」，世稱「楞伽師」，其「唯心論、禪法、頓、漸之法」，成為禪宗開宗的基石，《傳燈錄》記載「五祖弘忍」曾在牆壁上，畫有「楞伽修定圖」。

《楞伽經》有三種漢文譯本：

①北魏「菩提流支」的譯本《入楞伽經》十卷，又稱《十卷楞伽經》、《魏譯楞伽經》，「入楞伽」意思是「進入楞伽島」。

②唐代「實叉難陀」的譯本《大乘入楞伽經》七卷，又稱《七卷楞伽經》、《唐譯楞伽經》，與梵

本比較接近。

③明朝「員珂法師」將此三種譯本合譯為《楞伽會譯》，收在《大正藏》第十六冊。

（五）《解深密經》：

《解深密經》，屬於大乘佛教「唯識學派」經典，「如來藏學派」亦重視此經。「解深密」或譯為「相續解脫」、「深密解脫」或「解節」，依梵音為「珊地涅暮折那」，是闡明「密意」的意思。由於此經所明甚深密義，難可通達，難可解釋，如同堅結堅固拘結，相續連接。將此相續堅結解開，解釋闡明如是甚深之義，名為「解深密」。

有二種完整的漢文譯本：

①北天竺三藏「菩提留支」，於北魏永熙二年譯《深密解脫經》。

②唐三藏「玄奘」，於貞觀二十一年在弘福寺譯《解深密經》。

（六）《指月錄》：

《指月錄》，又稱《水月齋指月錄》，佛教禪宗著名典籍，明「瞿汝稷」集。全書共三十二卷，集錄自過去七佛至宋「大慧宗杲」共六百五十人的言行傳略而成。後又有清聶先撰《續指月錄》一書二十卷。

（七）《五燈會元》：

《五燈會元》是中國佛教禪宗的一部史書，南宋淳祐十二年，杭州靈隱寺「普濟」編集，一共二十卷。

「五燈」系指五部記敘禪宗世系源流的燈錄：

①北宋「法眼宗」「道原」的《景德傳燈錄》；
②北宋「臨濟宗」「李遵勖」的《天聖廣燈錄》；
③北宋「雲門宗」「惟白」的《建中靖國續燈錄》；
④南宋「臨濟宗」「悟明」的《聯燈會要》；
⑤南宋「雲門宗」「正受」的《嘉泰普燈錄》。

《五燈會元》括摘「五燈」樞要，與「五燈」相比，篇幅減少一半以上。元明以來，好禪人士多藏其書，「五燈」單部遂少流通。

（八）《景德傳燈錄》：

《景德傳燈錄》，簡稱《傳燈錄》，「景德」是北宋真宗年號，本書原題名為《佛祖同參集》，中國佛教禪宗史書，共三十卷，宋景德元年，東吳僧「道原」撰，被收入《大正藏》。

《傳燈錄》只限於「禪宗」，屬於「記言體」及按世次記載的「譜錄體」。《傳燈錄》載自過去七佛、第一祖摩訶迦葉、至第二十七祖「般若多羅」、東土六祖，至法眼宗「文益禪師」法嗣的禪宗傳法世系，共一千七百零一人的機緣語句，載明各禪師的俗姓、籍貫、修行經歷、住地、示寂年代、世壽、法臘、諡號等。另附語錄九百五十一人。《傳燈錄》產生了廣泛的影響，並引出了禪宗一系列的燈錄著述，如：《天聖廣燈錄》、《續傳燈錄》。

在《寶林傳》、《祖堂集》尚未重新為世人發現之前，《景德傳燈錄》是禪宗最早的一部史書，位居「五燈」（即《傳燈錄》、《廣燈錄》、《續燈錄》、《聯燈會要》、《普燈錄》）之首，是研究禪宗史的重要資料。

自從《寶林傳》和《祖堂集》二書於二十世紀上半葉被發現後，得知本書曾受其影響，且多所取材。事實上，在本書完成前的唐末、五代時，已有多種禪宗史書出現。在內容上，《景德傳燈錄》是以這些史書為基礎，並進一步搜集資料，經篩選潤色而成。

（九）《傳法正宗記》：

凡九卷，宋代明教大師「契嵩」著，略稱《正宗記》。本書是繼《景德傳燈錄》之後，敘述自印度以來諸祖師之傳記，以及我國禪宗師徒面授付法相承之順序。卷一為教祖釋迦如來之傳。卷二至卷六敘述自第一祖摩訶迦葉以降，至第三十三祖大鑑慧能之傳記，並謂此一傳承為正統。卷七、卷八為慧能門下一三〇四人之略傳。卷九收錄慧能以前各旁系二〇五人之事蹟，為禪宗南宗非正統之禪僧傳記。此外，著者另附有《傳法正宗定祖圖》一卷、《傳法正宗論》二卷於本書之後，三書（共十二卷）合稱為《嘉祐集》。

（十）《宗鏡錄》：

《宗鏡錄》又名《心鏡錄》，是五代宋「釋延壽」的著作。全書凡一百卷，八十餘萬字，詳述禪宗祖師的言論和重要經論的宗旨，並刪去繁雜的文字，呈現全部佛法的精要。目標是「舉一心為宗，照萬法如鏡。」，《宗鏡錄》的書名即由此而來。

唐末以後禪宗產生許多流弊，「延壽」編纂《宗鏡錄》的用意之一是為了扶正當時禪宗的弊病。由「釋延壽」提出學佛的重要問題，邀請「教門」的義學大德討論，交相質難，最後由「釋延壽」「舉一心為宗」，統攝諸說，彙集義學僧及禪師的意見而成。

（十一）《碧巖錄》：

《碧巖錄》，全稱《佛果圜悟禪師碧巖錄》，又稱《碧巖集》，佛教禪宗語錄，由南宋「圜悟克勤」禪師編輯而成，共十卷。內容收集了著名的禪宗公案，簡介其內容，並加上「圜悟克勤」禪師的唱評，是「禪宗公案」定型的重要語錄集。

（十二）《祖堂集》：

《祖堂集》，禪宗著作，記錄了禪師的語錄以及傳承，重要禪宗史學著作，也是現存最早的禪宗燈史著作之一。

《祖堂集》最早是在泉州「招慶寺」，由「靜、筠」兩位禪師編成一卷本。傳至「高麗」後，被增補成十卷的增廣本。最後由「匡儁」編成二十卷本印行，收入「高麗大藏經」補遺雜板中。

《祖堂集》的特色是保留了許多口語，《景德傳燈錄》中有許多的記載是源於此書，但經過修飾。

（十三）《寶林傳》：

《寶林傳》凡十卷。現存七卷，缺七、九、十等三卷。又稱《大唐韶州雙峰山曹溪寶林傳》、《曹溪寶林傳》、《雙峰山曹侯溪寶林傳》，唐代朱陵沙門「慧炬」撰於貞元十七年。

韶州曹溪「寶林寺」為禪宗六祖惠能宣揚禪法的道場，故以為書名，以闡明六祖惠能的法統。內容集錄有關禪宗史，如《六祖壇經》、《五明集》、《續法傳》、《光璨錄》、《曆代法寶記》等書之大成，而主張二十八祖的傳承。其後遂有《祖堂集》、《景德傳燈錄》、《廣燈錄》、《續燈錄》等，下至明教大師「契嵩」著《傳法正宗記》、《定祖圖》等確定今日所傳二十八祖之說。撰者作此書最大的用意，即在於彰明「師子尊者」與菩提達摩之間的關係，故本書一出，曾遭後世諸方著述非難。

（十四）《達摩血脈論》：

《達摩血脈論》，又稱《達磨大師血脈論》、《血脈論》，是一篇佛教禪宗論文，為《少室六門集》、《少室四論》之一。傳統上認為是中國禪宗初代祖師「菩提達摩」著作。

（十五）《楞伽師資記》：

《楞伽師資記》，又名《楞伽師資血脈記》，作者為唐代「淨覺禪師」，於唐代景龍二年編著。內容為記載禪宗「菩提達摩」直到「玉泉神秀」之間的傳承。今本出自燉煌藏書，是重要的早期禪宗文獻。

（十六）《正法眼藏》：

《正法眼藏》是禪僧「道元」執筆的佛教思想書，《正法眼藏》本來指佛法的本質，重要的事物，禪家將之視為教外別傳的心印。

（十七）《心銘》：

《心銘》，禪宗著作，作者為牛頭宗初祖「法融」，以四言古體詩體裁寫成。共四十句，每句四字，全詩一百六十個字。因為內容與《信心銘》相近，且「永明延壽」在《宗鏡錄》中曾引用此篇內容，但將它歸於《信心銘》。有學者們相信，這篇作品與《信心銘》之間存在關連，可能是《信心銘》的前身或是姐妹作。

（十八）《信心銘》：

《信心銘》，禪宗著作，以頌偈體說明開悟的方法與境界。出自《景德傳燈錄》卷三十，傳統認為它的作者是禪宗三祖「僧璨」。《景德傳燈錄》中，有另一篇著作《心銘》，與《信心銘》內容相近，為牛頭宗初祖「法融」所做。近代學者相信它是《信心銘》的姐妹篇，可能同是「法融」所作。

「百丈懷海」禪師是禪宗裡最早以《信心銘》來教授學徒的祖師，「趙州禪師」經常引「至道無難，唯嫌揀擇」來接引學人。此後此書在歷代一直受到重視。

（十九）《臨濟錄》：

《臨濟錄》全名《鎮州臨濟慧照禪師語錄》，是一本禪宗典籍，是唐代禪宗高僧「臨濟宗」的創始人「臨濟義玄」的言行記錄，由「臨濟義玄」的弟子「三聖慧然」編集。

（二十）《六祖壇經》：

《六祖壇經》，亦稱《壇經》、《六祖大師法寶壇經》，全稱《南宗頓教最上大乘摩訶般若波羅蜜經六祖惠能大師於韶州大梵寺施法壇經》，是佛教禪宗「六祖惠能」說，弟子「法海」集錄的一部經典。

（二十一）《金剛般若波羅蜜經》：

《金剛般若波羅蜜經》，又譯《佛說能斷金剛般若波羅蜜多經》，簡稱《金剛經》，是大乘佛教般若部重要經典之一。在中國佛教史上，《金剛經》有六種漢譯，六譯中流傳最廣者為「鳩摩羅什」法師譯本，與出土梵文本最能對應者為「達磨笈多」法師譯本與「玄奘」法師譯本。

（二十二）《楞嚴經》：

《楞嚴經》經典全名為《大佛頂如來密因修證了義諸菩薩萬行首楞嚴經》，又名《中印度那爛陀大道場經》，簡稱《大佛頂首楞嚴經》、《大佛頂經》、《首楞嚴經》，一般稱之為《楞嚴經》，大乘佛教經典。

據傳由「般剌密諦」在唐朝時傳到中國，經「懷迪」證義，「房融」筆受，譯成漢文。但《楞嚴經》梵文原本未傳世上，且面世時未被列入正式譯經目錄，譯出與傳述記載不清，因此對於它的真偽，有了經久不息的爭議。

（二十三）《維摩詰所說經》：

《維摩詰所說經》，一名《不可思議解脫法門經》，「玄奘」三藏譯為《說無垢稱經》。現存三譯，以「鳩摩羅什」三藏所傳之本，流通最廣。

本經基於「般若空義」闡揚「大乘菩薩道」，全經以在家居士「維摩詰」為中心人物，透過與「文殊師利」等人物，共論佛法來宣揚「大乘佛理」，特別集中在「不二法門」上。

《維摩詰經》的「不二法門」和思想，深深影響了禪宗的「不二」思想。即所謂的「動靜不二，真妄不二，維摩明一切法皆入不二門。」《維摩詰經》中的許多典故，多變成禪宗公案。宋代以後的士子多好禪學，常講《金剛經》、《楞嚴經》和《圓覺經》，自此《維摩詰經》的影響變小。

（二十四）《無門關》：

《無門關》，全稱《禪宗無門關》，宋代「無門慧開」禪師撰、參學弟子「宗紹」編的一部禪宗經典。本書根據「無門慧開」於紹定元年夏，在東嘉「龍翔寺」應邀為僧眾拈提佛祖機緣時的記錄整理而成，同年十二月刊行，共收錄禪宗公案四十八則。淳祐五年重刊，次年西湖「安晚居士」又增添了第四十九則。該書在禪林中流傳很廣，「臨濟宗」對其尤為重視。

（二十五）《無門慧開禪師語錄》：

《無門慧開禪師語錄》，又稱為《佛眼禪師語錄》、《無門開和尚語錄》、《無門和尚語錄》，由宋代「無門慧開」禪師撰，侍者「普敬、普通」等編，於淳祐九年刊行，收入《續藏經》。

全書共兩卷。卷上收錄了「慧開禪」師自嘉定十一年於安吉「報國寺」開法以後，歷「天寧寺、黃龍寺、顯親崇報寺、廣化寺」等十會之上堂語；卷下則收錄了其告香、普說、小參、贊佛祖、偈頌、真贊等。

（二十六）《禪源諸詮集》：

《禪源諸詮集》又名《禪那理行諸詮集》，或名《圭峰蘭若禪藏》，簡稱《禪源詮》，是唐朝「華嚴宗」第五祖「宗密」所編的一部關於習禪與禪宗的典籍的彙編。全書約一百卷，已逸，僅存總序（《禪源諸詮集都序》，簡稱《都序》）至今。為禪宗重要史料之一，也開創禪教合一的理論。

當時「禪宗」與「華嚴、天臺、法相」等教派互相非毀，因此，「宗密」主張禪教一致，以和會「禪、教」為宗旨。詳細分析了「禪、教」兩派及其內部不同派別，在學說上的異同，收集著名禪師有關禪理的論述（包括法語、文章、偈頌等）近一百家，編成《禪源諸詮集》一百卷。

（二十七）《菩提達磨大師略辨大乘入道四行觀》：

《菩提達磨大師略辨大乘入道四行觀》，又稱《大乘入道四行觀論》、《達摩二入四行論》、《達摩四行觀／論》或簡稱《四行觀／論》、《四行經》、《二種入》等，是一篇佛教禪宗論文，描述「二入（理入、行入）」及「四行（報冤行、隨緣行、無所求行、稱法行）」的修行法門，相傳由中國禪宗初代祖師「菩提達摩」口述，並由其弟子「曇琳」記錄、作序，為《少室六門》、《少室四論》之一。

（二十八）《少室四論》：

《少室四論》，又稱《達摩四論》，是從《少室六門》六文合集中選出與佛教禪修有關的四篇論文：《觀心論》、《四行論》、《血脈論》、《悟性論》，以《觀心論》與《四行論》為重點，傳統上認為《少室四論》皆為「菩提達摩」的著作。

《少室四論》的特色分列如下：

①《觀心論》：又稱《破相論》，主張以觀心一法總攝諸法，最為簡要。

②《四行論》：主張了悟如來藏思想，保持心如牆壁般安住不為外緣所動（壁觀），並透過「報冤行、隨緣行、無所求行、稱法行」四種法門克己利他、消除妄想習氣，最終證成道果。

③《血脈論》：強調三界興起同歸，前佛後佛以心傳心，不立文字的旨趣。

④《悟性論》：以寂滅為體，以離相為宗，從而強調寂滅即菩提。

十、修道要從第六識「意識」下手

【問四十六】「禪定」時，腦中是空白的嗎？

【答四十六】很多人都有一種錯誤的見解，靜坐修習「禪定」，到了所謂「入定」的狀態時，腦中是一片空白，我用現代的「腦波科學」來解答這個疑惑。

我們不論在做什麼，甚至睡覺時，大腦都會不時產生像「電流脈衝」一樣的「腦波」。「腦波」是指人腦內的「神經細胞」活動時，所產生的「電氣性擺動」。因為這種「擺動」呈現在科學儀器上，看起來就像「波動」一樣，故稱之為「腦波」。

「腦波」的發現，是在十九世紀末，德國的生理學家「漢斯．柏格」看到電鰻發出電氣，認為人類身上必然有相同的現象，而發現了人腦中電氣性的振動。後來，藉由圖表來補捉腦波，才得知振動的存在。

後來科學家發明「腦波測定儀」來測定「腦波」，「腦波測定儀」一般是醫學上用來檢測神經方面的疾病問題。後來，才有用「腦波測定儀」來檢驗「禪定」時，「腦波」的變化。

為了測試「禪定」對「腦波」的影響，科學家請來喇嘛來做研究。結果，資深喇嘛經過「腦波測定儀」檢測，得到 α 波，代表「腦波」很平穩的波動；少數修行較高的喇嘛，甚至可以測得到 θ 波，代表「腦波」非常平穩的波動。

經過科學家研究所得到的數據，證實「禪定」對人體的健康與精神層面的愉悅、滿足，都有驚人的效果，於是「靜坐、禪修」，在西方國家形成風潮，不但用來開發大腦潛能，也用來治療憂鬱症、精神疾病等。

「腦波」的測定，按照「頻率（單位是赫茲，Hz）」的大小，由小到大可以分成：δ 波、θ 波、α 波、β 波及 γ 波五大類，簡述如下：

（一）Delta（δ）：頻率0.5～3 Hz（赫茲）

①屬性：無意識。

②特性：是在「非快速動眼睡眠」第三期時（熟睡時），出現的腦波。「非快速動眼睡眠」是指沒有快速「動眼運動」的睡眠。在這段睡眠期間，大腦的活動下降到最低，使得人體能夠得到完全的舒緩。不同於「快速動眼睡眠」，在這段期間，眼球幾乎沒有運動，作夢在此時也很少出現。

③在情緒上：俗稱「睡眠腦波」，熟睡中屬於「無意識」世界。

④在健康上：俗稱「休息波」，一般只有深度睡眠狀態才會出現。

⑤在修行上：靈魂出竅。

（二）Theta（θ）：頻率4～8Hz

①屬性：潛意識。

②特性：是影響態度、期望、信念、行為，創造力與靈感的來源；深睡作夢時；深度冥想時；對長期記憶有相當幫助。

③在情緒上：俗稱「打盹腦波」，醒睡之間呈現。

④在健康上：俗稱「修復波」，極度放鬆，修復力強。

⑤在修行上：禪坐入定波，又稱為「佛陀腦波」。

（三）Alpha（α）：頻率8～14Hz

①屬性：橋樑意識。

②特性：臨睡前，頭腦茫茫然，意識逐漸走向模糊的狀態；靈感、直覺或點子最多的狀態；身心放鬆、注意力集中的狀態；高度警覺，無暇他顧的狀態；為最佳學習狀態，可使注意集中增加記憶力。

③在情緒上：俗稱「輕鬆腦波」，又稱「創意腦波」。

④在健康上：俗稱「健康波」，放鬆腦波，高免疫狀態，分泌腦內嗎啡，有自癒能力。

⑤在修行上：稱為「禪定波、修行者波」。

（四）Beta（β）：頻率14～38 Hz

①屬性：顯意識。

②特性：是一般人正常狀態下呈現的腦波；放鬆但精神集中，思考、處理接收聽到或想到的外界訊息；腦波的波動愈大，代表正在想的事情愈多、激動、焦慮或心情愈不穩定。

③在情緒上：俗稱「緊張腦波」。

④在健康上：俗稱「生病波」，緊張腦波，低免疫力，易生病。

⑤在修行上：稱為「凡人波」。

（五）Gamma（γ）：頻率38～100 Hz

①屬性：專注於某件事。

②特性：長期打坐有禪修冥想境界者，所產生的高頻率腦波；提高意識、減輕壓力；睡眠覺醒時，在此狀態下會精神飽滿且保持警覺。

我把現代的「腦波科學」和「禪修」的關係，做個總結如下：

（一）要追求「身體健康」或「修行」的境界，就必須將「腦波」調整在「α波」、「θ波」或「γ波」穩定的狀況下，這是醫學及禪修者的夢想。

（二）很多坊間「潛能開發」或「幼教腦力激發」的業者，標榜透過使用潛能開發的音樂或其他方式，讓「腦波」呈現「α波」或「θ波」的狀態。

（三）「靜坐禪修」的修行，並非單純是心情上的放鬆，科學上已經證明，「靜坐禪修」對大腦「腦波」的活動頻率，有巨大的影響。

【問四十七】如何運用「唯識學」來修行？

【答四十七】運用「唯識學」來修行，有二個方法，一個是「靜態修行」，另一個是「動態修行」。「靜態修行」就是修習「靜坐禪定」，而「動態修行」就是修習「唯識熏習」。

（一）修習「靜坐禪定」從第六識「意識」下手。只要停止自己第六識「意識」的分析判斷功能，讓第七識「末那識」停止作用，「自性」自然顯現。

（二）修習「唯識熏習」，就是指運用「身心行為」對第八識「阿賴耶識」的影響作用，借假修真，「熏習」善業，讓「善業種子」盡量佔滿第八識「阿賴耶識」的空間。

「熏習」是「熏陶染習」的意思，凡夫「身、口」所作的「善惡業」，或是「意」所作的「善惡思想」，其「習慣氣分」都留在第八識「阿賴耶識」裡，叫做「業識種子」或「習氣」，這種「業識種子」或「習氣」，在第八識「阿賴耶識」中，存留其作用，即叫做「熏習」。

●名相：習氣

◎釋文：由於吾人之思想及行為（尤以煩惱）經常生起，其熏習於吾人心中之習慣、氣分、習性、餘習、殘氣等，稱為「習氣」。如由納香之篋中取出香，篋內猶存香氣；用以比喻雖滅除煩惱之正體，尚存習慣氣分。「唯識宗」以「習氣」為「種子」之異名，乃現行熏習之氣分，具有產生思想、行為及其他一切有為法之能力，含藏於第八識「阿賴耶識」中。

【問四十八】如何從第六識「意識」下手來修行

【答四十八】修行的第一步，要從第六識「意識」下手。只要停止自己第六識「意識」的分析判斷功能，讓第六識「意識」無法傳達分析判斷的結果，給第七識「末那識」做決定第七識「末那識」就會停止作用，「自性」自然顯現。

為什麼說：修行的第一步，要從第六識「意識」下手呢？因為第六識「意識」有些重要的功能，是其它七個心識所沒有的，下面我就來簡單說明這些功能。

第六識「意識」即一般人所謂的「思想」或「見解」，在八識的活動中，以第六識「意識」的「分別心」最為強而有力，任何事物一經過第六識「意識」的分別，立即分辨其「好壞美醜」，或「是非對錯」。

第六識「意識」又可以分為「五俱意識」和「獨頭意識」，分述如下：

（一）「五俱意識」是與「前五識」同時生起的「意識」，「俱」是「一起」的意思：

①「意識」與「眼識」同起時，發生了別的作用，稱為「眼俱意識」。

②「意識」與「耳識」同起時，發生了別的作用，稱為「耳俱意識」。

③「意識」與「鼻識」同起時，發生了別的作用時，稱為「鼻俱意識」。

④「意識」與「舌識」同起時，發生其了別作用時，稱為「舌俱意識」。

⑤「意識」與「身識」同起時，發生其了別作用時，稱為「身俱意識」。

「五俱意識」就是第六識「意識」和「前五識」在同一個時間內，一起接觸到外面的種種境界。

舉例來說，「眼識」看見色境，這時第六識「意識」也同時產生分別判斷作用。由於有第六識「意識」的運作，使「眼識」對於色境了別得更加清楚；而第六識「意識」本身，同時也把「眼識」所看見的色境，和以前所看見儲存的回憶影像做比較分別判斷，這就稱為「五俱意識」。

第六識「意識」和「前五識」不是一對一的「一俱」作用，而是可能「一俱」、或一對二的「二俱」、或「三俱」、或「四俱」、或「五俱」都不一定，視因緣而定。

（二）「獨頭意識」是單獨生起，不和「前五識」俱起。「獨頭意識」攀緣思慮的只是「法境」，「法境」又稱作「法處、法界」，「法」是指「一切法」，即包含一切事物、物質、精神，以及所有現象的存在，也就是「思想所能及的事情」。「境」的意思是「被感覺器官和心識所感覺或思惟的對象」。簡單的說，「法境」就是「你所能想得到的事情」。

「獨頭意識」就是在「前五識」停止作用，不起分別的時候，第六識「意識」仍然可以單獨活動，比如說：第六識「意識」回憶過去，或者想像未來的種種情境時，就完全是不伴隨著「前五識」，獨自活動。

「獨頭意識」又分為四種：

①夢中獨頭意識：攀緣夢中的境界，所生起的意識。在睡覺的時候，「前五識」停止作用，但是第六識「意識」還是可以活動起種種的分別。我們平常「做夢」，就是第六識「意識」的活動。

②定中獨頭意識：攀緣「禪定（專心一境，心不散亂。）」中的境界，所生起的意識。禪定中的意識，「前五識」已經完全停止活動，只剩下第六識「意識」。

③散位獨頭意識：這是既不在夢境中，也不在禪定中，也不和「前五識」同時攀緣外境。而是在平常的情況下，生起散亂心，想東想西、回憶過去、思惟現在、計劃未來，因為散亂心生起，所生起的妄想。

④狂亂獨頭意識：經神病患者，在神經錯亂的時候，自言自語，語無倫次，事實上他有他的意識所攀緣的幻想境界。

第六識「意識」的「定中獨頭意識」，是攀緣「禪定（專心一境，心不散亂。）」中的境界，所生起的意識。在「禪定」中所看到的情境，不是屬於「幻境」，那是屬於「禪定」中所看到的一個情境。在「禪定」中的意識，「前五識」已經完全停止活動，只剩下第六識「意識」的「定中獨頭意識」。

第七識「末那識」會產生「妄想執著」，覆蓋我們的「自性」。但是第七識「末那識」必須依賴第六識「意識」，把分析判斷完的結果傳遞給它，它才能夠做出決定，產生「妄想執著」。

修習「靜坐禪定」的第一步，在於把第六識「意識」從「散位獨頭意識」的狀態，改變成為「定中獨頭意識」的狀態。

也就是說，把平常「散亂心」所生起的「妄想」，經由把「意識」集中在「某一特定事物（譬如：呼吸、佛號、咒語等」上的訓練（這就是「禪」），讓「散亂心」被「固定住不動」（這就是「定」）。

如此，停止第六識「意識」的分析判斷功能，讓第六識「意識」變成「定中獨頭意識」的狀態，讓第六識「意識」無法傳達分析判斷的結果，給第七識「末那識」做決定，第七識「末那識」就會停止作用，「妄想執著」跟著消失，第八識「阿賴耶識」就滅除了「業識種子」，然後轉識成智，轉變為「清淨智」，稱為「大圓鏡智」，此時「自性」自然顯現。

第六識「意識」是有情眾生生死輪迴的「造業主」，由「業」招感「果」故，第六識「意識」就是讓第八識「阿賴耶識」，在三界中受苦無盡的「罪魁禍首」。

所以說，修行的第一步要從第六識「意識」下手。

【問四十九】如何運用「唯識熏習」來修行?

【答四十九】在「唯識學」裡,有一個重要的修行名詞叫做「熏習」,又作「薰習」,「熏」是用煙燻」,「習」是「積久養成的慣性行為」,「薰習」的意思是「身心行為對心識的影響作用」。「熏習」就是透過眼、耳、鼻、舌、身、意,向外接觸境界,然後在第八識「阿賴耶識」的田中留下「業識種子」,等待因緣成熟,就會表現在外,成,為言行舉止上的一種「慣性」,俗稱為「習慣」,又稱為「習氣」。

「習氣」就像一個裝過香水的瓶子,即使香水用完,瓶子裡的香味,卻不會消失。

●名相:習氣

◎釋文:又作「煩惱習、餘習、殘氣」。略稱「習」。由於吾人的思想及行為(尤以煩惱)經常生起,其熏習於吾人心中的習慣、氣分、習性、餘習、殘氣等,稱為「習氣。」

●名相:熏習

◎釋文:又作「薰習」。如人以香氣薰附衣服,染淨迷悟諸法(特指吾人之身、語、意三業;業,即行為)之勢力薰附殘留在吾人心識上之作用,即稱為「熏習」。

佛經是這樣說明和定義「熏習」的:

(一)《成唯識論》卷二原文:

依何義等立薰習名?所熏、能熏各具四義,令種生長,故名熏習。

(二)《大乘起信論》原文:

熏習義者。如世衣服非臭非香。隨以物熏則有彼氣。

《大乘起信論》翻譯：

「熏習」的意思，就好像是世間的衣服本身並沒有臭味，也沒有香味。但是隨著眾生用東西去熏它，熏過以後，衣服就有那個能熏之物質的香味了。譬如有人在衣櫃裡面放了茉莉花，那他穿出來以後，人家靠近他時，就會聞到他所穿的衣服有茉莉花香氣。

我舉一個例子來說明，比較容易理解什麼是「熏習」？如果你整天待在香舖裡頭，你一走出來，滿身是香的；如果你整天待在魚市場裡頭，你一走出來，滿身都是魚腥臭味。

那「熏習」和「唯識修行」有什麼關係呢？我再舉三個例子來說明：

（一）在衣櫥裡放置香水，衣櫥裡的衣服就會充滿香味，這就是「熏習」。

（二）有一位賣魚的魚販，長期在魚市場裡賣魚。一日外出投宿在一間充滿花香的旅館裡。結果，沒有聞到魚腥味徹夜未眠，後來只得拿出魚簍罩在頭上，才終於在魚腥味中安然睡去。

（三）有一個雕刻家，長期雕刻「羅剎鬼像」，不知不覺自己的臉相，也跟著轉變成「羅剎鬼」的樣子；後來改雕刻「佛像」，不久竟然臉上充滿慈悲祥和的氣質。

所以，「熏習」不但會影響「物質層面」，也會影響我們的「精神層面」。既然會影響「精神層面」，那就和「修行」有密切的關係，「唯識學」裡有一個單元，就是在談「熏習」和「修行」的關係。

我們想要修道學佛，就必須要先了解自己的「心理狀態」。你不了解自己的「心理狀態」，你就無法進入佛法的世界，你就無法了解釋迦牟尼佛到底在說什麼？你就看不懂佛法。

我們人在「精神層面」上，常見「習性」和「習慣」二種行為。「習性」是指與生俱來的天性，而

「習慣」則是指後天培養而成的行為。

在「唯識學」裡，「習性」是第七識「末那識」所主導，就是俗稱的「潛意識」，它具有高度的自我意識，並且受到第八識「阿賴耶識」的累世「習性種子」所影響；「習慣」則是由第六識「意識」所形成，就是俗稱的「顯意識」，經由我們的「經驗累積」和「知識學習」當中而來。所以，我們日常生活中的行事作為，都是由「潛意識（第七識「末那識」）」和「顯意識（第六識「意識」）」所共同主導。

例如：小明在路上撿到一個錢包，他的「顯意識（第六識「意識」）」會說「要送到警察局」，但是另一個「潛意識（第七識「末那識」）」的聲音會說「沒關係，又沒有人看到。」拿與不拿錢包，會在心中作一番猶豫掙扎。

這是因為，今生的好習慣，會形成來生的好習性與善業；今生的壞習慣，也會形成來生的壞習性與惡業。

因為第六識「意識」的好習慣，會抑制第七識「末那識」的壞習性，增長第八識「阿賴耶識」的善性種子；反之，第六識「意識」的壞習慣，會泯滅第七識「末那識」的好習性，增長第八識「阿賴耶識」的惡性種子，這種作用就是「熏習」。

在這一世當中，累世的「習性」，影響了我們這一生；這一生中所長養的「習慣」，將轉化藏在第八識「阿賴耶識」的種子裡，繼續影響了我們的來生。

我們在這一生中，不斷努力的養成好「習慣」，可以改善先天「習性」上的缺點。若依順「習性」造作，原本可能帶來的厄運，會因為養成好的「習慣」，而扭轉宿世的業報，這就是俗稱的「改運」。

「命運」的好壞，操縱在自己的手裡，而不是求神拜佛，因為佛說「佛力不敵業力」。

「唯識學」上說，「熏習」的力量非常強大，不管是善法、惡法，經過後天的「熏習」，都會「積習成性」，都有這樣的強大力量。

為什麼「熏習」的力量會非常強大呢？因為你在「行善法」或者「造惡業」的當下，你的第八識「阿賴耶識」裡，就種下了這個「業識種子」；你每「熏習」一次，又種下了新種子。如此不斷的重複「熏習」，「業識種子」的力量，就越來越大。

而種下「業識種子」之後，因為它的力量很強大，隨時都會起「現行」，最後就成為一種「習氣」。你不去想它，它自己也會出現，想停都停不了，這就叫「積習成性」，不管是「行善」或是「行惡」都是一樣。

●名相：現行

◎釋文：指「有為法」顯現於眼前之意。又作「現行法」。「唯識宗」主張於「阿賴耶識」具有生出一切法之能力，稱為「種子」；自此「種子」產生「色、心」一切萬法（即現行法），稱為「現行」。其中，即以「種子」為「因相」，依因緣之故，「現行」為「果相」。

如此，「阿賴耶識」的種子由「因緣和合」而生「現行」，即稱為「種子生現行」；再次由其現行法的影響，而「熏習」新種子，稱為「現行熏種子」。在「種子、現行法、新熏種子」三者之間，產生「種子生現行」、「現行熏種子」的密切關係，互為因果，同時完成。亦即「現行」由「種子」而生，「種子」依「現行」熏成，「能生的種子」、「所生能熏的現行」、「所熏的種子」，形成「三法」展轉，互為因果。

●名相：種子生現行

◎釋文：指由吾人心識內之「種子」，而形成諸法之「現行」。亦即存在於第八識（阿賴耶識）中之無數種子，生起現前存在之諸多事物；而「種子」與「現行」兩者之間，「同一剎那，不相隔時」。

我用白話再次說明上述的解釋：「業識種子」儲藏於第八識「阿賴耶識」中，它有「自己（現有種子）」再生出「新業識種子」的功能。這種能生起萬法的「業識種子」，在第八識「阿賴耶識」中，是「前念種子」生起「後念種子」，「前念種子」消滅後，立即生出「後念種子」，「自類相續，有如瀑流」，這叫做「種子生種子」。

所謂「種子生現行」，就是現世的「前五識」及第六識「意識」，是「今世」新生出來的，不是從「前世」帶來的，沒有「習氣」。但是卻能夠接受後天的熏染和教育，也受先天「意根（第七識「末那識」）」的熏染，「前五識」及第六識「意識」就按照「意根」的習慣，造作「身、口、意」行為。又因為「意根」是做主識，能夠主宰眾生的「身、口、意」行為，眾生的「身、口、意」行為都是按照「意根」的「習慣」慣性來造作，所以眾生做事，多數是按照一定的「習慣」來作，很難改變，這就是「種子生現行」。

所謂「現行熏種子」，就是我們「今世」所造作的一切「身、口、意」行為，都作為「種子」存在第八識「阿賴耶識」裡，「意根（第七識「末那識」）」執取這些「身、口、意」行為，第八識「阿賴耶識」就收存起來。因為「意根」有執著性，又能一直延續到未來世，那麼「意根」被「熏習」了以後，就變成了「習慣」，「後世」他的所作所為，都是按照「前世」所「熏習」的「習慣」來作，這就叫作「慣性」，這就是「現行熏種子」。

介紹到這裡，假如對「唯識薰習」還不清楚，那沒關係，我再用最白話的方式來說明。

我們的第八識「阿賴耶識」，就好像是一顆「超級無限大容量」的「硬碟」。你今世的所做所為，包括「善業、惡業、不善不惡業」的過程，都會被錄影存成一個檔案，檔案名稱的「副檔名」為「業識種子」。所以有無數的「甲善業．業識種子」、「乙惡業．業識種子」和「不善不惡業．業識種子」，都儲存在我們的第八識「阿賴耶識」裡。

假如，你持續為善助人，「甲善業．業識種子」不斷的重複儲存，「甲善業．業識種子」就會轉變成「自動執行檔」，而且重複儲存次數越多，這個的「自動執行檔」的「自動執行力量」就越強。

反之，你持續為惡害人，「乙惡業．業識種子」不斷的重複儲存，「乙惡業．業識種子」就會轉變成「自動執行檔」，而且重複儲存次數越多，這個的「自動執行檔」的「自動執行力量」就越強。

「熏習」就是指「重複儲存業識種子的次數」，在第八識「阿賴耶識」的田中留下「業識種子檔案」，等待因緣成熟，就會表現在外，成為言行舉止上的一種「慣性」，俗稱為「習慣」，又稱為「習氣」。

【問五十】那我們平時要「唯識熏習」哪些「善行」，來作為修行的目標呢？

【答五十】佛經記載很多「善行」，來勸眾生為善，所謂「善有善報，惡有惡報」。我推薦我們凡夫眾生，要以修行「十善道」，來做為修行的目標。

為什麼要推行「十善道」呢？二個理由，一個是「簡單易做」；另一個是「要去諸佛淨土的基本條件」。例如：要去「阿彌陀佛」的「西方極樂淨土」，或是彌勒佛的「兜率陀天淨土」，或是「藥師佛」的「東方琉璃光淨土」等，都必須要修行「十善道」，才有資格去。

《佛說阿彌陀經》原文：

舍利弗！不可以少善根福德因緣，得生彼國。舍利弗！若有善男子、善女人，聞說，執持名號，若一日、若二日、若三日、若四日、若五日、若六日、若七日，一心不亂。其人臨命終時，阿彌陀佛與諸聖眾現在其前。是人終時，心不顛倒，即得往生阿彌陀佛極樂國土。

《佛說觀無量壽佛經》原文：

爾時世尊告韋提希。汝今知不。阿彌陀佛去此不遠。汝當繫念諦觀彼國淨業成者。我今為汝廣說眾譬。亦令未來世一切凡夫欲修淨業者得生西方極樂國土。欲生彼國者。當修三福。一者孝養父母。奉事師長。慈心不殺。修『十善業』。二者受持三歸。具足眾戒。不犯威儀。三者發菩提心。深信因果。讀誦大乘。勸進行者。如此三事名為淨業。

《佛說觀彌勒菩薩上生兜率天經》原文：

佛告優波離。此名兜率陀天十善報應勝妙福處。

佛告優波離。佛滅度後四部弟子天龍鬼神。若有欲生兜率陀天者。當作是觀繫念思惟。念兜率陀天持佛禁戒。一日至七日。『思念十善行十善道』。以此功德迴向願生彌勒前者。當作是觀。作是觀者。若見一天人見一蓮花。若一念頃稱彌勒名。此人除卻千二百劫生死之罪。但聞彌勒名合掌恭敬。此人除卻五十劫生死之罪。若有敬禮彌勒者。除卻百億劫生死之罪。設不生天未來世中龍花菩提樹下亦得值遇。發無上心。

《藥師琉璃光如來本願功德經》原文：

或有因此，生於天上，雖生天上，而本善根，亦未窮盡，不復更生諸餘惡趣。天上壽盡，還生人間，或為輪王，統攝四洲，威德自在，安立無量百千有情於「十善道」。

在諸佛經中，「十善道」又稱為「十善業、十善行、十善業道」，簡稱「十善」，是佛教中的十種善行、修行者的根本。

●名相：十善十惡

◎釋文：「十善」即「十善業」，乃「身、口、意」三業中所行之十種善行為。又作「十善業道、十善道、十善根本業道、十白業道」。反之，身口意所行之十種惡行為，稱為「十惡」，又作「十不善業道、十惡業道、十不善根本業道、十黑業道」。即：（一）殺生。（二）偷盜。（三）邪淫。（四）妄語。（五）兩舌，即說離間語、破語。（六）惡口，即惡語、惡罵。（七）綺語，即雜穢語、非應語、散語、無義語。乃從染心所發者。（八）貪欲，即貪愛、貪取、慳貪。（九）瞋恚。（十）邪見，即愚癡。離以上「十惡」，則為「十善」。依此順序，屬「身業」者三，屬「口業」者四，屬「意業」者三，稱為「身三、口四、意三」。「十惡」之中，以殺生及邪見為最重。「十善十惡」之說，見於大、小乘諸多經典，《阿含經》謂行「十善」將生「人天世界」，行「十惡」則墮「地獄、餓鬼、畜生」三惡道。「十善」具有「止惡行善」之意義，故亦稱「十善戒」，或「十善法戒、十善性戒、十根本戒」。

所以，「十善」是「身、口、意」三業中所行的十種善行為。我把「十善」用「身、口、意」三業來分類，就很容易記住。

(一)身業：不殺生、不偷盜、不邪淫。(不「殺、盜、淫」)
(二)口業：不妄語、不兩舌、不惡口、不綺語。(不「妄語、兩舌、惡口、綺語」)
(三)意業：不貪慾、不瞋恚、不愚癡。(不「貪、瞋、癡」)

下面簡述「十善」的內容：

(一)不殺生：不殺害人類以及畜生下至昆蟲等生命。
(二)不偷盜：不偷取他人財物。
(三)不邪淫：不與他人配偶及他人所監護之人發生性行為。
(四)不妄語：不對他人說謊話、空話，不顛倒是非。
(五)不兩舌：不對他人提是非，不挑撥離間。
(六)不惡口：不用粗言令他人生起煩惱。
(七)不綺語：不花言巧語、阿諛奉承他人。
(八)不貪慾：不貪戀他人財富而欲求自身財富。
(九)不瞋恚：不怨恨或憎惡他人。
(十)不愚癡：「愚癡」是「無明，迷昧」，沒有智慧，對事理無所明了，不能辨別是非，不信因果法則，固執邪見，無正見正信，胡作亂為。

「禪宗」有二個很特殊的傳法儀式，一個是「以僧伽黎圍之」，另一個是「付法傳衣」。這二個特殊的傳法儀式，就從釋迦牟尼佛傳法給「印度禪宗」第一代祖師大迦葉尊者的時候開始。

「以僧伽黎圍之」的傳法儀式，總共發生二次，而「付法傳衣」的傳承，是有不同的階段，也不是同一件「法衣」在傳承，許多人都以為是同一件「法衣」，從第一代傳承到第三十三代。

一、以僧伽黎圍之

「以僧伽黎圍之」的傳法儀式，總共發生二次，第一次發生在釋迦牟尼佛傳法給「印度禪宗」第一代祖師大迦葉尊者的時候；第二次發生在「印度禪宗」的第二十八祖師菩提達摩把禪法傳到中國之後，「中國禪宗」的五祖弘忍傳法給第六代祖師六祖惠能的時候。

（一）釋迦牟尼佛傳法給大迦葉尊者

釋迦牟尼佛傳法給大迦葉尊者的過程，在《指月錄》、《五燈會元》、《景德傳燈錄》和《聯燈會要》都有記載，而且這是禪宗的第一個「禪機公案」。

《指月錄》卷之一原文：

世尊在靈山會上拈花示眾。是時眾皆默然。唯迦葉尊者破顏微笑。世尊曰。吾有正法眼藏涅槃妙心。實相無相微妙法門。不立文字教外別傳。付囑摩訶迦葉。世尊至多子塔前。命摩訶迦葉分座令坐。以僧伽黎圍之。遂告曰。吾以正法眼藏。密付於汝。汝當護持。并敕阿難副貳傳化。無令斷絕。而說偈曰。法本法無法。無法法亦法。今付無法時。法法何曾法。爾時世尊說此偈已。復告迦葉。吾將金縷僧伽黎衣。傳付於汝。轉授補處。至慈氏佛出世。勿令朽壞。

《五燈會元》卷第一原文：

世尊在靈山會上。拈華示眾。是時眾皆默然。唯迦葉尊者破顏微笑。世尊曰。吾有正法眼藏。涅槃妙心。實相無相。微妙法門。不立文字。教外別傳。付囑摩訶迦葉。世尊至多子塔前。命摩訶迦葉分座令坐。以僧伽梨圍之。遂告曰。吾以正法眼藏密付於汝。汝當護持。傳付將來。

《景德傳燈錄》卷第一原文：

說法住世四十九年。後告弟子摩訶迦葉。吾以清淨法眼涅槃妙心實相無相微妙正法將付於汝。汝當護持。并敕阿難副貳傳化無令斷絕。而說偈言。法本法無法。無法法亦法。今付無法時。法法何曾法。爾時世尊說此偈已。復告迦葉。吾將金縷僧伽梨衣傳付於汝。轉授補處。至慈氏佛出世勿令朽壞。

《聯燈會要》第一卷原文：

世尊在靈山會上。拈花示眾。眾皆默然。唯迦葉破顏微笑。世尊云。吾有正法眼藏。涅槃妙心。實相無相。微妙法門。不立文字。教外別傳。付囑摩訶迦葉。世尊昔至多子塔前。命摩訶迦葉分座。以僧伽梨圍之。乃告云。吾有正法眼藏。密付於汝。汝當護持。傳付將來。無令斷絕。

這個傳法的記載，大意是說：釋迦牟尼佛在「靈山（指『靈鷲山』，位於古印度『王舍城』西邊）」的法會上，拿一枝「缽羅花（即睡蓮）」，出示給眾人看。

「優缽羅花」似蓮花而較小，葉片浮在水面上，呈寬廣卵形全緣，表面為有光澤的暗綠色，葉背是淡綠色，邊緣為赤色且有不規則的暗赤紫色斑點。花由多數花蓋組成，根與種子可以食用。

這時候，眾人都不知道是怎麼一回事？不知道要說什麼？眾人都默不出聲，只有迦葉尊者露出微笑。

釋迦牟尼佛說：「我現在有『正法眼藏』，這是個涅槃妙心的法門，『實相無相』，這個不可思議的微妙法門，是文字無法描述的，是言教之外的法門，特別傳授給大迦葉。」。

釋迦牟尼佛說完話之後，就走到「多子塔」前。命令迦葉尊者就坐，並且「分座」。「分座」的意思是「首座代住持說法布教者。」，所以釋迦牟尼佛「分座」給迦葉尊者，就代表迦葉尊者可以代替釋迦牟尼佛說法布教。

這時候，釋迦牟尼佛做了一個很奇怪的舉動，他用他的「僧伽黎（袈裟）」把迦葉尊者圍起來，然後告訴迦葉尊者說：「我把『正法眼藏』祕密交給於你，你應當要保護支持。並且命令阿難尊者輔佐傳播佛法教化眾生，不可讓佛法斷絕。

釋迦牟尼佛說完，接著說一首詩偈：「法本法無法。無法法亦法。今付無法時。法法何曾法。」

●詩偈的大意是說：

世間的一切「萬法」，雖然森羅萬象名為「法」，但是它的本來面目，從體性上來看，實際上是沒有一法可立。「萬法」的本體，雖然實際上是沒有一法可立，但是「無法」的這個本體，卻能夠隨緣起用，而不妨礙森羅萬法的因果運轉。

今天交付這個「無法」的時候，要明白一件事情，「萬法」和「無法」的念頭，都不可以有。要明白哪有什麼「萬法」和「無法」。所謂「萬法」和「無法」，其實都不是真實的「萬法」和「無法」，只是為了向眾生說明真相，而勉強取一個名詞叫做「萬法」和「無法」。

釋迦牟尼佛說完這首詩偈之後，又告訴迦葉尊者：「我將『金縷僧伽黎衣』轉傳給將來成佛的『慈氏佛（彌勒佛）』，不可讓『金縷僧伽黎衣』腐爛敗壞。」

在這個有名的「禪機公案」裡，要先解釋一些專有名詞。

(1)正法眼藏：

「正法眼藏」是指禪宗所傳的心印，也泛指佛所說的無上正法。「正法眼（智慧眼）」即《法華經》所說的「佛知見（指諸佛照見諸法實相妙理的知見慧解）」，是指佛的心眼通達真理智慧，所以能夠洞徹實相萬德祕「藏」的無盡法門。

「正法眼藏」也就是佛內心的悟境，佛所體得甚深不可思議的真理。禪宗視為最深奧義的「菩提智慧」，是由釋迦牟尼佛付囑迦葉尊者，輾轉相傳，佛所徹悟的不可思議、無有分別的涅槃妙明真心。

(2)涅槃妙心：

「涅槃」意譯作「滅、寂滅、滅度、寂、無生」。原來是指吹滅，或吹滅的狀態；後來轉指燃燒煩惱的火滅盡，完成悟智（即菩提）之境地。這是超越生死（迷界）的悟界，也是佛教終極的實踐目的。

「妙心」的「妙」，是不可思議的意思，「心」，是指「自性」。

「涅槃妙心」是指不生不滅的「自性妙心」，它是不變又能隨緣，隨緣又依然不變。「自性妙心」隨「迷緣」，就做六道眾生；它隨「悟緣」，就成四聖法界，它的「本性」依舊不變。

(3)實相無相：

「實相無相」是指一切萬法真實不虛的體相，都是無形相的。

「實相」是指一切萬法真實不虛的體相，或真實的理法、不變之理、真如、法性等。這是釋迦牟尼佛覺悟的內容，意即本然的真實，舉凡「一如、實性、實際、真性、涅槃、無為、無相」等，皆為「實相」的異名。以世俗認識，一切現象均為「假相」，唯有擺脫世俗認識，才能顯示諸法常住不變的真實相狀，所以稱「實相」。

「無相」是無形相的意思，一切諸法無自性，本性為空，無形相可得，所以稱為「無相」。

(4)微妙法門：

「微妙法門」是指這個「自性妙心」，是一種用意幽深，而且超乎尋常的無上法門。

(5)教外別傳：

「教外」是指禪宗以心傳心，不立文字的教法；其他依佛的言教，有文字可循的，都叫「教內」。「教外別傳」是直傳釋迦牟尼佛的心印，意思是在釋迦牟尼佛言教之外的別傳。

(6)「多子塔」的由來：

「多子塔」是位於中印度「毘（ㄆㄧˋ）舍離城」西的塔，根據《長阿含經》所記載，此塔為中印度「毘舍離城」的四塔之一，位於該城之西。

《佛說長阿含經》卷第十一原文：

盡形壽毗舍離有四石塔——東名憂園塔、南名象塔、西名多子塔、北名七聚塔。

東晉的高僧「法顯」，在他所著述的《佛國記》裡，有記載關於「多子塔」的由來。

「多子塔」的「多子」，不是「很多孩子」的意思，而是古印度時期，有一個國王的兒子，名叫「多子」，又稱為「千子」。

根據法顯在《佛國記》裡的記載，在過去世時，有一個國王，國王有一個小夫人，生一個肉胎。大夫人認為不吉祥，就把這個肉胎放入木箱，投於恆河。木箱流到恆河下游，被另一個國王拾起打開一看，裡面有個小孩兒，形貌很端正，就帶回國養育，並取名為「千子」。

千子長大之後，驍勇善戰，每戰必勝。有一日，千子圍攻親身父王的城，小夫人在城東高樓看見千子，就知是她所生的孩子，就以手觸及兩乳，各射出五百道乳汁，注入千子的口中，千子這才知道，他所圍攻的這個城池，是親身父王的王國，就捨棄弓箭，停止戰事。

「千子」的親身父王就是「梵豫王」，下游的國王為「烏耆延王」，「千子」即「賢劫千佛」，而「多子塔」即「賢劫千佛」的紀念塔。釋迦牟尼佛行化於此塔附近三個月後，就入滅。

(7)金縷僧伽黎衣：

「金縷僧伽黎衣」是由「金縷（金色絲線）」編織而成的袈裟。這件「金縷僧伽黎衣」是有來歷的，這件「金縷衣」是釋迦牟尼佛的姨母「摩訶波闍波提」親手織製做，送給釋迦牟尼佛的衣服。

《賢愚經》第十二原文：

時佛姨母摩訶波闍波提，佛已出家，手自紡織，預作一端金色之氎（ㄉㄧㄝˊ，細棉布。），積心係想，唯俟於佛。既得見佛，喜發心髓，即持此氎，奉上如來。

「摩訶波闍波提」是釋迦牟尼佛的母親「摩耶夫人」的胞妹，所以是釋迦牟尼佛的姨母。摩訶波闍波提和摩耶夫人一起嫁給「淨飯王」。由於摩耶夫人生下釋迦牟尼佛之後，七日因病逝世，就由摩訶波闍波提代替生母照顧釋迦牟尼佛。

(8)補處：

「補處」是指「一生補處」，意思是：經過此生，來生定可在世間成佛，略稱「補處」。「一生」是指僅此一生被繫縛於迷界，來生即可成佛；「補處」是指菩薩的最高階位「等覺菩薩」，「菩薩」共分為五十二個階位，只有十二個階位是聖人，那就是從「初地菩薩」到「十地菩薩」，加上「等覺菩薩」、「妙覺菩薩」。「妙覺菩薩」就是佛，「等覺菩薩」是即將成佛的大菩薩，像觀世音、大勢至、文殊、普賢、彌勒、地藏等，便是「等覺位」的大菩薩。

現在皆稱「彌勒菩薩」為「一生補處菩薩」，根據《彌勒上生經》等記載，彌勒菩薩現居於「兜率天」，待此生盡，則下生於人間，以補釋迦牟尼佛的佛位。

接下來，在這個有名的「禪機公案」裡，有五個重點。

(1)拈花微笑：

「世尊在靈山會上拈花示眾。是時眾皆默然。唯迦葉尊者破顏微笑。」

釋迦牟尼佛在靈山的法會上，突然間不說話，拿著一朵花，展示給眾人看。眾人不曉得是什麼意思，全部鴉雀無聲，唯獨迦葉尊者對釋迦牟尼佛拿一朵花的舉動有所領會，而露出微笑。

釋迦的拈花，迦葉的微笑，靈山會上的「拈花微笑」，千古以來很少有人參透。而迦葉尊者這一笑，就是「禪宗」的開始。

那「釋迦」為何要拈花？「迦葉」為何要微笑呢？

要知道這個答案，我們先來看另一個「禪機公案」，兩相比較之下，比較容易理解。

這一段「禪機公案」就是在《六祖壇經》裡，六祖惠能度化「惠明」的過程。

《六祖壇經》原文：

惠明作禮云。望行者為我說法。惠能云。汝既為法而來。可屏息諸緣。勿生一念。吾為汝說明。良久。惠能云。不思善。不思惡。正與麼時。那個是明上座本來面目。惠明言下大悟。復問云。上來密語密意外。還更有密意否。惠能云。與汝說者。即非密也。汝若返照。密在汝邊。

《六祖壇經》翻譯：

惠明行禮之後說道：「希望行者為我說法。」

六祖惠能說：「你既然是為法而來，可以放下萬緣，一個念頭都不要生起，我就為你說法。」

惠明就放下萬緣，什麼都不想，將心靜下來許久。

六祖惠能說：「當下這個『念心』沒有思善、沒有思惡，正當這個時候，哪個是你惠明上座本來的真面目呢？」

惠明聽到六祖惠能這麼一講，當下就開悟了。

惠明又問：「從過去祖師一直到現在，傳這個『一念不生，見本來真面目。』的『密語密意』之外，還有沒有別個『密意』可以傳呢？」

六祖惠能說：「我若是講出來，那就不是真正的祕密，你如果返照自心，守住這個『念心』，無上的『密法』就在你那邊了。」

現在，我們把這二段「禪機公案」穿插對比，用「唯識學」來解釋禪宗「不言說」的教導方法。

1. 禪宗「不言說」的教導方法一：屏息諸緣，勿生一念。

①釋迦牟尼佛在「靈山」的法會上，要教導眾生最上層的佛法，但是這個佛法只能心悟，不能言說。所以，他拿一枝「缽羅花」出示給眾人看。

②「惠明」對六祖惠能說道：「希望行者為我說法。」六祖惠能對「惠明」說：「你既然是為法而來，可以放下萬緣，一個念頭都不要生起，我就為你說法。」

●情境解說：釋迦牟尼佛要說的最上層佛法，就是六祖惠能對「惠明」所說的佛法。

2. 禪宗「不言說」的教導方法二：將心靜下來許久

①在「靈山」的法會上，眾人都不知道釋迦牟尼佛手裡拿著一枝「缽羅花」，高舉著出示給眾人看，到底是怎麼回事？眾人都沒講話，當下眾人的目光和心思都集中在這一枝「缽羅花」上，都放下萬緣，什麼都不想，眾人的心都靜下來許久。

②惠明放下萬緣，什麼都不想，將心靜下來許久。

●情境解說：以「唯識學」來講，此時，「靈山的眾人」和「惠明」的心理狀態是一樣的。他們的第六識「意識」的分析判斷功能都暫時停止，第七識「末那識」也都暫時停止作用，所有的「妄想執著」，也都暫時煙消雲散，當下處於「一心不亂」的狀態，「自性光」即將顯現。

3. 禪宗「不言說」的教導方法三：讓第六識「意識」的分析判斷功能暫時停止

六祖惠能等了一段時間，等「惠明」達到「停止一切的想法，不生起一個念頭。」的時候，突然開口說話：「當下這個『念心』沒有思善、沒有思惡，正當這個時候，哪個是你『惠明』上座本來的真面目呢？」。

假如你是「惠明」，當你閉著眼睛，心裡想著：「我什麼都不要想。」，大概三十秒鐘內，你可以思想一片空白，超過三十秒，「妄想」就重新出現了。

其實，這三十秒鐘的「空白思想」，也是一種「諸緣」，更是一種「念頭」。因為你心裡想著：「我什麼都不要想。」，就是一種「妄想」。「妄想」什麼呢？「我什麼都不要想。」。

雖然，「我什麼都不要想。」也是一種「妄想」，但是至少在這三十秒鐘內，你沒有「胡思亂想」，你只有一個「妄想」，一個「念頭」。

這個時候，六祖惠能突然間出聲說話，這個聲音突然打斷你當下唯一的一個「念頭」：「我什麼都不要想。」這電光火石的當下，就是一種「驚嚇」的狀態，剎那間腦袋裡的思緒，變成一片空白。

注意！這個時候，你原本的唯一的那個「念頭」：「我什麼都不要想。」突然間不見了。這正是停止你自己第六識「意識」的分析判斷功能的現象，連帶第七識「末那識」也停止。此時，你會驚鴻一瞥你的「自性光」。

然後這時，六祖惠能接著說：「當下這個念心沒有思善、沒有思惡，正當這個時候，哪個是你惠明上座本來的真面目呢？」。

惠明聽到六祖惠能這麼一講，當下就開悟了。因為他在沒有思善、沒有思惡的狀態下，驚鴻一瞥他自己的「自性光」，惠明這才真的理解「如何見性」。

惠明當下就開悟了，但是在「靈山」法會上的眾人，卻還是一頭霧水，個個都像「丈二金剛摸不著頭腦」，愣在那裡。

這個時候，迦葉尊者知道釋迦牟尼佛手裡拿著一枝「鉢羅花」高舉著出示給眾人看的用意，是在傳授只能心悟，不能言說的佛法。但是，看到眾人都是一副愣頭愣腦的呆樣，讓平常表情嚴肅的迦葉尊者，不由自主的笑了出來。

迦葉尊者這個會心的一笑，釋迦牟尼佛就知道他懂這個上層佛法，所以就把這個上層佛法，當眾正式傳授給他，這個「上層佛法」就是「禪法」。

(2)不立文字教外別傳：

釋迦牟尼佛說，他傳授給迦葉尊者的這個上層佛法，是不立下文字記載，是不用言語解說，是特殊的，是與眾不同的，是另外所傳授的一種佛法，是「教外佛法」。這個上層佛法，不同於他以前用言語所說的佛法，稱為「教內佛法」。

這個上層的「教外佛法」，必須要用「唯識學」來講解，你才有辦法了解，為什麼這個「教外別傳」的上層佛法，是「不立文字」的，是「不可言說」的。

(3)以僧伽黎圍之：

釋迦牟尼佛用他的「僧伽黎（袈裟）」把迦葉尊者圍起來，然後告訴迦葉尊者說：「我把『正法眼藏』祕密交給於你，你應當要保護支持。並且命令阿難尊者輔佐傳播佛法教化眾生，不可讓佛法斷絕。」

釋迦牟尼佛的「以僧伽黎圍之」這個舉動，在「印度禪宗」的二十八代祖師傳承中，所有的經典都沒有再提起過。直到「中國禪宗」的五祖弘忍傳法給六祖惠能的時候，才又出現一次，《六祖壇經》記載著「祖以袈裟遮圍，不令人見，為說金剛經。」

五祖弘忍以袈裟遮圍六祖惠能，不讓別人難見，為六祖惠能演說《金剛經》。演說《金剛經》，還要用袈裟遮圍，這不是多此一舉，很奇怪嗎？

在禪宗經典的記載，釋迦牟尼佛的「以僧伽黎圍之」，以及五祖弘忍的「以袈裟遮圍」，這二個舉動，絕對不是「偶然」事件，而是歷代禪宗傳承時的「必然」儀式。只是，這是個「祕密儀式」，所以禪宗的經典都不見有記載。

「以袈裟遮圍」到底要做什麼呢？只能說「佛意難測」，身在末法時代的我們，究竟不曉得釋迦牟尼佛的葫蘆裡，賣的是什麼藥？

倒是在「一貫道」宗教團體的「求道儀式」中，「以僧伽黎圍之」和「以袈裟遮圍」的舉動，被納入「求道儀式」裡，下面再詳細解釋。

(4)阿難副貳傳化：

「副貳」是「輔佐、輔助」的意思，而不是釋迦牟尼佛交代迦葉尊者，要直接傳禪法給阿難尊者，讓阿難尊者擔任禪宗第二祖。不要誤解「副貳」是「副位、第貳位祖師」，釋迦牟尼佛只是交代阿難尊者要輔佐、輔助迦葉尊者傳法度眾生。

阿難尊者又稱為「阿難陀」，「阿難」是梵語，中文翻譯為「慶喜」，生於釋迦牟尼佛的成道日，釋迦牟尼佛三十歲成道，阿難尊者比他小三十歲。

阿難尊者是「白飯王（「淨飯王」的弟弟）」的兒子，「提婆達多」的弟弟，釋迦牟尼佛的堂弟，也是侍者，是釋迦牟尼佛十大弟子之一，人稱「多聞第一」。

阿難尊者被稱做「多聞第一」，是因為他一直伴隨釋迦牟尼佛講經說法，能夠把釋迦牟尼佛所說的話，都像錄音機一樣，一字不漏的記下來。阿難尊者在釋迦牟尼佛入滅之後，才證得「阿羅漢果」。

在釋迦牟尼佛入滅後，在「王舍城」第一次聖典集結的集會上，阿難尊者出色的記憶力，讓他背誦出很多釋迦牟尼佛以往的演說。那些記錄下來的文稿就被整理成為「佛經」，包括《長阿含經》、《中阿含經》、《雜阿含經》、《增一阿含經》、《譬喻經》、《法句經》等等，對宣揚佛法的幫助很大。在佛經中，經常開始的第一句話，出現「如是我聞」，這個「我」就是指阿難尊者。

釋迦牟尼佛把「正法眼藏」交付給迦葉尊者，「禪宗初祖」就是迦葉尊者。後來，迦葉尊者把「正法眼藏」交付給阿難尊者，阿難尊者就成為「禪宗二祖」。

在《景德傳燈錄》裡，有迦葉尊者傳法給阿難尊者的記載。

《景德傳燈錄》卷第一原文：

迦葉乃白眾言。此阿難比丘多聞總持有大智慧。常隨如來梵行清淨。所聞佛法如水傳器無有遺餘。佛所讚歎聰敏第一。宜可請彼集修多羅藏。大眾默然。迦葉告阿難曰。汝今宜宣法眼。阿難聞語信受。觀察眾心。而宣偈言。比丘諸眷屬。離佛不莊嚴。猶如虛空中。眾星之無月。說是偈已。禮眾僧足升法坐而說是言。如是我聞一時佛住某處說某經教。乃至人天等作禮奉行。時迦葉問諸比丘。阿難所言不錯謬乎。皆曰。不異世尊所說。迦葉乃告阿難言。我今年不久留。今將正法付囑於汝。汝善守護。

(5) 轉授金縷僧伽黎衣給慈氏佛：

《指月錄》卷之一原文：

爾時世尊說此偈已。復告迦葉。吾將金縷僧伽黎衣。傳付於汝。轉授補處。至慈氏佛出世。勿令朽壞。

釋迦牟尼佛說完傳法詩偈之後，又告訴迦葉尊者：「我將『金縷僧伽黎衣』轉傳給將來成佛的『慈氏佛（彌勒佛）』，不可讓『金縷僧伽黎衣』腐爛敗壞。」

《景德傳燈錄》卷第一原文：

迦葉乃告阿難言。我今年不久留。今將正法付囑於汝。汝善守護。聽吾偈言。法法本來法。無法無非法。何於一法中。有法有不法。說偈已。乃持僧伽梨衣入雞足山。俟慈氏下生。

所以，迦葉尊者到現在都還沒有死，在印度的「雞足山」入定中。釋迦牟尼佛交代迦葉尊者要將「金縷僧伽黎衣」轉傳給將來成佛的「慈氏佛（彌勒佛）」，這件事情，在《佛說彌勒下生經》裡有續集的記載。

《佛說彌勒下生經》原文：

摩竭國界毘提村中。大迦葉於彼山中住。又彌勒如來將無數千人眾。前後圍遶往至此山中。遂蒙佛恩。諸鬼神當與開門。使得見迦葉禪窟。是時彌勒。申右手指示迦葉告諸人民。過去久遠釋迦文佛弟子。名曰迦葉。今日現在頭陀苦行最為第一。是時諸人見是事已歎未曾有。無數百千眾生。諸塵垢盡得法眼淨。或復有眾生見迦葉身已。此名為最初之會。九十六億人皆得阿羅漢。斯等之人皆是我弟子。所以然者。悉由受我訓之所致也。亦由四事緣惠施仁愛利人等利。爾時阿難。彌勒如來當取迦葉僧伽梨著之。是時迦葉身體奄然星散。是時彌勒復取種種華香供養迦葉。

《佛說彌勒下生經》翻譯：

迦葉尊者在摩竭國界毘提村中的雞足山中入定。未來，彌勒佛帶領無數千人眾，在他們的前後圍繞中，去到迦葉尊者入定的山洞前，並蒙諸佛恩典，諸鬼神將為他開啟山門，使他們都能得見迦葉尊者入定的禪窟。

這時，「彌勒佛」伸出右手指向迦葉尊者，告訴大眾說：「這位是過去久遠劫釋迦文佛的弟子，名叫『迦葉』，到今日現在止，他的頭陀苦行最為第一。」這時候，眾人目睹迦葉尊者的因緣，讚嘆未曾有這種事，無數百千的眾生，因而滅盡塵垢，得到「法眼淨」。又有眾生看見迦葉尊者的身體，此稱為「最初之會」，共有九十六億人都證得「阿羅漢」果位。他們都是曾受釋迦牟尼佛教化的弟子，也因為落實「四事供養（供給資養佛、僧等日常生活所需的四事。『四事』指衣服、飲食、臥具、醫藥等。）」，而有得度因緣。

那個時候，阿難！彌勒佛收下迦葉尊者授予的「僧伽梨衣」，並且穿在身上。此時，迦葉尊者的身體，忽然間四散。這時候，彌勒佛就以種種香華供養迦葉尊者。

（二）五祖弘忍傳法給六祖惠能

「以僧伽黎圍之」的傳法儀式，第二次發生在「中國禪宗」的五祖弘忍傳法給第六代祖師六祖惠能的時候。

《六祖法寶壇經》原文：

次日，祖潛至碓坊，見能腰石舂米，語曰：「求道之人。為法忘軀。當如是乎。」乃問曰：「米熟也未？」惠能曰：「米熟久矣，猶欠篩在。」祖以杖擊碓三下而去。惠能即會祖意，三鼓入室；祖以袈裟遮圍，不令人見，為說金剛經。至應無所住而生其心，惠能言下大悟，一切萬法，不離自性。

《六祖壇經》翻譯：

第二天，五祖宏忍悄悄地來到「舂米作坊」，看見六祖惠能腰上綁著石磨正在舂米，說：「求道的人為了正法而忘記身體，正是應當要這樣！」於是問六祖惠能說：「米熟了沒有？」，這個意思是問六祖惠能開悟了沒有？

六祖惠能回答說：「早就熟了！只是欠人篩過（用篩子過濾東西。）。」這個意思是說：「我早就有所領悟了，只是還沒有人為我印證而已。」。

五祖宏忍用錫杖在「碓（舂米的用具）」上敲了三下後離開，六祖惠能立即領會五祖宏忍的意思。「敲三下」就是要六祖惠能在三鼓時分，也就是三更，到「方丈室」來。

於是六祖惠能在入夜三更時分，進入五祖宏忍的「方丈室」。五祖宏忍用袈裟遮圍，不讓別人看到，然後為六祖惠能講解《金剛經》。講到「應無所住而生其心」時，六祖惠能聽完大悟「一切萬法不離自性」的真理。

在《六祖壇經》裡，最有意思的一段經文，就是「惠能即會祖意，三鼓入室；祖以袈裟遮圍，不令人見，為說金剛經。」。

試想，在三更半夜裡，夜深人靜，眾弟子們都入睡了，五祖宏忍用袈裟遮圍，不讓別人看到，然後為六祖惠能講解《金剛經》。五祖宏忍是怕被誰看到或聽到他講解《金剛經》呢？就算被人看到或聽到，上根的人就開悟了，不是很好嗎？下根的人還是有聽沒有懂，不也是無所謂嗎？五祖宏忍在怕什麼呢？這是個謎案，六祖惠能並沒有說明，這是「禪宗」永遠的謎。

但是，這個謎案，在現代「一貫道」宗教團體裡，不但有答案，而且還變成「點道儀式」裡，最重要的一環。

（三）「一貫道」的點道傳法儀式

現代「一貫道」宗教團體，普遍被「佛教界」抨擊，說「一貫道」是邪教，傳播邪說，盜用佛經；有些人也戲稱「一貫道」是「鴨蛋教」，對「一貫道」嗤之以鼻。

其實，這些指控，都是因為不了解「一貫道」才會發生。但是，可以肯定的一件事情是，就像「道教」、「基督教」、「天主教」和「伊斯蘭教」一樣，「一貫道」是經過「中華民國政府」立案審查，核准成立的合法宗教團體，而不是邪教。

這裡不探討「一貫道」宗教團體，我在預定出版的《看懂宗教》一書裡，會詳細介紹「一貫道」的由來，探討「一貫道」到底是什麼宗教團體？

這裡要探討的是，「以僧伽黎園之」和「以袈裟遮圍」的「禪機公案」，在佛教界都不談，因為實在是「聖意難測」。但是，在「一貫道」宗教團體的「求道儀式」中，「以袈裟遮圍」居然被納入「求道儀式」裡。

為什麼「以袈裟遮圍」會被納入「求道儀式」裡？這要從「一貫道道統沿革」談起。

在「一貫道源流」裡說道「一貫道道統沿革自伏羲見龍馬負圖，創造八卦，揭開天地奧秘，是為大道降世之始。伏羲為第一代道統祖師，其後聖聖相緒，神農為第二代，第三代軒轅黃帝，第四代少昊，第五代顓頊，第六代帝嚳，第七代帝堯，第八代帝舜，第九代夏禹，第十代伊尹，第十一代商湯，第十二代姜尚，第十三代文王、武王、周公，第十四代老子，第十五代孔子，第十六代顏子、曾子，第十七代子思，第十八代孟子，是為東方十八代。孟子以後，道脈西遷，心法失傳，儒道道脈泯滅，究未得繼續道統，良以孔子時，業經盤轉西域，釋門接衍，釋迦牟尼得道後，真法傳大弟子摩訶迦葉為禪宗初祖，單傳至二十八代達摩尊者。梁武帝時，達摩西來中土，真機妙法，復還於中國，是謂「老水還潮」。自達摩入中國，真道乃一脈相傳，達摩為初祖，單傳給神光二祖，三祖僧燦，四祖道信，五祖弘忍，六祖惠能。六祖之後衣〇不傳，道降火宅，白馬續為七祖，羅尉群繼任八祖。羅八祖歸後，道根秘隱公案，道統懸虛八百載。……。」

後面就不再詳述，重點在「釋迦牟尼得道後，真法傳大弟子摩訶迦葉為禪宗初祖，單傳至二十八代達摩尊者。」

然後，在「一貫道」的經典《彌勒救苦真經》裡也提到「領寶齊魯靈山地。拈花印證考三乘。」，這一句經文講的就是「一貫道」道脈傳承的由來。

《彌勒救苦真經》原文：

佛說彌勒救苦經。彌勒下世不非輕。領寶齊魯靈山地。拈花印證考三乘。

「一貫道」認為，「以心印心」之法一定要「密傳」，在釋迦牟尼佛的時代是「以僧伽黎圍之」的方式傳道，在六祖惠能的時代也是「以袈裟遮圍」的方式傳道，禪宗歷代祖師傳道，也都是用這種「以袈裟遮圍」方式來進行。

直到六祖惠能的時代，因為五祖弘忍的門下弟子爭奪「袈裟」，所以「袈裟」止傳，從此以「請壇禮」代替「袈裟遮圍」。請壇時，由仙佛護壇，阻斷天人耳目，祕密傳授這「以心印心」之法。除了「求道者」以外，不讓其他人觀看傳法儀式。

要加入「一貫道」的修道行列，一定要「求道」，而要「求道」，一定要有「點傳師」開壇，透過「請壇儀式」，點佛燈，再念誦「請壇經」，才可以「求道」。

「請壇經」的意義，是恭請宇宙萬靈真宰「明明上帝」臨壇，並且也恭請十方諸佛，諸天仙佛，以及雷部、風部、虎部、龍部，和二十八星宿降壇護道，為辨三天天人之道，如《六祖壇經》所說的「以袈裟遮圍」以傳心法。

另外，由於「一貫道」傳統的教規，嚴格規定只有「道親」和「求道人」，才可以參加「請壇儀式」，「非道親」絕對不可以參加，也不可以在旁邊觀禮。因為，「請壇儀式」就象徵「以袈裟遮圍」的意義。

結果，這個嚴格規定，卻造成「一貫道」在台灣傳道的初期，被「國民黨政府」誤以為這個祕密傳道的「請壇禮」儀式，是對岸「共產黨」的祕密聚會方式，一度禁止「一貫道」的傳道活動。並且派「情報人員」偽裝成「求道者」，參加「求道儀式」，以一探究竟。

沒想到後來，這些「求道」的「情報人員」，在了解「一貫道」的內涵之後，大為肯定支持。甚至，許多「求道」的「情報人員」，後來都成為「點傳師」，回過頭來要求「國民黨政府」應該開放「一貫道」。最後，在一九八八年三月五日，「國民黨政府」核准設立「中華民國一貫道總會」，「一貫道」才正式成為一個合法的宗教團體。

所以，「一貫道」認為，從釋迦牟尼佛在靈山會上，密傳「以心印心」之法，三乘中人全被考倒，只有迦葉尊者得法。迦葉尊者再將這「教外別傳」的心法，代代相傳至今，到現在「一貫道」所傳的「道」，就是一脈相承，源自於釋迦牟尼佛的「拈花微笑」。

二、付法傳衣

(一)釋迦牟尼佛傳衣給大迦葉尊者

「傳衣」是傳「法」的信驗之物，「付法」才是傳衣的根本要旨。有關「付法傳衣」一事，是禪宗很重要的傳統。「傳衣」之說，最早開始於釋迦牟尼佛傳法給大迦葉尊者。

《指月錄》卷一原文：

世尊在靈山會上拈花示眾。是時眾皆默然。唯迦葉尊者破顏微笑。世尊曰。吾有正法眼藏涅槃妙心。實相無相微妙法門。不立文字教外別傳。付囑摩訶迦葉。世尊至多子塔前。命摩訶迦葉分座令坐。以僧伽黎圍之。遂告曰。吾以正法眼藏。密付於汝。汝當護持。并敕阿難副貳傳化。無令斷絕。而說偈曰。法本法無法。無法法亦法。今付無法時。法法何曾法。爾時世尊說此偈已。復告迦葉。『吾將金縷僧伽黎衣。傳付於汝』。轉授補處。至慈氏佛出世。勿令朽壞。迦葉聞偈。頭面禮足曰。善哉善哉。我當依敕恭順佛教。

注意！這段經文只說，釋迦牟尼佛在將正法付囑給大迦葉尊者時，給了他一件「金縷袈裟」，並且交代要轉付給後世的「彌勒佛」，此處並沒有說，有第二件的「金縷袈裟」傳給第二祖阿難尊者。許多人誤認為釋迦牟尼佛將「金縷僧伽黎衣」傳給迦葉尊者，那件「袈裟」在「印度」傳了二十八代，傳到「中國」之後，又傳了六代。後來在六祖惠能的時代，因為五祖弘忍的門下弟子爭奪那件「袈裟」，所以「袈裟」才止傳。

其實，那件「金縷僧伽黎衣」，至今還在迦葉尊者的手上，並沒有傳給二祖阿難，我們再來看一次，經典是怎麼敘述這件「袈裟」的去處。

《指月錄》卷之一原文：

爾時世尊說此偈已。復告迦葉。吾將金縷僧伽黎衣。傳付於汝。轉授補處。至慈氏佛出世。勿令朽壞。

所以，那件「金縷僧伽黎衣」，釋迦牟尼佛交代迦葉尊者要「轉授補處。至慈氏佛出世。」並不是要迦葉尊者傳給二祖阿難尊者。

《景德傳燈錄》卷第一原文：

迦葉乃告阿難言。我今年不久留。今將正法付囑於汝。汝善守護。聽吾偈言。法法本來法。無法無非法。何於一法中。有法有不法。說偈已。乃持僧伽梨衣入雞足山。俟慈氏下生。

迦葉尊者只傳「心法」給二祖阿難尊者，然後就「乃持僧伽梨衣入雞足山。俟慈氏下生。」。迦葉尊者到現在都還沒有死，在印度的「雞足山」入定，等將來「慈氏佛（彌勒佛）」成佛，再將「金縷僧伽黎衣」轉傳給「彌勒佛」。

後來，迦葉尊者就把那件「金縷僧伽黎衣」，親手轉傳給「彌勒佛」，這件事情，在《佛說彌勒下生經》裡有記載。

《佛說彌勒下生經》原文：

爾時阿難。彌勒如來當取迦葉僧伽梨著之。是時迦葉身體奄然星散。是時彌勒復取種種華香供養迦葉。

（二）第二十四祖「師子尊者」傳衣給第二十五祖「婆舍斯多尊者」

「禪宗」真正的「傳衣」之說，一直到「印度禪宗」第二十四祖「師子尊者」，傳法給第二十五祖「婆舍斯多尊者」時，才首次見到有「傳衣」的記載。

《傳法正宗記》卷第四原文：

而『我（第二十四祖師子比丘者）所傳如來之大法眼。今以付汝（婆舍斯多尊者）』。汝宜奉之。即去自務傳化。或遇疑者即持我僧伽梨衣為之信驗。

《景德傳燈錄》卷第二原文：

尊者（第二十四祖師子比丘者）即謂之曰。吾師密有懸記。罹難非久。『如來正法眼藏今轉付汝』汝應保護普潤來際。偈曰。正說知見時。知見俱是心。當心即知見。知見即于今。尊者說偈已。以僧伽梨衣密付斯多。俾之他國隨機演化。

但是，第二十五祖「婆舍斯多尊者」付法給第二十六祖「不如蜜多尊者」時，並沒有將這件「僧伽梨衣」傳下來，他的理由如下：

《傳法正宗記》卷第四原文：

蜜多（第二十六祖）既受付法。復告斯多（第二十五祖）曰。尊者以祖師僧伽梨衣祕於王宮。不蒙授之。其何謂耶。斯多曰。我昔傳衣。蓋先師遇難。付法不顯用為今之信驗。汝適嗣我。五天皆知。何用衣為。但勤化導。汝之已後者度人無量。蜜多默然奉命。

「五天」是指「五印度」，又稱「五天竺國」，簡稱為「五天」。印度古老的《往世書》將印度的疆域，劃分為「東印度、北印度、西印度、南印度、中印度」。這種疆域的劃分，起源於印度神話中的世界中心「須彌山」，和圍繞「須彌山」的鹹海中的「東洲毗提訶、南洲贍部、西洲瞿陀尼、北洲拘盧」。

《景德傳燈錄》卷第二原文：

不如密多（第二十六祖）聞偈再啟祖（第二十五祖）曰。『法衣宜可傳授。祖曰。此衣為難故假以證明。汝身無難何假其衣。』化被十方人自信向。不如密多聞語作禮而退。

到了第二十七祖「般若多羅」付法第二十八祖菩提達摩時，也沒有傳衣的記載：

《傳法正宗記》第五卷原文：

久之遂以法而付囑曰。『如來大法眼藏展轉而今付於汝（第二十八祖菩提達摩）』。汝善傳之無。使斷絕。

（三）第二十八祖菩提達摩傳衣給第二十九祖「慧可」（東土二祖）

直到「菩提達摩」到了中國，在嵩山少林寺，傳法給「中國禪宗」第二祖「慧可」時，才又重新見到傳衣和缽的記載。

《傳法正宗記》卷第五原文：

昔如來以大法眼付囑摩訶迦葉。而展轉至我。我今以付於汝。汝宜傳之無使其絕。『并授汝此僧伽梨寶鉢。以為法信』。唯恐後世以汝於我異域之人不信其師承。汝宜持此為驗。以定其宗趣。然吾逝之後二百年後。衣鉢止而不傳。法亦大盛。

所以，由上述我們可以推測，中國禪宗傳到「六祖惠能」手上的「僧伽梨衣」，是初祖「菩提達摩」自己的衣服。

其後歷經二祖慧可、三祖僧璨、四祖道信、五祖弘忍、六祖惠能，都有「付法傳衣」之說：

「二祖慧可」付法傳衣給「三祖僧璨」：

《五燈會元》卷第一原文：

祖（二祖慧可）乃告曰。菩提達磨遠自竺乾。『以正法眼藏并信衣密付於吾。吾今授汝。』汝當守護。無令斷絕。

《傳法正宗記》卷第六原文：

震旦第二十九祖慧可尊者傳

尊者器之。即為其釋褐落髮曰。此法寶也。宜名之僧璨。戒後二載乃命之曰昔佛傳大法眼。轉至達磨。達磨授我。我今以付於汝并其衣鉢。汝專傳之無使輒絕。

「三祖僧璨」付法傳衣給「四祖道信」：

《五燈會元》卷第一原文：

信（四祖道信）於言下大悟。服勞九載。後於吉州受戒。侍奉尤謹。祖（三祖僧璨）屢試以玄微。知其緣熟。乃付衣法。

《傳法正宗記》卷第六：

震旦第三十祖僧璨尊者傳

隋開皇間乃有沙彌曰道信者。一旦來禮其座下。問之曰。乞大師發我解脫法門。尊者曰。誰縛汝。曰無人縛。又曰。既無人縛。汝即是解脫。何須更求解脫。道信即悟。乃願以弟子禮事之。久之信往求戒於盧陵既還。尊者曰。汝已戒道亦備矣。吾即往之。昔如來大法眼藏今以付汝并其衣鉢。汝皆將之。」

「四祖道信」付法傳衣給五祖弘忍：

《五燈會元》卷第一原文：

一日往黃梅縣。路逢一小兒（五祖弘忍）。骨相奇秀。異乎常童。祖問曰。子何姓。答曰。姓即有。不是常姓。祖曰。是何姓。答曰。是佛性。祖曰。汝無姓邪。答曰。性空。故無。祖（「四祖道信」）默識其法器。即俾侍者至其母所。乞令出家。母以宿緣故。殊無難色。遂捨為弟子。以至付法傳衣。

《傳法正宗記》卷第六原文：

震旦第三十一祖道信尊者傳

尊者即為剃度。名之曰弘忍。其後乃命曰。昔如來傳正法眼轉至於我。我今付汝并前祖信衣鉢。汝皆將之。勉其傳授無使斷絕。

五祖弘忍付法傳衣給六祖惠能：

《五燈會元》卷第一原文：

祖告曰。諸佛出世為一大事。故隨機大小而引導之。遂有十地・三乘・頓漸等旨。以為教門。然以無上微妙・祕密圓明・真實正法眼藏付于上首大迦葉尊者。展轉傳授二十八世。至達磨居于此土。得可大師承襲以至於今。以法寶及所傳袈裟用付於汝。善自保護。無令斷絕。聽吾偈曰。有情來下種。因地果還生。無情既無種。無性亦無生。盧行者跪受衣法。啟曰。『法則既受。衣付何人』。祖曰。昔達磨初至。人未之信。故傳衣以明得法。今信心已熟。衣乃爭端。止於汝身。不復傳也。

《傳法正宗記》卷第六原文：

震旦第三十二祖弘忍尊者傳

中夜尊者（五祖弘忍）遂潛命慧能入室。而告曰。諸佛出世唯為一大事因緣。以其機器有大小。遂從而導之。故有三乘十地頓漸眾。說為之教門。獨以無上微妙真實正法眼藏初付上首摩訶迦葉。其後迭傳歷二十八世至乎達磨祖師。乃以東來。東之益傳。適至於我。我今以是大法并其所受。『前祖僧伽梨衣寶鉢皆付於汝。汝善保之無使法絕。』聽吾偈曰。有情來下種。因地果還生。無情既無種。無情亦無生。慧能居士既受法與其衣鉢。作禮問曰。法則聞命。衣鉢復傳授乎。尊者曰。昔達磨以來自異域。雖傳法於二祖。恐世未信其所師承。故以衣鉢為驗。今我宗天下聞之。莫不信者。則此衣鉢可止於汝。然正法自汝益廣。若必傳其衣。恐起諍端。故曰。受衣之人命若懸絲。汝即行矣。汝宜且隱晦。時而後化。

《六祖大師法寶壇經》行由第一原文：

祖（五祖弘忍）復曰：「昔達磨大師，初來此土，人未之信，故傳此衣，以為信體，代代相承；法則以心傳心，皆令自悟自解。自古，佛佛惟傳本體，師師密付本心；衣為爭端，止汝（六祖惠能）勿傳。若傳此衣，命如懸絲。汝須速去，恐人害汝。」

五祖弘忍說，「昔達磨初至。人未之信。故傳衣以明得法。今信心已熟。衣乃爭端。止於汝身。不復傳也。」，這番話印證了菩提達摩的預言。

《傳法正宗記》卷第五原文：

然吾（菩提達摩）逝之後二百年後。衣鉢止而不傳。法亦大盛。

《傳法正宗記》卷第六原文：

震旦第三十三祖慧能尊者傳

（六祖惠能）一日忽謂眾曰。吾忝於忍大師（五祖弘忍）處受其法要并之衣鉢。今雖說法而不傳衣缽者。蓋以汝等信心成熟無有疑者。故不傳之。

到了六祖惠能之後，他有十大弟子，一改以往一代只傳一人的傳統，又恢復為付法而不傳衣缽。另外，六祖惠能還曾經洗過這件「法衣」。

《六祖大師法寶壇經》機緣第七原文：

師（六祖惠能）一日欲濯所授之衣而無美泉，因至寺後五里許，見山林鬱茂，瑞氣盤旋。師振錫卓地，泉應手而出，積以為池，乃跪膝浣衣石上。

六祖惠能圓寂之前，弟子「法海」再拜問，法師您入滅之後，衣法應當交付何人？六祖惠能回答說：「不付其衣」、「衣不合傳（法衣不適合傳承）」。

《六祖大師法寶壇經》付囑第十原文：

乃知大師不久住世。法海上座再拜問曰：「和尚入滅之後，衣法當付何人？」』師曰：「吾於大梵寺說法以至於今，鈔錄流行，目曰：《法寶壇經》，汝等守護，遞相傳授，度諸群生，但依此說，是名正法。今為汝等說法，不付其衣，蓋為汝等信根淳熟，決定無疑，堪任大事。然據先祖達摩大師付授偈意，衣不合傳。」

《五燈會元》卷第一原文：

吾（六祖惠能）忝受忍大師衣法。今為汝等說法。不付其衣。

六祖惠能圓寂之後，「唐肅宗」派人把「衣」和「缽」這二件寶物，請到宮中供養。後來，六祖惠能託夢給「唐肅宗」，歸還這二件寶物。雖然「唐肅宗」派人到寺廟嚴加守護，但是這二件寶物還是被盜多次，雖然都有找回來，最後還是被盜，至今下落不明。

《景德傳燈錄》卷第五原文：

上元元年肅宗遣使。就請師衣鉢歸內供養。至永泰元年五月五日。代宗夢六祖大師請衣鉢。七日勅刺史楊瑊云。朕夢感能禪師請傳法袈裟卻歸曹溪。今遣鎮國大將軍劉崇景。頂戴而送。朕謂之國寶。卿可於本寺如法安置。專令僧眾親承宗旨者。嚴加守護勿令遺墜。後或為人偷竊。皆不遠而獲。如是者數四（多次）。

《五燈會元》卷第一原文：

上元元年肅宗遣使就請師衣鉢。歸內供養。至永泰元年五月五日。代宗夢六祖大師請衣鉢。七日。勅刺史楊瑊曰。朕夢感禪師請傳法袈裟卻歸曹溪。今遣鎮國大將軍劉崇景頂戴而送。朕謂之國寶。卿可於本寺如法安置。專令僧眾。親承宗旨者。嚴加守護。勿令遺墜。後或為人偷竊。皆不遠而獲。如是者數四。

儘管衣鉢去向不明，距今已經一千二百多年了，但是衣鉢所凝聚的佛法傳承的精神，將會和神奇的傳說一樣，代代相傳，萬古流芳。

禪宗的法脈傳承

一、禪宗法脈傳承的歷史

要學習禪法，一定要知道「禪宗法脈傳承的歷史」。禪宗的法脈傳承，從釋迦牟尼佛在靈山會上以「拈花微笑」，教外別傳，傳法給「摩訶迦葉尊者」開始。「摩訶迦葉尊者」被尊為禪宗的始祖，在「西天（印度）」傳至「菩提達摩」，總共輾轉傳承二十八代。

第二十八代祖菩提達摩再把「正法」傳到「東土（中國）」，「菩提達摩」被尊為「東土（中國）」禪宗的始姐，二祖慧可是禪宗法脈傳承的第二十九祖。

禪宗的法脈傳承如下：

「西天（印度）」二十八代祖：

第一祖：摩訶迦葉尊者

第二祖：阿難尊者

第三祖：商那和修尊者

第四祖：優波鞠多尊者

第五祖：提多迦尊者

第六祖：彌遮迦尊者
第七祖：婆須蜜多尊者
第八祖：佛駄難提尊者
第九祖：伏馱蜜多尊者
第十祖：脅尊者
第十一祖：富那夜奢尊者
第十二祖：馬鳴大士
第十三祖：迦毗摩羅尊者
第十四祖：龍樹大士
第十五祖：迦那提婆尊者
第十六祖：羅睺羅多尊者
第十七祖：僧伽難提尊者
第十八祖：伽耶舍多尊者
第十九祖：鳩摩羅多尊者
第二十祖：闍耶多尊者。
第二十一祖：婆修盤頭尊者
第二十二祖：摩拏羅尊者
第二十三祖：鶴勒那尊者

第二十四祖：師子尊者。
第二十五祖：婆舍斯多尊者
第二十六祖：不如蜜多尊者
第二十七祖：般若多羅尊者
第二十八祖：菩提達摩

「東土（中國）」六代祖：「菩提達摩」自「西天（印度）」東來「東土（中國）」，衣鉢相傳，傳承到六祖惠能，共計六代，為「東土六祖」。

第二十八祖：菩提達摩（東土初祖）
第二十九祖：二祖慧可
第三十祖：三祖僧璨
第三十一祖：四祖道信
第三十二祖：五祖弘忍
第三十三祖：六祖惠能

要了解禪法，一定要知道三十三代祖的生平事蹟和傳承心法的詩偈。傳法的詩偈，是禪宗歷代祖師，一生修習禪法的心得報告。我們可以從歷代祖師，傳法的詩偈中，學習到最原始的禪法心要。

禪宗法脈傳承的歷史，在許多禪宗的典籍都有記載，例如：《五燈會元》、《景德傳燈錄》、《指月錄》等。我選擇用《五燈會元》和《景德傳燈錄》來詮釋禪宗法脈傳承的歷史，因為我覺得《五燈會元》和《景德傳燈錄》記載的比較詳細。

《五燈會元》是中國佛教禪宗的一部史書，共計二十卷，為南宋淳祐十二年，杭州靈隱寺的「普濟」所編集。

「五燈」是指五部記敘禪宗世系源流的燈錄：

（一）北宋「法眼宗」道原的《景德傳燈錄》；

（二）北宋「臨濟宗」李遵勖的《天聖廣燈錄》；

（三）北宋「雲門宗」惟白的《建中靖國續燈錄》；

（四）南宋「臨濟宗」悟明的《聯燈會要》；

（五）南宋「雲門宗」正受的《嘉泰普燈錄》。

《五燈會元》囊括摘取「五燈」的樞要，與「五燈」相比，篇幅減少一半以上。自元明以來，好禪人士大多典藏其書，「五燈」單部遂少流通。

《景德傳燈錄》簡稱《傳燈錄》，「景德」是北宋真宗的年號，本書原題名為《佛祖同參集》，共三十卷，宋景德元年，「東吳」僧「道原」所撰。

《景德傳燈錄》只限於禪宗，屬記言體及按世次記載的譜錄體。《景德傳燈錄》記載自過去七佛、第一祖摩訶迦葉、至第二十七祖般若多羅、東土六祖，至法眼宗文益禪師法嗣的禪宗傳法世系，共一千七百零一人的機緣語句，載明各禪師的俗姓、籍貫、修行經歷、住地、示寂年代、世壽、法臘、諡號等。另附語錄九百五十一人。《景德傳燈錄》產生了廣泛的影響，並引出了禪宗一系列的燈錄著述，如：《天聖廣燈錄》、《續傳燈錄》。

這個單元可以詳細的了解禪宗三十三代祖師，各代祖師的「生平事蹟」和「傳承心法的詩偈」，還有許多重要的「名相（專有名詞）」解釋。

因為原文經典資料頗多，礙於本書篇幅有限，原文古字又艱澀，所以我把原文的部分刪除，只留下原文的翻譯。有興趣看原文者，請按照文中的書名和卷數，上網搜尋就可以找到原文的部分。

二、禪宗三十三代祖的生平事蹟和傳承心法的詩偈

《五燈會元》卷第一：

（一）一祖摩訶迦葉尊者

一祖「摩訶迦葉」尊者是「摩竭陀國」人，姓「婆羅門」。父親名「飲澤」，母親名「香志」，迦葉尊者曾經是一個鍛金師，非常熟悉金子的特性，能夠使其柔軟。

《付法藏因緣傳》說：「曾經於久遠劫中，「毗婆尸佛（為過去七佛的第一位）」進入涅槃之後，『四眾（即比丘、比丘尼、優婆塞、優婆夷）』建立佛塔紀念「毗婆尸佛」。經過一段時間之後，佛塔中的佛像金色面部有缺壞。

當時有一位貧女，看到這種情形很痛心，就發願要給佛像再鋪金。於是貧女就到處遊行教化，她把所化來的錢拿去買金子，等到積蓄了很多金子，她就請了一個冶金師，請他把金子融化，修飾貼在佛面上。這位冶金師被這位貧女的誠心感動，就幫她把佛像的佛面鋪金修好。事後，兩人共同發願，願我二人生生世世都作「無姻夫妻（就是沒有實質婚姻的夫妻，雖然是夫妻，但是只有夫妻之名，而沒有夫妻之實）」」。

由於這個給佛像裝金的功德因緣，這位冶金師，九十一劫轉世的身體都是金色的。後來，投胎到梵天做天人，天人壽命盡之後，投胎到中天「摩竭陀國」的婆羅門家，取名為「迦葉波」，而這位貧女，就是「迦葉波」的妻子。在這一世，「迦葉波」出家作比丘，他的太太也出家作比丘尼，叫做「紫金光比丘尼」，因為她的身體會發光的緣故。

釋迦牟尼佛讚嘆迦葉尊者這樣受苦吃苦，修行「頭陀行（修治身心、除淨煩惱塵垢的十二種清淨修行）」。因此，大家都說迦葉尊者是「頭陀第一」。

釋迦牟尼佛在靈山說法的時候，拈花微笑，眾人愣然，不知道是怎麼一回事？唯獨迦葉尊者破顏微笑。釋迦牟尼佛知道迦葉尊者懂他的意思，就說：「我有正法眼藏，涅槃妙心，實相無相，以心印心，不立文字，教外別傳，咐囑摩訶迦葉。」又拿「金縷袈裟」，囑咐迦葉尊者說：「你拿著，保護著它，將來把它交給成佛的彌勒佛。」

《涅槃經》上記載，那個時候釋迦牟尼佛準備涅槃的時候，迦葉尊者沒有參加涅槃的法會。釋迦牟尼佛告訴所有的大弟子，迦葉尊者來的時候，可以讓他宣揚「正法眼藏」的佛法。

那個時候，迦葉尊者在耆闍崛山「畢鉢羅窟」，看到遠方有殊勝的光明，立即禪定進入「三昧」，以淨天眼觀看，見到釋迦牟尼佛在「熙連河（尼連禪河）」旁，進入涅槃，就趕緊趕回到雙樹間。迦葉尊者悲傷號啕大哭，釋迦牟尼佛在金棺中出示雙腳。

那個時候，迦葉尊者告訴眾比丘，釋迦牟尼佛已經涅槃，我們應當集結釋迦牟尼佛所說過的佛法為「佛經」，不可以讓佛法斷絕。於是，已經得到神通的諸大羅漢，都到王舍城旁的耆闍崛山「畢鉢羅窟」會集。

當時，阿難尊者還沒有證得「阿羅漢果位」，所以不可以參加「集經大會」。後來，阿難尊者終於證得「阿羅漢果位」，才得以參加「集經大會」。

迦葉尊者告訴眾大羅漢，這位阿難尊者見聞廣博，又有「總持（能總攝憶持無量佛法而不忘失的念慧力）」，有大智慧，經常隨侍在釋迦牟尼佛的身邊，他的「梵行（所修的清淨行為）」清淨，所聽聞的佛法，如瓶裝水，沒有遺漏。釋迦牟尼佛經常讚嘆阿難尊者的聰明、靈敏是第一，應當可以請他輯錄著述「多羅藏（佛經）」，大眾默認同意。

迦葉尊者告訴阿難尊者，你現在可以宣說釋迦牟尼佛所說過的佛法。於是，阿難尊者先禮拜眾僧，再升法座而宣說：「如是我聞。一時佛住某處說某經教。乃至人天等作禮奉行。」。

當時，迦葉尊者問諸比丘，阿難尊者所述說的佛法，有沒有錯誤的地方？眾人都說，和釋迦牟尼佛所說過的佛法一樣。

集結佛經完畢後，迦葉尊者就告訴阿難尊者，我不在此久留，現在將正法付囑給你，你要珍惜守護。

聽我說詩偈言：「法法本來法。無法無非法。何於一法中。有法有不法。」

●詩偈的大意是說：

「諸法（指一切有為、無為等萬法，現代語稱之為存在、一切現象等。）」的「法性（指諸法的真實體性，亦即宇宙一切現象所具有的，真實不變的本性。）」，本來是「法空（現象界的存在，都是因緣組合而成）」。

在清淨無染的「自性真如」中，由於沒有「分別心」，所以實際上沒有「實法（有固定不變實體的存在）」的存在，也沒有「非實法（沒有固定不變實體的存在）」的存在。

為何凡夫會在「一法（思想所能及）」之中，有「實法（有固定不變實體的存在）」和「非實法（沒有固定不變實體的存在）」的分別呢？（因為凡夫用自己第六識「意識」的分析判斷功能，去分別世間萬法，產生分別對待心。）

迦葉尊者說完詩偈，就帶著「僧伽梨衣」進入「雞足山」，等待「慈氏（彌勒佛）」出世。

原文最後，還附帶記載二個迦葉尊者的「禪機公案」：

有一位外道問迦葉尊者說：「什麼是我的『真我』？」

迦葉尊者回答說：「尋找『真我』的那個我，就是你的『真我』。」

外道又問：「如果這是我的『真我』，那老師知道您的『真我』在哪裡嗎？」

迦葉尊者回答說：「你問我的『真我』在哪裡？我的『真我』正在回答你的問題。」

這位外道是古印度的「婆羅門教」徒，他所問的「真我」，就是指「自性」。

「真我（自性）」在哪裡？我用「唯識學」來解釋這個問題，我們的「真我」稱為「自性、真如」。原本先天的「真我（自性）」是清淨無汙染的狀態，因為忽然被一點「無明」的汙染，導致「真我（自性）」變成後天的第八識「阿賴耶識」。

第八識「阿賴耶識」又生出「眼識、耳識、鼻識、舌識、身識（以上合稱五識）、意識、末那識」，其中第七識「末那識」變成「假我」。所以，我們凡夫平時都是以第七識「末那識（假我）」在過生活，「真我（自性）」是隱藏起來的。

但是，第七識「末那識（假我）」的產生，源自於第八識「阿賴耶識」；而第八識「阿賴耶識」的根源，是源自於「真我（自性）」。

「婆羅門」外道是用第七識「末那識（假我）」在找「真我（自性）」，他不知道「真我（自性）」其實就在他自己的內心深處。

有一句詩偈說：「佛在靈山莫遠求，靈山只在汝心頭，人人有個靈山塔，好向靈山塔下修。」這裡的「佛」，是指你自己的「自性佛」；「靈山」是指你自己的第八識「阿賴耶識」。所以，迦葉尊者回答說：「你問我的『真我』在哪裡？我的『真我』正在回答你的問題。」就是暗指「自性真我」。

另一個「禪機公案」：

迦葉尊者有一天腳踩在泥地上。

有一個沙彌見到就問迦葉尊者說：「為什麼你要親自做呀？」

迦葉尊者回答說：「我如果不做，誰又替我做呢？」

迦葉尊者暗示沙彌，要見到自己的「自性真我」，必須要自己親自修行禪定，別人是不能代勞的。

（二）二祖阿難尊者

二祖「阿難」尊者是王舍城人，姓「剎利帝」。父親是「斛（ㄏㄨˊ）飯王（另一說是「白飯王」）」，為釋迦牟尼佛的堂弟。梵語「阿難陀」，漢譯為「慶喜」或「歡喜」，生於釋迦牟尼佛的成道日。釋迦牟尼佛的父親「淨飯王」聽到太子成佛，又聽到宮中誕生皇子，更加歡喜，就說：「今日大吉，是歡喜日。」因而命名誕生的皇子為「阿難」。

阿難尊者見聞廣博，通達事理，有智慧，辯才無礙，釋迦牟尼佛曾經讚嘆他，稱讚他是「總持（能總攝憶持無量佛法而不忘失的念慧力。）第一」。加上阿難尊者累世有大功德，把「法藏（指佛的教法）」領受在心，持久不忘，如瓶裝水，釋迦牟尼佛就任命他為「侍者」，陪侍在左右。

原文接下來，就記載二個阿難尊者的「禪機公案」。

有一天，阿難尊者對釋迦牟尼佛說：「我今天進入城中，看到一件奇特的事情。」

釋迦牟尼佛問說：「你看到什麼奇特的事情呢？」

阿難尊者說：「我在城裡的時候，見到一群『樂人（以演奏音樂或歌唱舞蹈為業的藝人）』在跳舞。出城的時候，卻見到了生滅無常。」

阿難尊者問說：「您看到什麼奇特的事情呢？」

釋迦牟尼佛說：「我昨天在城裡也看到一件奇特的事情。」

釋迦牟尼佛說：「我在城裡的時候，見到一群『樂人』在跳舞。出城的時候，也看到一群樂人在跳舞。」

阿難尊者是以第六識「意識」的分析判斷，來看待世間的生滅無常，是「無常」和「有常」的分別。而釋迦牟尼佛是以清淨的第八識「阿賴耶識」，也就是「大圓鏡智」，也就是「真如自性」來看待世間的生滅無常，是「恆在」的絕對境界。，

釋迦牟尼佛從瞬息萬變的「無常」中，看到了「有常」的真如「性體」，又從「有常」中看到「無常」現象差別的「事相」。認為現象界差別的「事相」，都是真如「性體」所生出，沒有離開「事相」而獨立存在的「性體」，是為「性相不二」。

阿難尊者是從諸法的「事相」單邊，來看「生滅無常」現象；釋迦牟尼佛則是從諸法的「性體」和「事相」兩邊，來看「生滅無常」現象。「事相」和「性體」不二，「不常」與「常」亦不二，這就是「中道」。

所以，釋迦牟尼佛說他進城裡的時候，見到一群「樂人」在跳舞。出城的時候，也看到一群「樂人」在跳舞，沒有「常」和「不常」的分別對立觀念。

另一個「禪機公案」：

有一天，阿難尊者問迦葉尊者說：「師兄！世尊除了傳你『金襴袈裟』之外，還傳給你什麼佛法呢？」

迦葉尊者叫阿難尊者，阿難尊者應聲回答。

迦葉尊者說：「門前的幡竿倒了。」

阿難尊者問迦葉尊者，世尊除了傳給你金襴袈裟之外，還傳了什麼佛法呢？這時候，阿難尊者的第七識「末那識，滿心期待，專心的想聽到答案。

突然間，迦葉尊者冷不防的叫了一聲：「阿難！」。

阿難尊者不假思索，立即回答：「在！」。

迦葉尊者回答說：「門前的幡竿倒了。」

阿難尊者一聽，當下愣住，腦袋可能空白了五秒鐘。因為這個答案，讓他的第六識「意識」的分析判斷功能暫時中斷停止，第七識「末那識」也暫時停止作用，「妄想執著」也暫時消失，「自性光」一閃而逝。

在這電光火石之間，阿難尊者開悟了。因為，剛剛他看到「自性光」一閃而逝，這道「自性光」，通常在「禪定」時，才會見到。

阿難尊者懂了迦葉尊者的意思，世尊除了傳給他「金襴袈裟」之外，還傳了「不立文字」的「頓悟法門」給他，這個就是「教外別傳」的佛法。

後來，迦葉尊者就傳正法給阿難尊者，成為「禪宗」第二代祖師。

後來，「阿闍（ㄕㄜˊ）世王」問阿難尊者說：「仁者！如來和迦葉尊者兩位先師，都已經涅槃。我因為各種原因，都沒有見到他們的最後一面。希望尊者涅槃的時候，能夠來向尊者告別。」阿難尊者答應了他。

在這裡，先介紹一下這位「阿闍世王」的來歷。

「阿闍世王」出生時，相命師稟告他的父親「頻毘（ㄆㄧˊ）娑羅王」說：「阿闍世日後一定會反叛。」頻毘娑羅王將阿闍世摔在宮階，但是阿闍世從高處落地，卻沒有大礙，只有指頭受傷。

頻毘娑羅王是誰呢？他是「摩竭陀國訶黎王朝」的國王，「王舍城」的建立者，是釋迦牟尼佛的好友與保護者。他的兒子阿闍世王受到「提婆達多」的慫恿，發動兵變、篡位，將他的父親頻毘娑羅王禁錮在地牢餓死。佛教傳說，頻毘娑羅王在禁錮中悟道，證得「阿那含果」。

「提婆達多」又是誰呢？他是釋迦牟尼佛的叔父「斛飯王」的兒子，阿難尊者的兄長（另有為「白飯王」之子的說法），也就是釋迦牟尼佛的堂兄弟。

阿闍世王長大後，他被立為太子，與一直想要謀害釋迦牟尼佛的「提婆達多」結交。提婆達多慫恿阿闍世篡位，阿闍世於是發動兵變，自立為王，並且禁錮了父母親。餓死父親頻毗娑羅王在地牢中。自從父親死後，他心病難安，全身生瘡腐爛，於是深自懺悔，並皈依釋迦牟尼佛，從此立志為佛門護法。後來，被釋迦牟尼佛授記，在未來世將成為「辟支佛」。

「辟支佛」不是「佛」，意譯為「獨覺、緣覺」，是佛教中無師自證菩提，但離群索居，獨自修行，是不說法度化眾生的聖者。「辟支佛」出生於無佛之世，當時佛法雖已滅，而能夠獨自修行證果。

再回到主文。

後來阿難尊者自己默想：「我的身體很危險脆弱，就好像聚在一起的泡沫一樣，何況又逐漸衰老，難道能夠長久嗎？阿闍世王和我有約，我要到王宮拜訪他，告知他我準備進入涅槃，來向他辭行。」。阿難尊者就到王宮拜訪，宮中的守衛告訴阿難尊者，阿闍世王正在睡覺，不可以打擾他。阿難尊者就對守衛說：「等國王睡醒，請代我轉告他，我將要進入涅槃，今天特來辭別。」。

當時，阿闍世王在夢中看見一個寶蓋，有七寶尊崇的裝飾，有千萬億個群眾圍繞瞻仰。不久，暴風雨就來了，把寶蓋的「柄（器物上可握的地方）」給吹斷了，珍寶「瓔珞（以珠玉綴成的頸飾）」都散落在地上，阿闍世王心裡很驚訝。

阿闍世王醒來後，守衛轉告阿難尊者所交代的話，阿闍世王一聽到阿難尊者要進入涅槃，失聲痛哭，悲痛號哭，感動天地。阿闍世王隨即趕到「毘舍離城」，看見阿難尊者在恒河流水中結跏趺坐。阿闍世王作禮，懇請阿難尊者不要涅槃離他而去。

當時，「毘舍離王」也在河邊，懇請阿難尊者跟他回國，接受他的供養。

阿難尊者看到兩個國王都來勸請不要入滅，又想到：「我如果偏向任何一個國家，那一定會導致另一個國家來爭奪，這樣是沒有好處的，我應該以平等心來度脫一切有情眾生。」於是阿難尊者就在恒河的中流跏趺而坐，準備入滅。

在這個時候，山河大地發生六種震動。雪山有五百位仙人，看到這樣祥瑞的現象，就飛來恒河這個地方，頂禮阿難尊者的雙足，都跪下來對阿難尊者說：「希望尊者能夠為我們說佛法，使我們能夠解脫。」尊者默然的接受了邀請，就把恒河變成了金地，為仙人們講佛法。

阿難尊者心裡又念說：「早先度脫的弟子，也應該來到這裡。」不一會，五百位阿羅漢就從天上下來，並為仙人們出家受戒。

在仙人們中，有兩位阿羅漢，一位名叫「商那和修」，另一位叫「末田底迦」。阿難尊者知道他們兩個是很好的「法器（具有修證佛法的根性，能行佛道的人。）」，能夠弘揚佛法，就告訴他們說：「過去如來把『大法眼』交付給大迦葉，大迦葉入定之前，又交付給了我。今天我將進入涅槃，再交付給你們，你們接受我的教導，應該聽我的詩偈：『本來付有法，付了言無法。各各須自悟，悟了無無法。』」。

●詩偈的大意是說：

本來把「大法眼」的正法，交付給你們，交付給你們之後，我卻說根本沒有什麼正法。你們必須自己領悟我說這句話的意思，領悟了解也沒有「沒有正法」這件事情。

阿難尊者本來說，要把「大法眼」的正法，交付給「商那和修」和「末田底迦」。交付給他們之後，卻又說根本沒有什麼正法。

這是因為，交付給他們之前，他們還是未開悟的眾生。阿難尊者為了向他們說明真相，而勉強取一個名詞叫做「正法」。等他們開悟之後，阿難尊者提醒他們，對開悟者而言，根本就沒有什麼「正法」，也沒有「沒有正法」這件事情。因為，開悟者已經停止自己第六識「意識」的分析判斷功能，沒有「分別心」，所以沒有「正法」和「沒有正法」的分別。

阿難尊者交付「正法眼藏」之後，跳到虛空中，示現「十八變（依禪定自在力所示現的十八種神變）」進入「風奮迅三昧（起猛烈的風，分散身體的禪定。）」，用「三昧真火（禪定真火）」把自己燒了，燒出「舍利子（修行者遺體焚燒之後，髮、肉、骨變成珠狀的顆粒。）」。

「舍利子」分成四份，一分奉在「忉利天（位於欲界六天的第二天，是帝釋天所住的天界。）」供養，一分奉在「娑竭羅龍宮（八大龍王之一，娑竭羅龍王為雨神。）」供養，一分奉給毘舍離王供養，一分奉給阿闍世王供養，他們各自建造了寶塔來供奉阿難尊者的「舍利子」，這個時候是中國周厲王十二年癸巳年。

（三）三祖商那和修尊者

三祖「商那和修」尊者是「摩突羅國」人，也叫「舍那婆斯」，姓「毘舍多」，父親是「林勝」，母親是「憍奢耶」，在母胎裡待了六年才出生。

梵語「商諾迦」，漢譯叫「自然服」，就是西域「九枝秀草」的名字，如果聖人出生，這種草就會在淨潔的地方長出來，商那和修尊者出生的時候，這種祥瑞的草就長出來。

從前，如來遊行教化到「摩突羅國」，看到一片青色的樹林，枝葉很茂盛，就告訴阿難尊者說：「這個林地叫做『優留茶』，我滅度一百年以後，有個比丘叫做『商那和修』，會在這裡轉妙「法輪」。

●名相：法輪

◎釋文：在佛教中，「法輪」代表「佛法」，「轉法輪」是譬喻在世間傳播佛法，釋迦牟尼佛的教法能夠消滅一切煩惱，轉凡成聖。釋迦牟尼佛入滅後，也將僧侶或居士解說佛法，尊稱為「轉法輪」。

一百年以後，商那和修尊者果然誕生，並且出家證道。在接受了「慶喜尊者（阿難尊者）」傳法以後，就開始廣度眾生，到這個「優留茶林地」，降服了兩條火龍，讓他們歸順了佛教，兩條火龍施捨了這片林地，並且建立了「梵宮（原指『梵天』的宮殿，引申為佛寺的通稱。）」。

商那和修尊者遊行教化了很長時間以後，就想到要付託正法，就到了「吒（ㄓㄚˋ）利國」，遇到了「優波鞠多尊者」，做為自己的侍從。

商那和修尊者問波鞠多尊者說：「你今年幾歲？」

優波鞠多尊者回答道：「我今年十七歲。」

商那和修尊者又問：「你的身體是十七歲，那你的『自性』是十七歲嗎？」

優波鞠多尊者回答道：「師父的頭髮已經白了，是頭髮白了，還是心白了呢？」

商那和修尊者說：「我只是頭髮白了，心並沒有白。」

優波鞠多尊者說：「我身體是十七歲，『自性』並不是十七歲。」

商那和修尊者知道他是一個「法器（具有修證佛法的根性，能行佛道的人。）」

三年之後，商那和修尊者就為優波鞠多尊者落髮受戒，然後告訴他說：「過去如來把『無上法眼』交付囑託給迦葉尊者，展轉祕密傳授到我這裡，現在我交付給你，你不要讓它斷絕。你接受了我的教導，聽我的詩偈：『非法亦非心，無心亦無法。說是心法時，是法非心法。』」

●詩偈的大意是說：

不是佛法，也不是心；沒有心，也沒有佛法。跟你說是「心法」的時候，這個「心法」就已經不是「心法」。

「心法」是指經典以外，所傳受的佛法。「心法」是禪師以「心」相印證，不經由語言文字的方式，所授予弟子的佛法真正的「心法」，不是佛法，也不是心；沒有心，也沒有佛法。因為真正的「心法」，是不經過第六識「意識」的分析判斷。只要沒有第六識「意識」的分析判斷，就沒有所謂的「心」和「佛法」的存在，就沒有所謂的「心法」。「心」、「佛法」和「心法」，都是未開悟的凡夫，他自己第六識「意識」的產物。對開悟的人而言，懂「心法」，就是一個「懂」字，應該說連「懂」字，都不存在心中。

商那和修尊者說完詩偈以後，就隱居到「罽賓國」南象白山中。後來，在「三昧（禪定）」中，商那和修尊者看見弟子優波鞠多尊者有五百個弟子，經常大多態度懶散而傲慢，就到那裡示現「龍奮迅三昧（指能如龍的行動迅速而有氣勢，示現勇猛威勢的三昧禪定。）」來調教馴服他們。

然後，商那和修尊者說一句詩偈：「通達非彼此，至聖無長短。汝除輕慢意，疾得阿羅漢。」。

●詩偈的大意是說：

「唯識修行五位」中的「通達位」，通達於二空無我之理，沒有彼此的分別心。至高無上的聖人，心中沒有長短、好壞的分別。你們只要去除對人輕忽傲慢的意念，就會迅速得到「阿羅漢」的果位。

●名相：唯識修行五位

◎釋文：一者是「資糧位」，二者是「加行位」，三者是「通達位」，四者是「修習位」，五者是「究竟位」。

《成唯識論》卷九說：

「云何悟入唯識五位，一、資糧位，謂修大乘順解脫分。二、加行位，謂修大乘順抉擇分。三、通達位，謂諸菩薩所住見道。四、修習位，謂諸菩薩所住修道。五、究竟位，謂住無上正等正覺。」。

●名相：通達位

◎釋文：是「唯識修行五位」中的第三位，這是菩薩的見道之位，於初地之入心（「十地」各有入、住、出三心），通達於二空無我之理，此即見道位。

五百個比丘聽到詩偈之後，就依循教導，照著去做，都獲得了「無漏果（指由無漏因所證得的果位。）」。

●名相：漏

◎釋文：為漏泄之意，是「煩惱」的意思。貪、瞋等煩惱，日夜由眼、耳等六根門漏泄不止，故稱為「漏」。

商那和修尊者展現「十八變（指佛、菩薩、羅漢等依禪定自在之力所示現的十八種神變）」中的「火光三昧（禪定）」，來焚燒自己的身體。優波鞠多尊者收集了商那和修尊者的「舍利（高僧死後焚燒所遺留的骨頭）」葬到了「梵迦羅山」，五百個比丘每個人都手持一個「幡（一種狹長、垂直懸掛的旗幟）」，奉迎到了那裡，建立「舍利塔」來供養，這個時候是周宣王二十二年乙未年。

另外，這裡要說明一下「末田底迦」。

上文記載：「五百羅漢從空而下。為諸仙人出家授具。其仙眾中有二羅漢。一名商那和修。二名末田底迦。尊者知是法器。乃告之曰。昔如來以大法眼付大迦葉。迦葉入定而付於我。我今將滅。用傳於汝。」

阿難尊者同時傳法給「商那和修」和「末田底迦」，那為什麼只有「商那和修尊者」列為三祖，而不見「末田底迦」列為三祖呢？

根據印順法師考證認為，因為阿難尊者與「末田底迦」在世時，中間相差大約百年，「末田底迦」

應該不是阿難尊者的弟子，而是再傳或者三傳弟子。

可能是因為「末田底迦」是「罽（ㄐㄧˋ）賓佛教」的開創者，他的弟子為了抬高他的身分，因此先將他變成阿難尊者的旁支弟子，與「商那和修」同受付法。之後，甚至將「商那和修」改成是「末田底迦」的弟子。將「末田底迦」列為阿難尊者弟子的佛教文獻，主要是出自於「罽（ㄐㄧˋ）賓」，可以作為旁證。

●名相：罽（ㄐㄧˋ）賓國

◎釋文：為古代西域的國名，位於「開伯爾山口」附近，是古代中亞內陸地區的一個國家，即今日的「克什米爾」。

（四）四祖優波鞠多尊者

四祖「優波鞠多尊者」是「吒利國」人，也叫「優波崛多」或者「鄔波鞠多」，姓是「首陀」，父親是「善意」，十七歲出家，二十歲證果位。

優波鞠多尊者四處隨緣度化眾生，到了「摩突羅國」度了很多人，因為這樣震動了魔宮，魔王「波旬」感到很憂愁和害怕，於是竭盡他的魔力來破壞正法。

優波鞠多尊者進入三昧（禪定）中觀察原因，波旬這個時候趁機偷偷的拿著瓔珞放到了優波鞠多尊者的脖子上。等到優波鞠多尊者出定了，就拿人、狗、蛇三種屍體，變化成「華鬘（印度人的裝飾品，以線貫穿花草而成，戴在胸前或頭頂。）」，對波旬說：「你給我瓔珞很珍貴美妙，我有華鬘答謝送給你。」。

波旬很高興，就伸出脖子戴上了華鬘，華鬘當下立即變回三種壞臭的屍體，腐爛的屍體上面充滿了蛆蟲，波旬非常的厭惡，非常的憂愁煩惱，用盡自己的神力，也不能夠移除。於是波旬飛升到「六欲天」，向各個天主求救。波旬又飛升到「梵天」那裡，希望梵天能夠幫他免除。

結果，他們都告訴波旬說：「這個是佛陀的『十力弟子』變的，我們這樣的平庸淺陋的人，怎麼能夠除去呢？」。

●名相：六欲天

◎釋文：是「欲界」的六天，即：

⑴四大王天：有持國、增長、廣目、多聞等四大天王。

⑵三十三天：又稱作「忉利天」，「帝釋天」天王在中央，四方各有八天，合為三十三天。

⑶焰摩天：其天王稱為「須夜摩天」。

⑷兜率天：又稱作「睹史多天、兜率陀天、喜足天」，其天王稱為「删兜率陀天王」。

⑸化自在天：其天王稱為「善化天王」。

⑹他化自在天：其天王稱為「自在天王」。

●名相：梵天

◎釋文：是指「色界」的「初禪天」的第三天的「大梵天」，「大梵天王」又稱為「梵天王、梵天、梵王、大梵、梵童子、世主天、娑婆世界主。」深信正法，每逢佛出世，必最先來請佛轉法輪。又常侍佛之右邊，手持白拂。

●名相：十力弟子

◎釋文：即菩薩的十種智力，指在「十迴向」中，第九「無縛無著解脫迴向位」的菩薩，所具足的十種作用。「十力」即：深心力、增上深心力、方便力、智慧力、願力、行力、乘力、遊戲神通力、菩提力、轉法輪力等。

波旬問：「那麼該怎麼辦呢？」，「梵王」說：「你可以皈依優波鞠多尊者，就能夠斷除。」，接著對波旬說一句詩偈：「若因地倒，還因地起；離地求起，終無其理。」

●詩偈的大意是說：

如果跌倒在地上，就從地上爬起來，離開地面又想要爬起來，終究沒有道理。

梵王告訴波旬，解鈴還須繫鈴人，誰製造出來的問題，就由誰去解決這個問題。波旬接受教誨之後，就下天宮，到優波鞠多尊者那裡，禮敬尊者的足，哀求懺悔。

優波鞠多尊者對波旬說：「你從今天起，能夠不再破壞如來正法嗎？」

波旬回答說：「我發誓『迴向（以自己所修的善根功德，迴轉給眾生，並使自己趨入菩提涅槃。）』佛道，永遠斷除不善。」

優波鞠多尊者說：「如果是這樣，你可以唱說『皈依三寶』。」

魔王波旬合掌唱了三遍，身上的華鬘就消除了。波旬就歡喜踴躍，禮敬優波鞠多尊者說一句詩偈：「稽首三昧尊，十力聖弟子。我今願迴向，勿令有劣弱。」。

●詩偈的大意是說：

俯首至地敬拜「三昧尊（指優波鞠多尊者）」，佛的十力聖弟子，我波旬今天願意迴向佛道，不可以讓自己的發心懦弱退縮。

優波鞠多尊者在世，教化開導的人，證果的最多。每次度脫一個人，就在石室內放「一籌（『籌』

是一種古代的計算工具，於竹籌上刻有數字。『一籌』是指一個等級、程度。）」，石室高十八「肘（上下臂關節相接處可以彎曲的部位）」，寬十二肘，最後放的「籌」，充滿了石室，最後有一位長者的兒子，名字叫做「香眾」，來禮敬優波鞠多尊者，立志想要出家。

優波鞠多尊者問香眾說：「你是身出家？還是心出家？」

香眾回答說：「我來出家，既不是為身，也不是為心。」

優波鞠多尊者問：「不為身心出家，那為誰出家？」

香眾回答說：「會出家的人，是因為沒有我的原故，因為沒有我的原故，心就不生不滅，而心不生不滅，就是『平常道』，諸佛的心體，也是平常心，沒有形象的。」

優波鞠多尊者說：「你以後會開悟的，心自然會通達，適合皈依佛法僧，繼承發揚正法，從而引生聖果。」

優波鞠多尊者當下就給他剃度受戒，又對他說：「你的父親曾經夢到金色的太陽，而生下你，可以取名為『提多迦』。」

優波鞠多尊者又說：「如來把『大法眼藏』依次傳授給我，我今天交付給你，聽我的詩偈：『心自本來心，本心非有法，有法有本心，非心非本法。』」

●詩偈的大意是說：

我們的「識心」，源自於「本來的心（自性）」，「本來的心（自性）」是純淨無染的，沒有任何的「想法」，因為有第七識「末那識」的「想法」，才知道有「本來的心（自性）」的存在，沒有第七識「末那識」的識心，就沒有「本來的心（自性）」的存在。

所以說「三界唯心，萬法唯識。」「三界」和「萬法」都是第八識「阿賴耶識」所變化出來的產物。

優波鞠多尊者交付完「法眼」以後，就跳躍到虛空中，呈現十八變，再又回到本座上，盤足打坐而逝世。

提多迦就用石室內的「籌」，把優波鞠多尊者的身體焚化，把收集到的舍利，建塔供養，這個時候是周平王三十年庚子年。

（五）五祖提多迦尊者

五祖「提多迦尊者」是「摩伽陀國」人，梵語「提多迦」，漢譯為「通真量」，「提多迦尊者」出生的時候，他的父親夢到有金色的太陽，從屋內出來，照耀天地。屋子前有大山，上面都是寶物裝飾美盛，山頂上有泉水，大量湧出流向四方。

後來遇到優波鞠多尊者，為提多迦尊者解夢說：「『寶山』指的是我，『湧出的泉水』象徵著佛法無盡，『太陽從屋內出來』，是你將要入道的象徵，『照耀天地』象徵你的智慧高超。」

提多迦尊者聽到優波鞠多尊者師父的解夢，歡喜跳躍並且唱一首詩偈說：「巍巍七寶山。常出智慧泉。回為真法味。能度諸有緣。」

●詩偈的大意是說：

師父像高大的七寶（七種珍寶）山，經常湧出佛法智慧泉，體會佛法的味道，能夠度化有緣的眾生。

優波鞠多尊者也回他一首詩偈說：「我法傳於汝，當現大智慧。金日從屋出，照耀於天地。」「提多迦尊者」聽到「優波鞠多尊者」師父說的妙偈之後，「頂禮（五體投地，指以頭頂禮佛足，為佛家的最敬禮。）」持守。

●詩偈的大意是說：

我傳法給你，你應該展現大智慧，太陽從屋內出來，是你將要入道的象徵，照耀於天地，象徵你的智慧高超。

後來，提多迦尊者到了中印度，那個國家有八千個大仙人，以「彌遮迦」為首。彌遮迦聽到提多迦尊者來了，就率領眾人去瞻仰禮拜。

彌遮迦對提多迦尊者說：「從前我和師父您一同投生在『梵天（色界的初禪天）』，我遇到『阿私陀仙人』教授我仙法，師父您遇到了佛陀的『十力弟子（菩薩的十力，指在『十迴向』中，第九『無縛無著解脫迴向位』的菩薩所具足的十種作用。）』修習『禪那（禪定）』，從此以後，果報就相差很大，到現在已經六劫了。」。

提多迦尊者說：「你連續數劫，漂泊流浪，你說的話，的確是這樣的。今天你可以捨棄外道，歸正道，入到佛乘來。」

彌遮迦說：「從前阿私陀仙人給我授記時說：『你六劫以後，將會遇到同學，獲得『無漏果（指由『無漏（離煩惱垢染的清淨法）』因所證得的果位。）』，現在遇到了，這難道不是『宿緣（命中早就注定的因緣）』嗎？希望師父您慈悲，讓我解脫。」。

彌遮迦隨即剃度出家，也讓眾仙人受戒出家授戒。有些仙人不願意出家，然後生「我慢（視『我』為自己的中心，由此所執著的『我』，而形成傲慢心。）」心態。提多迦尊者顯示大神通，於是眾仙人都發菩提心，同時出家。

提多迦尊者告訴彌遮迦說：「從前如來把『大法眼藏』付託給迦葉尊者，展轉傳授到我。今天我交付給你，你要好好『護念（令外惡不入為護，內善得生為念。）』，於是說一首詩偈：「通達本法心，無法無非法。悟了同未悟，無心亦無法。」」。

●詩偈的大意是說：

要明白「正法眼藏」的心，實際上沒有「正法」，也沒有「沒有正法」，「開悟」和「沒有開悟」是相同的，實際上沒有「心」，也沒有「正法」。

對開悟的人來說，「法」和「非法」，「悟」和「未悟」，這種「相對性」的「分別觀念」，都是凡夫自己第六識「意識」的分析判斷功能在作用。一旦開悟，開悟者停止了第六識「意識」的分析判斷功能，就處在「絕對境界」中，就沒有「法」和「非法」，「悟」和「未悟」，這種「相對性」的「分別觀念」。開悟者知道「法」和「非法」，「悟」和「未悟」，但是就是「知道」而沒有「分別觀念」。

說完詩偈以後，就跳到虛空中展現十八變，做「火光三昧」，自己燃燒了自己的身體。彌遮迦和八千比丘，一起收集了舍利，在「班荼山」建塔供養，這時候是周莊王五年己丑年。

（六）六祖彌遮迦尊者

六祖「彌遮迦尊者」是中印度人，五祖提多迦尊者傳法給他以後，他就遊行教化到了北天竺國。看到「雉堞（城上的短牆）」的上方，有金色的祥雲，就讚嘆說：「這是道人的氣。必定有『大士（佛教對菩薩的通稱）』會成為我的『法嗣（禪宗指繼承祖師衣鉢而主持一方叢林的僧人。）』，於是就進入城中。

在「闤闠（ㄏㄨㄢˊㄏㄨㄟˋ，店鋪）」間，有一個人（婆須密尊者）手裡拿著盛酒的容器，從對面的走過來問彌遮迦尊者說：「大師從什麼地方來，將要去什麼地方？」。

彌遮迦尊者回答說：「從自己的本心來，到處去。」

婆須密尊者問說：「認識我手裡拿的東西嗎？」

彌遮迦尊者回答說：「此是『觸器（便桶；馬桶）』，但是裡頭裝的卻是乾淨的東西。」（暗示我們骯髒不潔的身體裡，裝的卻是乾淨的『自性』。）

婆須密尊者問說：「大師認識『我（自性）』嗎？」

彌遮迦尊者回答說：「『我（自性）』是不能夠認識的，能夠認識的就不是「『我（自性）』。」

彌遮迦尊者又說：「你先自報自己的名字姓氏，然後我會告訴你過去的因緣。」

婆須密尊者用一首詩偈回答說：「我從無量劫。至于生此國。本姓頗羅墮。名字婆須密。」

●詩偈的大意是說：

我從無量劫以來，甚至於生到這個國家，本姓「頗羅墮」，名字叫「婆須密」。

彌遮迦尊者說：「我的師父提多迦尊者說，世尊從前曾經遊化到北印度，告訴阿難尊者說：『在這個國家中，我滅度三百年以後，有一個聖人姓『頗羅墮』，名『婆須蜜』，在禪宗的祖師當中，會位列第七，世尊授記了你，你應該出家。」

婆須密尊者於是放下酒器，禮敬六祖彌遮迦尊者然後站在一邊說：「我想到過去劫中，曾經做過『檀那（梵語，意思是布施）』，獻給一位如來寶座。那位佛就為我授記說：『你在賢劫釋迦牟尼佛的時代中，宣揚傳播聖教。』這與師父您現在所說的一樣，請您度脫我吧。」。

六祖彌遮迦尊者就給婆須密尊者剃度出家，再為他授具足戒，告訴他說：「『正法眼藏』現在交付給你，你要好好護持不要斷絕。」接著說一首詩偈：「無心無可得，說得不名法。若了心非心，始解心心法。」。

●詩偈的大意是說：

實際上，沒有「心」，也沒有什「法」可以得到。若說得到「法」，就不是真實的「法」，只是為了向眾生說明真相，而勉強取一個名詞叫做「法」。如果了解「心」，就明白實際上沒有「心」，「心」只是凡人自己第六識「意識」的分析判斷裡的一個「分別名相」。然後你才會了解「心」的真相，了解「心法」是什麼？

六祖彌遮迦尊者說完詩偈以後，就進入「師子奮迅三昧（於所依的禪定中，如獅子王的奮迅勇猛，顯現佛的大威神力。）」，跳到虛空中，有「七多羅樹（『多羅樹』是生長在印度的高大植物，最高者可達二十五公尺。故譬物體的高大，常說『七多羅樹』，意思是比『多羅樹』高出七倍。）」那麼高，又回到原來的座位，變化出火來自焚。

婆須蜜尊者收集六祖彌遮迦尊者的靈骨，積藏到七寶盒中，建造了佛塔放到塔頂，那是個時候是周襄王十五年甲申歲年。

（七）七祖婆須蜜尊者

七祖「婆須蜜尊者」是北天竺人，姓「頗羅墮」，經常穿「淨衣（清淨之衣，受布施之衣。因為比丘自己耕作製作衣料，或依賴販賣利益作衣，都被戒律所禁止；而由施主施捨之衣，則不犯此罪，故稱

『淨衣』。）」，手裡拿著盛酒的容器，經常在鄉里游盪，或者吟誦，或者長嘯，人們都稱他是一個狂人。

等到遇見彌遮迦尊者，對他宣說如來之前說的預言，婆須蜜尊者自己記得前世的因緣，就扔掉酒器出家為僧，受持佛法行化，到了迦摩羅國，廣宣佛法。

在婆須蜜尊者的法座前，忽然有一位「智者（指具有智慧之人）」說：「我叫『佛陀難提』，今天想要和老師您論辯經義。」。

婆須蜜尊者說：「仁者！你一辯論，就不是『真義』了。『真義』是不能辯論的。你若是想來研究這個『真義』的話，你就沒有『真義』了。」。

佛陀難提知道婆須蜜尊者的義理更勝他一籌，內心就欽服了說：「我希望求道入佛門，得到這個甘露法味。」。

婆須蜜尊者就給他剃度受戒出家，又對他說：「如來的『正法眼藏』，我今天交付給你，你要好好護持不要斷絕。」於是說一首詩偈：「心同虛空界，示等虛空法。證得虛空時，無是無非法。」。

●詩偈的大意是說：

這個「本心（自性）」和「虛空界」是一樣的，我現在指示你這個「虛空」的法門。當你證得「虛空」這個境界時，你就會明白「無」不但是沒有「正法」，連「沒有正法」的念頭都不存在。

要真正明白「無」的境界，必須停止自己第六識「意識」的分析判斷功能。「正法」和「沒有正法」，都是自己第六識「意識」的產物，都是自己第七識「末那識」的「妄想執著」。

婆須蜜尊者說完詩偈，隨即就進入了「慈心三昧」。

●名相：慈心三昧

◎釋文：又稱為「慈三昧、白光明慈三昧、大慈三昧」，是「大乘菩薩」修「慈悲行」的根本。即去除妄念雜慮、遠離嗔恚怨憎之念，專致於慈悲心，觀一切眾生普遍受樂的三昧。這是行者憐念眾生、關懷眾生的心理境界。

●詩偈的大意是說：

當時，「初禪天」的天主「大梵天王」，和「忉利天（三十三天）」的天主「帝釋天」等天眾，都來禮敬婆須蜜尊者，並且說一首詩偈：「賢劫眾聖祖，而當第七位。尊者哀念我，請為宣佛地。」。

在「賢劫」的千佛賢聖中，排行第七位，懇請婆須蜜尊者憐憫我們，請為我們說明什麼是『佛地（超脫生死、滅絕煩惱的境界。）』？

●名相：賢劫

◎釋文：全稱「現在賢劫」，與「過去莊嚴劫」、「未來星宿劫」合稱為「三劫」。「賢劫」是指「三劫」中的「現在住劫」，即千佛賢聖出世的時期。現在的二十增減「住劫」中，有千佛賢聖出世化導，故稱為「賢劫」。

●名相：住劫

◎釋文：是指「器世間（指一切眾生所居之國土世界）」與眾生世間安穩存住的時期，其間總共有二十「中劫」。

●名相：中劫

◎釋文：是古印度的計時單位，人壽的一增一減為一「小劫」，合二十「小劫」，共計三萬三千六百萬年，稱為一「中劫」。

婆須蜜尊者從「三昧（禪定）」中起來，對眾人說：「你們認為我所得到的法是『正法』，實際上並不是真實的『正法』，只是為了向你們說明真相，而勉強取一個名詞叫做『正法』。假如要認識『佛地（超脫生死、滅絕煩惱的境界。）』，就必須要不存在『有』和『無』的念頭。」

●名相：佛地

◎釋文：是超脫生死、滅絕煩惱的境界，要達到這個境界，就必須要停止自己第六識「意識」的分析判斷功能，才能夠不存在『有』和『無』的念頭。

要真正明白「無」的境界，「正法」和「沒有正法」，都是自己第六識「意識」的產物，都是自己第七識「末那識」的「妄想執著」。

婆須蜜尊者說完以後，又再度進入了「三昧（禪定）」，示現了「涅槃相（入滅之相）」。佛陀難提就在婆須蜜尊者的本座，蓋起「七寶塔」來安葬婆須蜜尊者的全身，當時是周定王十七年辛未年。

（八）八祖佛陀難提尊者

八祖「佛陀難提尊者」是「迦摩羅國人」，姓「瞿曇」，頭頂有「肉髻（ㄐㄧˋ）」，思維敏捷，辯才無礙，遇到七祖婆須蜜尊者之後，就出家接受教法。

●名相：肉髻（ㄐㄧˋ）

◎釋文：是頭頂有肉團隆起如「髻」，「髻」是盤結於頭頂或腦後的頭髮。

後來，佛陀難提尊者帶領門徒遊行教化，到了提迦國的「毘舍羅」家裡，看到屋子上面有殊勝的白光上升，就對門徒說：「這個家裡有聖人，雖然不怎麼說話，但是是真正的大乘法器。他從出生就一直待在家裡，哪裡也不去，因為出去外面，會接觸到污穢的東西（指世間的知識）。」。

佛陀難提尊者說完以後，這家的長者就出來行禮問說：「大師需要什麼嗎？」

佛陀難提尊者回答說：「我在尋求一個『侍者（陪侍左右，供差遣的人。）』。」

長者說：「我有一個兒子，名叫『伏馱蜜多』，已經五十歲了，從來沒有說過話，也沒有走出過家門。」

佛陀難提尊者說：「就像你所說的，他就是我真正的弟子。」

伏馱蜜多聽到以後，就急忙禮拜尊者，說一首詩偈：「父母非我親，誰是最親者？諸佛非我道，誰為最道者？」

●詩偈的大意是說：

如果父母不是我親近的人，那麼誰才是我最親近的人呢？如果諸佛不能傳道給我，那誰才是最能傳道給我的人呢？

佛陀難提尊者也以一首詩偈回答說：「汝言與心親，父母非可比；汝行與道合，諸佛心即是。外求有相佛，與汝不相似。欲識汝本心，非合亦非離。」

●詩偈的大意是說：

你說的話，若是和「心（自性）」互相評比，父母也比不上「心（自性）」那麼親近你的「行為」。若是能與「道」合一，那麼你的「道心」，也就是諸佛的心。向外求有形相的佛，和你不相像。想要認識你的「本心（自性）」，就要了解不是「合」，也不是「離」的「分別對待心」。

不是「合」，也不是「離」的道理，就是停止自己第六識「意識」的分析判斷功能，自然沒有

「合」和「離」的「分別心」。

伏駄蜜多聽到詩偈以後，就「走了七步」。

●名相：走了七步

◎釋文：根據佛典紀載，釋迦牟尼佛剛生下，就睜開了眼睛，走了七步，每走一步，腳底就出現一朵蓮花，站定之後，一手指天，一手指地，說：「天上天下，唯我為尊！三界皆苦，吾當安之。」。

《大寶積經卷》第六十二原文：

世尊初生之時，無人扶持而行七步，觀察十方而作是言：「我於世間最尊最勝，當得度脫老病死邊。」

佛陀難提尊者說：「這個人曾經遇到佛出世，慈悲願力廣大，考慮到父母因為情愛難以割捨，就一直待在家裡，不說話也不出門。」

長者就讓「伏駄蜜多」出家，佛陀難提尊者給他出家受戒，又告訴他說：「我現在把如來的『正法眼藏』交付給你，你要好好護持不要斷絕。」於是佛陀難提尊者說一首詩偈：「虛空無內外，心法亦如此。若了虛空故，是達真如理。」。

●詩偈的大意是說：

「虛空」沒有內外之分，「心法」也是這樣。假如了解「虛空」沒有內外之分的道理，就可以通達「真如」的真理。

伏駄蜜多尊者接受了八祖佛陀難提尊者的囑咐以後，就以一首詩偈稱讚道：「我師禪祖中，當得為第八。法化眾無量，悉獲阿羅漢。」」。

●詩偈的大意是說：

我的師父在「禪宗」的祖師中，排行為第八位。師父用正法度化無量的眾生，都獲得「阿羅漢」的果位。

這個時候，佛陀難提尊者就展現出神變，又回到自己的座位上，就端莊穩重的圓寂。眾人給佛陀難提尊者造了寶塔，葬了全身，這個時候即周景王十年寅年。

（九）九祖伏馱蜜多尊者

九祖「伏馱蜜多尊者」是「提迦國」人，姓「毘舍羅」，在接受了八祖佛陀難提尊者傳法以後，就到中印度遊行教化。

當時有一個長者叫做「香蓋」，帶一個兒子來拜訪禮敬伏馱蜜多尊者說：「這個孩子在母胎裡待了六十年，因此取名叫做『難生』，曾經遇到一位仙人說，這個孩子非凡會成為法器。今天遇到尊者您，就讓他隨尊者出家吧。」

九祖伏馱蜜多尊者就給他落髮受戒，「羯磨大會」的時候，吉祥的光芒照亮了座位，還感應到「三七（三七二十一，也就是有二十一顆舍利）」顆「舍利」顯現於眼前。「難生」從此精進的修持，忘記了疲倦。

●名相：羯（ㄐㄧㄝˊ）磨

◎釋文：是於受戒、懺悔、結界等有關戒律行事的場合，意指生善滅惡的作法。受戒之際，受戒者因「羯磨」而得「戒體」。

●名相：戒體

◎釋文：是戒的體性，指行者受戒後，於身所生防非止惡的功能。亦即對於戒法的信念與奉持戒法的意志。

後來，九祖伏馱蜜多尊者告訴難生：「如來的『大法眼藏』現在交付給你，你要好好『護念（令外惡不入為護，內善得生為念。）』」，說完以後，就說一首詩偈：「真理本無名，因名顯真理。受得真實法，非真亦非偽。」

●詩偈的大意是說：

「真理」本來沒有名字，因為名字而彰顯「真理」。獲得「真實法」，這個「真實法」不是「真實的」，也不是「假的」。

「真實法」不是「真實的」，因為對開悟者而言，「真實法」是不可以用第六識「意識」的分析判斷功能，來做「分別名相」：「真實法」也不是「假的」，因為對凡夫而言，「真實法」是修行非常重要的法門。

九祖伏馱蜜多尊者交付了「大法眼藏」以後，就進入「滅盡三昧」而大圓寂。眾人用香油「旃檀（ㄓㄢ ㄊㄢˊ，檀香。）」來「闍維（ㄕㄜˊ，指人死后火化）」焚化九祖伏馱蜜多尊者，收集舍利以後，在「那爛陀寺」建塔，當時是周敬王三十三年甲寅年。

●名相：滅盡三昧

◎釋文：是「滅盡定」，即「心不相應行法」之一，「俱舍七十五法」之一，「唯識百法」之一。即滅盡「心」和「心所（心的作用）」而安住於「無心位（指任何心識不起時。）」的禪定。

（十）十祖脅尊者

十祖「脅尊者」是中印度人，本名叫做「難生」。最初將要誕生的時候，脅尊者的父親夢到一頭白象，象背上有一個寶座，座上有一顆明珠，從門裡進來，光芒照耀著「四眾（四種佛弟子即比丘、比丘尼、優婆塞、優婆夷）」，睡醒之後，脅尊者就誕生了。

後來，遇到九祖伏馱蜜多尊者，就在九祖身邊侍奉，不曾睡覺，人們都說他的「脅（胸部兩側，由腋下至肋骨盡處的部位。）」從來沒有碰到過床上，所以就稱他為「脅尊者」。

後來，脅尊者到了華氏國，在一棵樹下休息，右手指著地面，告訴眾人說：「當這個地方變成金色的時候，就會有聖人來參加這個大會。」說完以後，地就變成了金色。

當時有長者的兒子「富那夜奢」，合掌站在脅尊者面前。

十祖脅尊者問他說：「你從哪裡來？」

富那夜奢回答說：「我心沒有到過哪裡去。」

十祖脅尊者又問說：「你住在什麼地方？」

富那夜奢回答說：「我的心沒有住的地方。」

十祖脅尊者問說：「那你的心是不定的嗎？」

富那夜奢回答說：「諸佛也是這樣的。」

十祖脅尊者說：「你不是諸佛。」

富那夜奢說：「諸佛也什麼都不是。」

十祖脅尊者說一首詩偈：「此地變金色，預知有聖至。當坐菩提樹，覺華而成已。」

●詩偈的大意是說：

這個地方變成金色，預知有聖者到來。應當像釋迦牟尼佛一樣，坐在菩提樹下，開悟成道。

富那夜奢也說一首詩偈：「夜奢復說偈曰。師坐金色地。常說真實義。回光而照我。令入三摩諦。」

●詩偈的大意是說：

師父您坐在金色的地上，所說的都是真實義。請您教我「迴光返照」的方法，讓我得到「三摩地（正定）」。

●名相：三摩地

◎釋文：意譯為等持、正定、定意、調直定、正心行處。即遠離惛沈掉舉，心專住一境之精神作用。修行者安住於「三摩地」，觀想凝照，智慧明朗，即能斷除一切煩惱而證得真理。

●名相：回光返照

◎釋文：本來是禪宗的用語，又寫作「迴光反照」，指驀然回首，直下照見自心的靈性。又因為「回光返照」有日落時，餘暉反射的意思。所以今日轉而比喻人病危臨終之前，忽然發揮殘餘的生命力，精神頓時顯現旺盛的狀態。

十祖脅尊者明白富那夜奢的意思，就給富那夜奢剃度受戒，又告訴富那夜奢說：「如來有『大法藏』，今天交付給你，你要好好護念。」於是說一首詩偈：「真體自然真，因真說有理。領得真真法，無行亦無止。」。

●詩偈的大意是說：

真實的「本體（自性）」，是自然的真實，因為真實，而說有真理。了解真正的「真法」，「真法」是沒有移動，也沒有靜止。

「真法」教導的是，停止自己第六識「意識」的分析判斷功能，讓第七識「末那識」停止作用，就沒有「移動」和「靜止」的分別妄想念頭。

十祖脅尊者交付完「大法藏」以後，就示現神變，然後進入涅槃，變化出火自焚。「四眾（佛的四種弟子眾，即比丘、比丘尼、優婆塞、優婆夷。）」用衣服盛著尊者的舍利，就地建塔供養，這個時候是周貞王二十七年己亥年。

（十一）十一祖富那夜奢尊者

十一祖「富那夜奢尊者」是「華氏國」人，姓「瞿曇」，父親叫「寶身」，從十祖脅尊者那裡得法之後，就隨即前往「波羅奈國」。

「馬鳴大士」迎請，並且禮敬十一祖富那夜奢尊者。「大士」是佛教對「菩薩」的通稱。

馬鳴大士問說：「我想要認識佛，什麼才是佛呢？」

富那夜奢尊者回答說：「你想要認識佛，不認識佛的你，就是佛。」

馬鳴大士說：「既然不認識佛，那怎麼知道是佛呢？」

富那夜奢尊者回答說：「既然不認識佛，怎麼知道不是佛呢？」

馬鳴大士」說：「這是『鋸義』。」

二人的對話，就好像一個鋸子，來回鋸，我說這樣，你說那樣，這樣來回說話，就像一個鋸子在鋸東西一樣。

富那夜奢尊者說：「你是『木義（木頭）』。」

富那夜奢尊者又問說：「『鋸義』是什麼意思？」

馬鳴大士」回答說：「和師尊您一樣。」

馬鳴大士反問說：「『木義』又是什麼意思呢？」

富那夜奢尊者回答說：「你被我鋸開了（鋸木頭）。」

馬鳴大士忽然醒悟，就「稽首（一種俯頭至地的最敬禮）」皈依富那夜奢尊者，請求剃度出家。

富那夜奢尊者說：「你被我鋸開了（鋸木頭）。」

馬鳴大士一聽，當下愣住，腦袋可能空白了五秒鐘。因為這個答案，讓他的第六識「意識」的分析判斷功能暫時中斷停止，第七識「末那識」也暫時停止作用，「妄想執著」也暫時消失，「自性光」一閃而逝。

在這電光火石之間，馬鳴大士開悟了。因為，剛剛他看到「自性光」一閃而逝，這道「自性光」，通常在「禪定」時，才會見到。

馬鳴大士懂了「你被我鋸開了（鋸木頭）。」這句話的意思，可以讓他的第六識「意識」的分析判斷功能暫時中斷停止，這是富那夜奢尊者在教導他「如何見性」的禪法。

富那夜奢尊者對眾人說：「這位大士，曾經是『昆舍離國』的國王，在他的國家有一類人，稱為『馬人』，他們像馬那樣裸露。國王運用神力分身化作蠶，給他們做蠶絲衣服，國王後來出生在中印度，『馬人』想到國王曾經為他們做的事情，感戀國王而悲鳴，因此名字叫做『馬鳴』。」

如來曾經授記過：「我滅度六百年以後，會有一個賢人『馬鳴』，出生在『波羅奈國』，降伏外道，度人無數，繼續傳遞我的教化。」現在正是時候。

富那夜奢尊者就告訴馬鳴大士說：「如來的『大法眼藏』，現在就交付給你。」接著就說一首詩偈：「迷悟如隱顯，明暗不相離。今付隱顯法，非一亦非二。」。

●詩偈的大意是說：

「迷惑」和「開悟」就如同「隱藏」和「顯露」，「光明」和「黑暗」不彼此分離。今天交付「隱顯法門」，不是「一」，也不是「二」。

只要停止自己第六識「意識」的分析判斷功能，就沒有「迷惑、開悟」、「隱藏、顯露」、「光明、黑暗」、「一、二」等的分別心。

富那夜奢尊者傳付了「大法眼藏」以後，就示現神通變化，然後就安靜的圓寂了。眾人建造了寶塔，埋葬富那夜奢尊者全身，這個時候是周安王十九年戊戌年。

（十二）十二祖馬鳴大士尊者

十二祖「馬鳴大士」是「波羅奈國」人，也叫「功勝」，因為「有作戒」和「無作戒」諸多功德最為殊勝，所以叫「功勝」。

●名相：有作戒和無作戒

◎釋文：「有作無作」為「有作」與「無作」的並稱，這裡指「有作戒」和「無作戒」。「有作」即「有為」，是指有所造作，有因緣的造作；「無作」即「無為」，是指無所造作，無因緣的造作。

佛弟子授與「菩薩戒」後，所得到的「不造惡體性」的「體」稱為「戒體」。「戒體」即「戒」的

「體性」，舊譯「無作」，新譯「無表」。菩薩行者受戒後，於身所產生「防非止惡」的功能，即是「戒體」的功能。面臨犯戒邊緣，「戒體」即能發揮「無作」的功用。「戒體」雖然是由「作禮、乞戒」等作用而生起，但是發得之後，即不假造作，恒常相續，故稱「無作」；其外相不顯著，故稱「無表」。

「戒體」有「作戒」和「無作戒」兩種。「作戒」是受戒時，如法動作的身、口、意三業，即可見聞的業體；「無作戒」是依此時「作戒」的緣，而生於身中不可見聞的業體。此業體初發之緣，雖由身口意的動作（即「作戒」），而一旦生起，則不假身口意的造作，而恆常相續，故稱為「無作」。「作戒」於身口意動作止息之時，亦隨之而滅；「無作戒」則一生之中，恆常相續，具有「防非止惡」的功能，故稱為「無作戒體」。此戒體對外境外緣而言，可以「防非止惡」，如十戒、二百五十戒等。

馬鳴大士在十一祖富那夜奢尊者那裡受法以後，就到華氏國那裡「轉妙法輪」。

●名相：轉法輪

◎釋文：即指釋迦牟尼佛為令眾生得道而說法，或禪宗祖師宣說佛法。「法輪」一詞本為印度古代的戰車，以「迴轉戰車」即可粉碎敵人，譬喻釋迦牟尼佛所說的教法於眾生之中迴轉，即可破碎眾生的迷惑。又「轉輪聖王」轉動金輪，以降伏怨敵；而釋迦牟尼佛以說法降伏惡魔，故稱「轉法輪」。

忽然有一個老人，來到馬鳴大士座位前伏在地上。馬鳴大士對眾人說：「這個不是一般凡人，應該會有異相。」說完以後，這個人就不見了。一會兒，從地裡湧出一個金色的人，又變成女人的樣子，右手指著大士說一首詩偈：「稽首長老尊，當受如來記。今於此地上，宣通第一義。」說完詩偈以後，就不見了。

●詩偈的大意是說：

稽首（一種俯頭至地的最敬禮）尊敬的長老，您接受如來的授記，現在在這個地方，廣泛傳播「第一義（指最上至深的妙理）」。

馬鳴大士說：「將會有魔來和我較量。」一會兒，就來了狂風暴雨，天地昏暗。

馬鳴大士說：「這是魔要來之前的徵兆，我應當把魔除去。」隨即手指天空，出現一條大金龍，發大神威，震動山岳。馬鳴大士在座位上鎮定不動，魔也隨即消滅。

過了七天以後，有一隻小蟲就像「蟭螟（傳說中一種微蟲名）」那麼大，隱蔽形跡在馬鳴大士的座下，馬鳴大士用手抓了起來，展示對眾人說：「這就是魔變的，來盜聽我的法。」又把蟲子放下，讓它離開。魔卻不能夠動，馬鳴大士告訴魔說：「你只要皈依三寶，就能夠獲得神通。」魔就恢復本來的樣子，對馬鳴大士作禮懺悔。

馬鳴大士問魔說：「你叫什麼名字？有多少眷屬？」

魔回答說：「我叫『迦毗摩羅』，有三千個眷屬。」

馬鳴大士問說：「竭盡你的神力，能夠變化什麼呢？」

迦毗摩羅回答說：「我能夠把巨海化成極小的事物。」

馬鳴大士問說：「你能夠變化『性海』嗎？」

迦毗摩羅回答說：「我不知道什麼是『性海』？」

馬鳴大士隨即就給他說明「性海」，馬鳴大士說：「山河大地都是依此建立的，『三昧（禪定）』和『六神通（指六種超人間而自由無礙之力。即天眼通、天耳通、他心通、神足通、宿命通和漏盡通）』也是依此發現的。」。

迦毗摩羅聽完了以後，就發信心和三千眷屬，一起請求剃度出家，馬鳴大士就召集五百阿羅漢給他們受戒，又告訴迦毗摩羅說：「如來有『大法眼藏』現在交付給你，你聽我說一首詩偈：『隱顯即本法，明暗元不二。今付悟了法，非取亦非離。』」。

●詩偈的大意是說：

「隱藏」和「顯露」是根本的教法，「光明」和「黑暗」原來是「不二（又作無二、不離兩邊。指對一切現象應無分別，或超越各種區別。）」。今天交付給你開悟的法門，不是「取」，也不是「不取」。

「開悟的法門」就是：只要停止自己第六識「意識」的分析判斷功能，就沒有「分別心」，就沒有「光明」和「黑暗」的區別。

馬鳴大士吩咐叮囑完以後，就進入「龍奮迅三昧（指能如龍的行動迅速而有氣勢，示現勇猛威勢的三昧禪定。）」，挺立身軀到空中，就如同太陽一樣，然後就圓寂了。眾人把馬鳴大士的真體藏到「龍龕（指置放賢聖遺骸的棺槨。以賢聖的威德猶龍，故稱『龍龕』。）」中，這個時候是周顯王四十二年甲午年。

（十三）十三祖迦毗摩羅尊者

十三祖「迦毗摩羅尊者」是「華氏國」人，最初的時候是外道，有三千個弟子，通達各種外道經論。後來，在十二祖馬鳴大士那裡得法，帶著弟子到西印度，那裡有一位太子叫「雲自在」，敬仰迦毗摩羅尊者的大名，請尊者到宮中接受供養。

迦毗摩羅尊者說：「如來曾經教導過，沙門不可以親近國王和大臣這些權勢之家。」

雲自在太子說：「在我們國家的北邊有一座大山，山上有一個石窟，尊者可以在那裡『禪寂（坐禪習定，思慮寂靜。）』嗎？」

迦毗摩羅尊者說：「可以。」

迦毗摩羅尊者就進入那個山裡，走了幾里以後，碰到一隻大蟒蛇。迦毗摩羅尊者沒有在意繼續往前走，大蟒蛇就纏繞在迦毗摩羅尊者的身上。迦毗摩羅尊者就給它授了「三皈依」，大蟒蛇聽了以後就離開了。

●名相：三皈依

◎釋文：指皈依佛、法、僧三寶。即以佛為師，以法為藥，以僧為友。

迦毗摩羅尊者即將到石窟，又有一個老人穿著樸素的衣服出來，合掌問候。

迦毗摩羅尊者問說：「你來這裡做什麼？」

老人回答說：「我過去曾經是一個比丘，喜好寂靜，有初學比丘常來請益。我煩悶的回答他們的問題，起了瞋念的念頭，死了以後就墮落投胎成蟒蛇，住在這個石窟裡，到現在已經千年了。恰巧遇到尊者，聽聞了戒法得以解脫，特地來感謝尊者。」

迦毗摩羅尊者問說：「這座山裡還有其他人居住嗎？」

老人回答說：「從這裡往北十里，有一棵大樹，蔭蔽五百位大龍，那裡的樹王叫做『龍樹』，他經常給龍眾說法，我也去聽過。」

迦毗摩羅尊者於是就和弟子們一起到「龍樹」那裡。

龍樹出來迎接迦毗摩羅尊者說：「在這樣孤獨寂寞的深山，龍蟒居住的地方，大德至尊怎麼會浪費時間來這裡呢？」

迦毗摩羅尊者說：「我不是至尊，來這裡訪問賢者。」

龍樹心裡在想：「這位大師悟道了嗎？是繼承了真乘的大聖人嗎？」

迦毗摩羅尊者說：「你雖然心裡默想，但是我知道心裡你在想什麼？只要想出家，何必顧慮我是不是聖人呢？」

龍樹聽了以後，就懺悔謝罪。迦毗摩羅尊者給他受戒出家，五百龍眾也一起受戒出家。又告訴龍樹說：「現在我把如來的『大法眼藏』交付給你，仔細聽我說一首詩偈：『非隱非顯法，說是真實際。悟此隱顯法，非愚亦非智。』」

●詩偈的大意是說：

不是「隱藏」法，也不是「顯露」法，佛理是真實不虛的道理，能夠領悟這個「隱顯法」的道理，不是「愚笨的人」，也不是「有智慧的人」。

能夠領悟這個「隱顯法」道理的人，我們稱他為「覺者」。但是，在「覺者」的心念中，他不認為他是個「覺者」。因為，他已經停止自己第六識「意識」的分析判斷功能，所以沒有「愚笨」和「智慧」的「分別心」。因此，「覺者」不是「愚笨的人」，也不是「有智慧的人」。

迦毗摩羅尊者交付完大法以後，就示現神通變化，化火自焚。龍樹收集了五色的舍利，建塔供養，這個時候是周赧王四十六年壬辰年。

（十四）十四祖龍樹尊者

十四祖「龍樹尊者」是西天竺國人，也叫「龍勝」，從十三祖迦毗摩羅尊者那裡得法以後，後來到了南印度。那個國家的人，大多相信「修福業，得福報。」，龍樹尊者為他們說法。

他們都議論說：「人有福業是世間第一位，只是口說『佛性』，有誰看見過呢？」。

龍樹尊者說：「想要見到『佛性』，必須要先除去我慢。」

那裡的人問：「『佛性』大小如何？」

龍樹尊者回答說：「不是大，也不是小；不是廣，也不是狹；沒有福業，也沒有福報；沒有死，也沒有生。」

他們聽聞了這樣殊勝的佛理，都回到「初心」。龍樹尊者回到座位上，示現「自在身（心離煩惱、舒適自在的身軀）」，就像滿月那樣，眾人只聽到龍樹尊者的法音，但是沒有看到龍樹尊者的法相。

●名相：初心

◎釋文：全稱「初發意、初發心、新發意、新發心」，指初發心求菩提道，而未有深行者。

眾人中有一個長者的兒子叫做「伽那提婆」，他對眾人說：「你們認識這個法相嗎？」

眾人說：「眼睛沒有看到，又怎麼認識呢？」

伽那提婆說：「這是尊者展現的佛性體相，來示現給我們看，要怎樣才能知道呢？因為『無相三昧』就像是滿月。『佛性』的意義，就是『廓然虛明（空寂、清澈明亮，內心清虛純潔。）』。」

伽那提婆說完以後，龍樹尊者的「滿月相」就隱蔽不見。龍樹尊者又回到座位上，說一首詩偈：

「身現圓月相，以表諸佛體。說法無其形，用辨非聲色。」。

●詩偈的大意是說：

身體示現「圓月相」，以表示諸佛的體相。說法沒有形體，用眼耳分辨不出聲音和色相。

眾人聽到這首詩偈以後，就頓悟了「無生」的意義，都願意出家來尋求解脫。龍樹尊者就給他們剃髮出家，命令各個聖人給他們受戒。

那個國家有五千多個外道做大幻術，眾人都信仰他們，龍樹尊者都一一化解外道們的幻術，讓他們皈依三寶。龍樹尊者又著作了《大智度論》、《中論》和《十二門論》，留傳於後世。

後來，龍樹尊者告訴上首弟子「伽那提婆」說：「如來的『大法眼藏』，現在交付給你，聽我說一首詩偈：『為明隱顯法，方說解脫理。於法心不證，無瞋亦無喜。』。」

●詩偈的大意是說：

為了說明「隱顯法門」，才說解脫的佛理。對於世間的諸法，停止你自己的第六識「意識」，不要用事實來做分析判斷，那你就沒有「瞋恨心」，也沒有「歡喜心」，保持自己有一顆如如不動的心。

交付完大法以後，龍樹尊者就進入「月輪三昧（現出身如滿月輪，身體像月亮的光一樣的禪定。）」示現神通變化，又回到自己的座位上，然後凝然寂滅。伽那提婆和四眾建立了寶塔葬龍樹尊者，這個時候是秦始皇三十五年己丑年。

（十五）十五祖迦那提婆尊者

十五祖「伽那提婆尊者」是「南天竺」人，姓「毘舍羅」。最初的時候，伽那提婆尊者只謀求福業福報，並且喜歡辯論。後來拜見十四祖龍樹尊者，才剛到達龍樹尊者住處的門口，龍樹尊者就知道他是一個有智慧的人。

龍樹尊者先派一個侍者，把盛滿水的缽，放在伽那提婆尊者的座位前，伽那提婆尊者看到以後，就放了一根針到水缽裡面去，喜悅領會龍樹尊者的意思。

這一段禪機公案，是什麼意思呢？我作一首詩偈來解答：「滿缽清水淨無塵，一針投入波浪渾，自性真如原無物，妄想執著本來真。」

●詩偈的大意是說：

滿缽清水沒有什麼東西，清淨的連一粒微塵都沒有。這一根針往那缽裡一投，就生出來波浪來，水就渾了。我們的「自性真如」，就像滿缽的清水，本來沒有什麼東西。卻因為「一念無明」，就像那一根針一樣，投入缽裡，產生陣陣「波浪（妄想執著）」，「波浪（妄想執著）」的源頭，本來是「清水（自性真如）」；「自性真如」忽然產生「一念無明」，「一念無明」衍生無盡的「妄想執著」，而「妄想執著」的源頭，卻是「自性真如」。

龍樹尊者就給伽那提婆尊者說法，坐在座上，示現了「月輪相（月亮的別名，以月圓如輪，故稱『月輪』）」，只聽到龍樹尊者的聲音，看不到龍樹尊者的樣子。伽那提婆尊者對眾人說：「這樣祥瑞的景像，是師父在展現佛性，表示說法不在『聲音』和『色相』上。」。

後來，伽那提婆尊者得到正法之後，到了迦毘羅國。那裡有一位長者叫做「梵摩淨德」。有一天，在花園裡的樹木，長出了像耳朵形狀的木耳菌菇類，味道很鮮美，只有長者和他的第二個兒子「羅睺羅多」才能夠取來吃，取完以後又會重新長出。除了他們二人，其他的親人都看不見木耳。

伽那提婆尊者知道這其中前世的因緣，就到了他們家中。長者問伽那提婆尊者，這其中的原因。

伽那提婆尊者說：「你家裡曾經供養過一個比丘，但是這個比丘並沒有悟道，只是貪圖名譽供養，所以福報是木耳菌菇。因為你和你的兒子極為誠心的供養，所以能夠享用這些木菌，其他人不能夠。」

伽那提婆尊者又問長者說：「長者多少歲數呢？」

長者回答說：「七十九歲。」

伽那提婆尊者於是說一首詩偈：「入道不通理，复身還信施。汝年八十一，此樹不生耳。」

●詩偈的大意是說：

修道不通達佛理，來世的報應，必須償還「信士（在家的男性佛教徒）」的布施。等到你八十一歲的時候，這棵樹就不生木耳了。

長者聽完詩偈以後，對伽那提婆尊者更加的讚嘆佩服，並且說：「我年紀已經很大了，不能侍奉大師。我願意讓我的二兒子，跟隨大師出家。」

伽那提婆尊者說：「過去如來曾經授記這個孩子，預言說會在第二個五百年成為大教主。今天遇到了，也符合過去的前世因緣。」隨即就給他剃度出家，並且隨侍在伽那提婆尊者的身旁。

伽那提婆尊者到了巴連弗城，聽說眾多外道想要障礙佛法，他們計劃了很長的時間。伽那提婆尊者於是手執「長幡」（一種狹長、垂直懸掛的旗幟。），進入到那些外道中。

那些外道問伽那提婆尊者說：「你為什麼不向前去呢？」

伽那提婆尊者反問說：「你們為什麼不向後去呢？」

那些外道說：「你像個賤人。」

伽那提婆尊者說：「你們像個良人。」

那些外道問說：「你會什麼法門？」

伽那提婆尊者說：「你們什麼法門都不會。」

那些外道說：「我想要得到佛。」

伽那提婆尊者說：「我已經明白佛，得到佛了。」

那些外道說：「你沒有得佛到。」

伽那提婆尊者說：「我是得到佛的，你們實際上沒有得到佛。」

那些外道問說：「你沒有得到佛，為何說自己得到佛？」

伽那提婆尊者回答說：「你們因為有『我』的緣故，所以得不到佛，我沒有我的『我』，所以可以得到佛。」

那些外道詞窮不說話了，於是問「伽那提婆尊者」說：「你叫什麼？」

伽那提婆尊者說：「我的名字是『伽那提婆。』。」

那些外道曾經聽過「伽那提婆尊者」的名字，於是懺悔，表示謝意。

當時，眾人還是相互辯論，伽那提婆尊者都以無礙的辯才折服他們，讓他們皈依佛門。

伽那提婆尊者於是告訴上首弟子羅睺羅多，交付「法眼」，說一首詩偈：「本對傳法人，為說解脫理。於法實無證，無終亦無始。」。

●詩偈的大意是說：

本人對著傳法人，為他演說解脫的道理。對於正法，事實上沒有印證，沒有終了，也沒有開始。

「正法、印證、開始、終了」等，這些名詞對凡夫來說，是真實存在的，因為這些名詞，是凡夫用自己第六識「意識」的分析判斷功能去創造出來的。對開悟者而言，因為已經停止自己第六識「意識」的分析判斷功能，所以沒有「正法、印證、開始、終了」等這些觀念。

伽那提婆尊者說完詩偈以後，就進入「奮迅定」，身體放出八種光芒，然後歸於寂滅。眾人建塔供養伽那提婆尊者，這個時候是漢文帝十九年庚辰年。

（十六）十六祖羅睺羅多尊者

十六祖「羅睺羅多尊者」是「迦毘羅國」人，遊行教化到了「室羅筏城」，那裡有條河叫做「金水河」，河水的味道殊勝甘美，河水中流露出五個佛的影像。

羅睺羅多尊者告訴眾人說：「這條河的源頭五百里的地方，有一位聖者叫做『僧伽難提』居住在那裡，佛經記載：『一千年以後，會有一個人繼承聖位。』。」話說完，就帶著眾人逆流而上。到了僧伽難提尊者那裡，見到僧伽難提尊者安穩的靜坐入定，羅睺羅多尊者和眾人侍候在旁。過了二十天以後，僧伽難提尊者才從定中出來。

（下面二人進行了一場非常精采的辯論）

羅睺羅多尊者問說：「你是『身』入禪定，還是『心』入禪定？」

僧伽難提尊者回答說：「我身心都是入定的。」

羅睺羅多尊者說：「『身體』和『心理』都是入定的，那麼為何會有『出定』和『入定』的不同呢？」

僧伽難提尊者回答說：「雖然有『出定』和『入定』的不同，但是不會失去禪定的定相，就好像金子在井裡，金子的『體性（指實體，即事物的實質為『體』，而體的不變易稱為『性』，故『體』即

『性』。）』，依然是固定不變的寂靜。」

（為何會有「出定」和「入定」的不同呢？因為有自己第六識「意識」的分析判斷功能在運作，才會有「出」定和「入」定的分別觀念。）

羅睺羅多尊者說：「如果是像金子在井裡，那麼如果金子出了井，金子沒有動靜，那麼是什麼東西在出入呢？」

（如果金子出了井，金子沒有動靜，那麼是什麼東西在出入呢？這個「東西」就是自己的第六識「意識」，因為第六識「意識」的分析判斷功能在運作，才會有「出」和「入」的分別觀念。）

僧伽難提尊者回答說：「你說金子有動靜，那麼是什麼東西在出入這口井呢？你說金子有出入，可是金子並沒有動靜。」

羅睺羅多尊者說：「如果是金子在井，那麼出來的是什麼金子？如果金子出井，那麼留在井裡的，又是什麼東西？」

僧伽難提尊者說：「如果金子出井，那麼在井裡的就不是金子，如果金子在井裡，那麼出來的就不是什麼東西。」

（僧伽難提尊者的理論想法，都是用自己第六識「意識」的分析判斷功能在分別對待。）

羅睺羅多尊者說：「這個道理，不是這樣的。」

僧伽難提尊者說：「你的道理，也不對。」

羅睺羅多尊者說：「你的這個道理，會讓你墮入邪見。」

僧伽難提尊者說：「你的道理，也不成立。」

羅睺羅多尊者說：「你說的道理不成立，但是我所說的道理，是可以成立的。」

僧伽難提尊者說：「我說的道理雖然是成立的，但是這個法卻不是我所說的。」

羅睺羅多尊者說：「我所說的道理既然成立，那是因為我，沒有我的緣故。」

（「沒有我」是說：羅睺羅多尊者停止自己第六識「意識」的分析判斷功能，讓第七識「末那識」這個「假我」停止作用，「我，沒有這個「假我」緣故」。）

僧伽難提尊者說：「如果我沒有我，那將會成為什麼呢？」

羅睺羅多尊者說：「因為我沒有我的緣故，所以成就你的道理。」

（因為我沒有第七識「末那識」這個「假我」的緣故，就沒有第六識「意識」的分析判斷，就沒有「分別對待心」，所以成就你的道理，你愛怎麼說，就怎麼說。）

僧伽難提尊者問說：「仁者的師父是誰？得到了『無我』的真理。」

羅睺羅多尊者說：「我的師父是伽那提婆，證得了『無我』的真理。」

僧伽難提尊者以一首詩偈稱讚說：「稽首提婆師，而出於仁者。仁者無我故，我欲師仁者。」

●詩偈的大意是說：

向僧伽難提尊者師父叩頭至地，行跪拜禮，是因為仁者您已經修行到「無我」境界的緣故，我想要拜仁者您為師。

羅睺羅多尊者也以一首詩偈回答說：「我已無我故，汝須見我我。汝若師我故，知我非我我。」

●詩偈的大意是說：

我已經修行到「無我」的緣故，你必須見到我的「真我」。你如果要拜我為師，就要知道我這個

「假我」，不是我的「真我」。

僧伽難提尊者的內心領悟了解，立即請求羅睺羅多尊者度化他脫離苦海。

羅睺羅多尊者說：「你的心本來就是自在的，不是你的『假我』綁住的。」說完，就用右手拿金

鉢，到「梵宮（色界諸梵天的宮殿）」取了香飯下來，拿來布施飯菜給大眾。但是，大眾忽然生起厭惡的心。

羅睺羅多尊者說：「不是我的過錯，是你們自己的業力所造成的。」

羅睺羅多尊者就命令僧伽難提尊者和他「分座（分座席的一半與他人並坐，表示受者與自己有同等的地位。）」一起吃，眾人感到訝異。

羅睺羅多尊者說：「你們不能夠吃，是因為業力這個緣故，和我分座的就是過去的『娑羅樹王如來』，祂憐憫萬物而降下神蹟。你們也是『莊嚴劫（三劫之一，過去、現在、未來等三世的三大劫中，過去的大劫，稱為『莊嚴劫』。）』中，修到『三果』，但是沒有證到『無漏』的果位。」

●名相：三果

◎釋文：指小乘佛教「聲聞」修道的階位，即第三果「不還果」，「不還」音譯為「阿那含」，簡稱為「那含」。「不還果」指已斷盡欲界九品修惑中之後三品，而不再返至欲界受生之階位。因其不再返至欲界受生，故稱為「不還」。

●名相：無漏

◎釋文：「無漏」的「漏」，為「漏泄」之意，是煩惱的異名。貪、瞋、癡等煩惱，日夜由眼、耳等六根門漏泄不止，故稱為「漏」。又「漏」有漏落之意，煩惱能令人落入於三惡道，故稱

「漏」。因此，稱有煩惱的法為「有漏」；稱離煩惱垢染的清淨法為「無漏」，如涅槃、菩提，與一切能斷除三界煩惱的法，均屬「無漏」。

眾人說：「我師父有神力，我們是信服的，但是你說他是過去佛，就有點疑問了。」。

僧伽難提尊者知道眾人生起了「我慢（執著『我見』而傲慢）」心，就說：「世尊在世的時候，世界平整，沒有丘陵、江河溝渠，水都是甘甜美味的，草木長的很茂盛，國土富饒豐盈，沒有『八苦』，眾人行『十善』。從雙樹示現涅槃到現在已經八百多年了，世界出現了荒蕪的地方，樹木也枯萎了，人們沒有『至信（極為誠信）』，正念變得輕微，不信『真如（自性）』，只貪圖神力。」。

●名相：八苦

◎釋文：是指生苦、老苦、病苦、死苦、愛別離苦、怨憎會苦、求不得苦、五陰盛苦。

●名相：十善

◎釋文：是指身、口、意三業中，所行的十種善行為，又稱作「十善業道、十善道、十善根本業道、十白業道」。即：不殺生、不偷盜、不邪淫、不妄語、不兩舌、不惡口、不綺語、不貪欲、不瞋恚、不愚癡。

僧伽難提尊者說完之後，就用右手逐漸伸展開到地裡，到了「金剛輪」的邊際取甘露水，用琉璃器盛到了大眾的地方，大眾見到以後，隨即就欽佩愛慕僧伽難提尊者，作禮懺悔。

●名相：金剛輪

◎釋文：是指地層最底的「金輪」。根據《俱舍論》卷十一的記載，「器世間」由三輪組成，「風輪位」居最下層，其量廣無數，厚十六「洛叉（印度古代數量名稱，意思是十萬。）」；次上為

「水輪」，僅厚八洛叉；其餘凝結為金，即為「金輪」，上有九山、八海、四洲等。

●名相：器世間

◎釋文：又稱作「器世界、器界、器」，是指一切眾生所居住的「國土世界」。即指眾生世間或有情世間而言，以「國土世界」形如器物，能容受眾生，可變可壞，故稱「器世間」。

於是，羅睺羅多尊者給僧伽難提尊者交付「法眼」，說一首詩偈：「於法實無證，不取亦不離。法非有無相，內外雲何起？」。

●詩偈的大意是說：

對於「正法」，實際上沒有所謂的「印證」。不取「正法」，也不離「正法」。沒有「正法」，「正法」沒有形相，「正法」沒有「內」和「外」的分別。

「正法、印證、取正法、離正法、正法的形相、正法的內外」等，這些名詞對凡夫來說，是真實存在的，因為這些名詞，是凡夫用自己第六識「意識」的分析判斷功能去創造出來的。對開悟者而言，因為已經停止自己第六識「意識」的分析判斷功能，所以沒有這些觀念。

羅睺羅多尊者說完詩偈，交付完「法眼」以後，羅睺羅多尊者就安坐圓寂了。四眾建塔供養，這個是時候是漢武帝二十八年戊辰年。

（十七）十七祖僧伽難提尊者

十七祖「僧伽難提尊者」是「室羅筏城」的國王「莊嚴王」的兒子，生下來就能說話，經常讚嘆「佛事（凡發揚佛德的事，都稱為『佛事』。）」七歲的時候就厭離世間的快樂，用詩偈告訴他的父母說：「稽首大慈父，和南骨血母。我今欲出家，幸願哀愍故。」

●詩偈的大意是說：

「稽首（一種俯頭至地的最敬禮）」大慈父，和南骨血母。我現在想要出家。盼望哀傷憐憫我的心願。

父母極力阻止他出家，僧伽難提尊者就絕食，於是僧伽難提尊者的父母就允許他在家出家，法號「僧伽難提」。又命令「沙門」「禪利多」做僧伽難提尊者的老師，長達十九年的時間，僧伽難提尊者不曾退縮倦怠，常常自言自語說：「住在王宮裡算什麼出家？」

●名相：沙門

◎釋文：是胡語音譯，在印度泛指出家修苦行、禁欲，或因宗教的理由以乞食為生的人；在中國則專指佛教的出家人。

有一天晚上，有天光照下來，看見一條路很平坦，僧伽難提尊者不自覺的慢慢的走。走了大約有十里，到了一個大山洞前面，有一個石窟，於是僧伽難提尊者就在裡面安居。父親失去了兒子，就把沙門禪利多驅逐出國，然後去尋找他的兒子，找了很久都沒有找到。

經過了十年，僧伽難提尊者得法授記以後，就遊行教化到了摩提國。忽然有涼風吹向了大眾，身心非常的愉悅舒適，大眾不知道這其中的原因。

僧伽難提尊者說：「這是道德的風，應該有聖人要出世，是承繼續傳『祖燈（列祖的法燈，謂歷代祖師，師資相承，如燈火的相續不斷。）』的聖人嗎？」。

僧伽難提尊者說完以後，就用大神力幫助眾人遊歷山谷。一頓飯的功夫，就到了一座山峰下面，對眾人說：「這座山峰的山頂上有紫雲覆蓋，有聖人居住在這裡。」就和眾人在這裡徘徊了很久。見到山下的房舍裡，有一個童子，拿著圓鏡筆直的走到僧伽難提尊者的面前。

僧伽難提尊者問童子說：「你幾歲了？」

童子回答說：「一百歲。」

僧伽難提尊者說：「你的年紀這麼小，為什麼說一百歲呢？」

童子說：「我不理會在意，正好一百歲。」

僧伽難提尊者說：「你擅長於禪機嗎？」

童子說：「佛說：『若人生到了一百歲，還不會諸佛的禪機，還不如只出生一天，就能夠明了禪機。』」

僧伽難提尊者說：「你手裡拿的圓鏡，是要表達什麼呢？」

童子說：「諸佛的大圓鏡，內外沒有斑痕，兩個人一同看得見，心思都相似。」

●名相：大圓鏡

◎釋文：是指「大圓鏡智」，「大圓鏡智」是第八識「阿賴耶識」轉識成智，轉變為清淨智。原文「兩人同得見。心眼皆相似。」：「兩人」是指「假我（第七識「末那識」）」和「真我（第八識「阿賴耶識」）」，「心眼」是心思，「假我」和「真我」的心思是「相似」，是相像，但是不一樣。

童子的父母聽到他們的對話以後，就讓童子跟隨僧伽難提尊者出家。僧伽難提尊者把他帶到自己的道場，受戒出家，取名「伽耶舍多」。

後來，一陣風吹動廳堂裡的風鈴，眾人聽到鈴聲響起。

僧伽難提尊者問說：「是鈴聲響？還是風聲響？」

伽耶舍多回答說：「不是風聲響，也不是鈴聲響，是我們的心在響。」

僧伽難提尊者問說：「你的心又是什麼？」

伽耶舍多回答說：「都是安靜無聲的。」

僧伽難提尊者說：「太好了！太好了！繼承我道法的人，除了你，還有誰呢？」

僧伽難提尊者就把「法眼」交付給了伽耶舍多尊者，說一首詩偈：「心地本無生，因地從緣起。緣種不相妨，華果亦復爾。」

●詩偈的大意是說：

「心地（第八識「阿賴耶識」）」本來是「無生滅」，「因地（修行佛道的階位）」是從「修行的因緣」而起，「因緣種子（修行的因緣）」不互相妨礙，「開花果報（修行的果位）」也是如此罷了。

「心地（第八識「阿賴耶識」）」本來是「無生滅」，「因地（修行佛道的階位）」是從「修行的因緣」而起，修行「羅漢道」，得「羅漢果位」；修行「菩薩道」，得「菩薩果位」；修行「佛道」，得「佛果位」，種什麼「因」，得什麼「果」，如此罷了。

●名相：心地

◎釋文：指「心」，即第八識「阿賴耶識」。佛教認為「三界唯心」，「心」能生萬法，如同滋生萬物的大「地」一般，能隨緣生一切諸法，故稱為「心地」。在禪宗，菩提達摩所傳的「菩提」即稱為「心地」。

●名相：菩提

◎釋文：意譯為「覺、智、知、道」，廣義而言，是斷絕世間煩惱而成就涅槃的智慧。

●名相：無生

◎釋文：是諸法的實相無生滅，所有存在的諸法無實體，是「空」，故無生滅變化可言。可是凡夫迷此無生之理，起生滅的煩惱，故流轉生死；若依諸經論觀無生之理，可破除生滅的煩惱。

●名相：因地

◎釋文：為「果地」的對稱，「地」者，位地、階位之意。指修行佛道的階位。亦即指由因行至證果間的階位。

僧伽難提尊者付了「法眼」之後，右手攀樹圓寂了。大眾議論說：「尊者在樹下圓寂，這不就是寓意要成為樹蔭惠及後代的眾生嗎？」大眾想要在高原建塔供奉僧伽難提尊者，但是無法移動尊者，就在樹下建塔，這個時候是漢昭帝十三年丁未年。

（十八）十八祖伽耶舍多尊者

十八祖「伽耶舍多尊者」是「摩提國」人，姓「鬱頭藍」，父親是「天蓋」，母親是「方聖」。母親曾經夢到大神拿著鏡子，因此就懷孕了。經過七日就生下了伽耶舍多尊」，肌膚就像琉璃那樣透瑩，沒有洗浴身體，就自然的芬芳潔淨。年幼的時候，就喜好安閑寧靜，說話跟一般的孩童不一樣。

伽耶舍多尊者拿著鏡子出去遊玩，碰到了十七祖僧伽難提尊者。得到度脫以後，就帶著門徒到了大月氏（ㄓ）國，看到一間婆羅門的屋子，有不尋常的光氣，伽耶舍多尊者就進入到那個房子裡。

房子的主人「鳩摩羅多」問說：「你們是什麼人？」

伽耶舍多尊者回答說：「是佛弟子。」

鳩摩羅多聽到佛的名號以後，心神驚懼，立刻把門關上，伽耶舍多尊者敲門敲了很久，要他開門。

鳩摩羅多說：「這個屋子裡沒有人。」

伽耶舍多尊者說：「那麼回答沒有人的人是誰呢？」

鳩摩羅多聽到「伽耶舍多尊者」的話以後，知道「伽耶舍多尊者」是懷有異才的人，急忙開門接見。

伽耶舍多尊者說：「過去世尊曾經授記說：『我滅度一千年以後，有菩薩出現在『月氏國』，『紹隆（繼承發揚）玄化（聖德教化）』，弘揚佛法。』今天我遇到了你，應該就是應驗世尊所說的預言。」。

於是鳩摩羅多用「宿命通」知道自己前世的因緣，就歸順剃度出家。伽耶舍多尊者給鳩摩羅多受戒以後，就說一首詩偈：「有種有心地，因緣能發萌。於緣不相礙，當生生不生。」。

●詩偈的大意是說：

有佛種子，有「心地（第八識「阿賴耶識」）」，「因緣」能夠讓「佛種子」在「心地（第八識「阿賴耶識」）」上發芽。清淨的「心地（第八識「阿賴耶識」）」與生滅的「因緣」相應時，不互相妨礙，應當要了解「因緣」的「生滅」，是由「不生（自性真如）」所產生出來的。

伽耶舍多尊者交付完「法眼」以後，就跳到虛空中，展現十八種神變，變化「火光三昧」自焚他的身體。眾人收集伽耶舍多尊者的舍利建造了舍利塔，這個時候是漢成帝二十年戊申年。

（十九）十九祖鳩摩羅多尊者

十九祖「鳩摩羅多尊者」是「大月氏國」婆羅門的兒子，前世曾經是「自在天人（欲界第六天）」。因為看到菩薩的「瓔珞（以珠玉綴成的頸飾）」，忽然生起愛慕之心，就墮落生在「忉利天（欲界第二天）」。又聽到「憍屍迦」說「般若波羅蜜多」法門，因為這個法門殊勝的緣故，上升到了「梵天（色界）」。

●名相：憍屍迦

◎釋文：是「帝釋天」的姓，祂是欲界天的第二層天，「忉利天」的天主，是釋迦牟尼佛的守護神。

又因為慧根利的原因，擅長於說法，諸天尊崇他為導師。因為繼承禪宗祖師的時候到了，就降生在「月氏國」。

後來到了中天竺國，有一位「大士（德行高尚的人）」叫做「闍夜多」，問鳩摩羅多尊者說：「我家裡的父母一向就信奉三寶，但是卻經被疫病所纏繞，所做的事情也都不如意。而我的鄰居經常做一些「旃陀羅行（暴行）」，但是身體卻很健康，所做的事情也都很順利，為什麼他這樣幸運而我們卻是這樣不幸呢？」。

●名相：旃（ㄓㄢ）陀羅

◎釋文：是梵語，意譯為嚴熾、暴厲、執惡、險惡人、執暴惡人、主殺人、治狗人等。在印度社會階級種姓制度中，居於最下級的種族，他們專門從事獄卒、販賣、屠宰、漁獵等職業。

鳩摩羅多尊者說：「這有什麼好疑惑的，何況善惡的報應是需要『三時（時間；指春、夏、秋三季農作之時。）』的。凡人只看見好人短命，壞人長壽，惡人吉利，仁義的人不順，就說沒有因果。罪報和福報都是不真實的，卻不知道影響是相隨的，報應一點都不會少，即使經歷了百千萬劫，也不會磨滅。」闍夜多聽完以後，就立刻解除他的疑惑。

鳩摩羅多尊者說：「你雖然相信了『三業（身業、口業、意業）』，但是還不明白『業因』是因為『疑惑』而產生的，『疑惑』是因為第七識『末那識』而產生的，第七識『末那識』是因為『不覺悟』而有的，『不覺悟』是因為『本心（自性）』受到『妄想執著』汙染而有的。但是『本心（自性）』本來是清淨的，沒有生滅的，沒有造作的，沒有報應的，沒有勝負的，只是寂靜靈透。你如果能夠進入這個法門，就可以和諸佛一樣了。一切的『善報、惡報』，『有為、無為』，都如同夢幻一樣。」。

闍夜多聽到以後，就領悟了法旨，就啟發了「宿慧（與生俱有的智慧）」，請求出家。闍夜多受戒以後，鳩摩羅多尊者告訴他說：「我寂滅的時候到了，你應該繼承發揚，教化四方。」於是交付「法眼」，說一首詩偈：「性上本無生，為對求人說。於法既無得，何懷決不決。」。

●詩偈的大意是說：

「自性」本來是不生不滅的，為了對求法的人說明真相，而勉強取一個名詞叫做「自性」。既然已經知道「法」是不可得的，何必存有「斷定」和「不斷定」的分別心呢？

鳩摩羅多尊者又說：「這是『妙音如來』見性清淨時，所說的話，你應該傳播弘揚給後來的人。」說完以後，就在座上，用指劃臉，就像盛開的紅蓮，大光明照耀著四眾，然後入涅槃。闍夜多給鳩摩羅多尊者建塔供養，當「新室」十四年壬午年。

●名相：新室

◎釋文：是「新朝」，是繼「西漢」之後由西漢外戚「王莽」所建立的朝代。初始元年十二月癸西朔，「王莽」廢漢孺子（劉嬰）為「安定公」，改漢歷寅正為醜正，改元始建國，改國號為

「新」，建都常安（今西安漢長安城遺址），史稱「新莽」。

（二十）二十祖闍夜多尊者

二十祖「闍夜多尊者」是「北天竺國」人，智慧如深潭，教化開導無量的眾生。後來到了羅閱城，弘揚禪宗的頓悟教派，當時的學眾只崇尚辯論，他們之中最厲害的叫「婆修盤頭（翻譯過來是『偏行』，指任何認識發生時，都會生起的心理活動。因帶有普遍性，故名『偏行』。）」，經常吃一頓飯不臥床，「六時（佛教分一晝夜為六時：晨朝、日中、日沒、初夜、中夜、後夜。）」禮佛，清淨無欲，大眾都來皈依。

闍夜多尊者想要度化他，先問婆修盤頭的徒眾說：「這個偏行『頭陀』能夠修『梵行』，可以得到佛道嗎？」

●名相：頭陀

◎釋文：是梵語，謂去除塵垢煩惱，苦行之一，意即對衣、食、住等棄其貪著，以修鍊身心。

●名相：梵行

◎釋文：意譯「淨行」，即道俗二眾所修的清淨行為。以「梵天（色界的初禪天，分為三種，即梵眾天、梵輔天與大梵天。）」斷淫欲、離淫欲者，故稱「梵行」。

眾人說：「我們的師父如此的精進，怎麼會得不到？」

闍夜多尊者說：「你們的師父離『道』很遠，即使苦行微塵數的劫，也都是虛妄之本。」

眾人說：「尊者有什麼德行能夠譏諷我們的師父？」

闍夜多尊者說：「我不求道，也不顛倒，我不去禮佛，也不輕慢，我不長坐也不懈怠，我不只吃一頓飯，也不亂吃，我不知足，也不貪欲，心裡沒有所求的東西，這就是『道』。」

當時偏行頭陀聽到了以後，就啟發「無漏智（指證見真理，遠離一切煩惱的智慧。）」，歡喜讚嘆。

闍夜多尊者又對大眾說：「你們懂我的話嗎？我之所以這樣說，是因為有人求道心切，琴弦太急了就容易斷，所以我不贊同，讓他安住在安樂的『心地（第八識「阿賴耶識」）』，進入的諸佛的智慧。」

闍夜多尊者又告訴偏行頭陀說：「我當著大眾的面貶謫抑制折挫仁者，你的內心有惱怒嗎？」

偏行頭陀說：「我想起在七劫以前，生在『常安樂國』，師父您和智者『月淨』，授記我不久會證得『斯陀含果』。」

●名相：斯陀含

◎釋文：「斯陀含」意譯作「一來、一往來」，因此位的聖者尚未斷除後三品的修惑，故一度生於天界，再來人間而入般涅槃（入滅），故稱為「一來」。「斯陀含」是「沙門四果（為小乘佛教，聲聞修行所得的四種階位證果。其階段依次為預流果、一來果、不還果、阿羅漢果。）」的第二果，又分為「斯陀含向」與「斯陀含果」，即預流果（初果）的聖者，進而更斷除欲界一品至五品的修惑，稱為「斯陀含向」，或「一來果向」；若更斷除欲界第六品的修惑，尚須由天上至人間一度投胎受生，方可「般涅槃（入滅）」。至此以後，不再投胎受生，稱為「斯陀含果」，或「一來果」。

當時有『大光明菩薩』出世，我因為年老的原因，拄著拐杖去參禮謁見。師父您呵斥我說：『重子輕父，為什麼這麼淺薄呢？』當時我覺得自己沒有過錯，請師父您告訴我錯在哪裡？師父您說：『你去禮拜『大光明菩薩』，把拐杖倚靠在『壁畫佛』面上，因為這樣的過錯，失去了『二果（斯陀含果）』。我從那以後，懺悔謝過，聽到各種惡言就像風一樣吹過，況且今天獲得了無上甘露，怎麼會生惱怒心呢？只希望『大慈』您，以妙道來教誨我。」

闍夜多尊者說：「你長久以來，積累了深厚的眾德，應當繼承我的宗門，聽我的詩偈：「言不合無生，同於法界性。若能如是解，通達事理竟。」

●詩偈的大意是說：

你說話的時候，符合「無生」之理，相同於「法界性」。若是能夠如此的理解「無生」之理，就夠完全通達「事理」。

●名相：無生

◎釋文：是說諸法的實相無生滅，所有存在的諸法無實體，是空，故無生滅變化可言。可是凡夫迷此無生之理，起生滅的煩惱，故流轉生死。

●名相：法界性

◎釋文：「法界」是指意識所攀緣對象的所有事物，「法界」的「自性」為「空」。

●名相：空

◎釋文：是指一切存在的物中，皆無自性、自體、實體、我等，此一思想即稱「空」。亦即謂事物的虛幻不實。

●名相：事理

◎釋文：「理」是指真理、理性，凡夫依迷情所見的事相，稱為「事」；聖者依智見所通達的真理，稱為「理」。

闍夜多尊者交付完「法眼」以後，就在座位上圓寂了，闍維（梵語，指人死後火化）以後，就建立舍利塔供養，當時是東漢明帝十七年甲戌年。

（二十一）二十一祖婆修盤頭尊者

二十一祖「婆修盤頭尊者」是「羅閱城」人，姓「毘舍佉」，父親是「光蓋」，母親是「嚴一」。婆修盤頭尊者的家裡富有，但是沒有子嗣，婆修盤頭尊者的父母就在佛塔前祈禱求子嗣。某一天晚上，婆修盤頭尊者的母親，夢到吞下了明暗兩顆珠子，然後就懷孕了。

過了七天，有一個羅漢叫做「賢眾」，到了婆修盤頭尊者的家裡，光蓋設禮供養賢眾羅漢，賢眾羅漢端正坐著接受。嚴一出來參拜賢眾羅漢，賢眾羅漢從座位上離開說：「回禮法身大士。」光蓋不知道為什麼賢眾羅漢會這樣做，就取了一顆寶珠跪下獻給賢眾羅漢，試看看賢眾羅漢會不會也這樣做，結果眾羅漢」受了以後，沒有任何道謝。

光蓋不能忍受就問：「我是丈夫，向您獻禮卻沒有避開，我的妻子有怎樣的德行，能讓尊者避開呢？」

賢眾羅漢說：「我接受你的禮拜和所獻的寶珠，是為了增加你的福報。你的妻子懷了一個聖子，生下來會成為有如太陽的智慧，普照世間的明燈，所以我避開了並不是因為看重女人。」

賢眾羅漢又說：「你的妻子會生兩個兒子，一個叫做『婆修盤頭』，這個就是我所說的聖子，另一個叫做『芻尼（翻譯過來是野鵲子）』。過去如來在雪山修道，『芻尼』在如來的頭頂上築巢，佛陀成道以後，『毱尼』受福報成為了『那提國王』。佛陀授記毱尼說：『你在第二個五百年的時候，會生在羅閱城的毘舍佉家，和聖人成為同胞兄弟，今天看來，這個預言實現了。」

一個月以後，嚴一果然生了兩個孩子，婆修盤頭尊者在十五歲的時候，禮拜「光度羅漢」出家，「感毘婆訶菩薩」給他受戒。

婆修盤頭尊者遊行教化到了那提國，國王叫做「常自在」，有兩個兒子，一個叫做「摩訶羅」，另一個叫做「摩拏羅」。

常自在國王問婆修盤頭尊者說：「羅閱城的風俗，和這裡有什麼不一樣？」

婆修盤頭尊者說：「那裡的土地，曾經有三尊佛出世，現在的王國有兩位大師化導有情眾生。」

常自在國王問說：「兩位大師是誰？」

婆修盤頭尊者說：「佛陀授記時說，第二個五百年，有兩位『神力大士』出家繼承聖位，國王的第二個兒子『摩拏羅』，是其中一位。我雖然德行微薄，卻是其中的第二位。」

常自在國王說：「就遵從尊者所說的，我當捨這個兒子做沙門。」

婆修盤頭尊者說：「好啊！大王能遵從佛陀的旨意。」就給摩拏羅剃度出家。

後來，婆修盤頭尊者交付「法眼」給摩拏羅，接著說一首詩偈：「泡幻同無礙，如何不了悟，達法在其中，非今亦非古。」。

●詩偈的大意是說：

「泡沫」和「幻影」都是「無礙」，如何證悟空理呢？徹底理解「無礙」之理，佛法就在其中，不是現在，也不是古代。

●名相：無礙

◎釋文：是無障礙，通達自在而無障隔的理解能力，有四種「無礙」即心無礙、色無礙、解無礙、辯無礙等區別。

要達到「無礙」的境界，就必須要停止自己第六識「意識」的分析判斷功能，就能夠證悟空理，就能夠沒有分別心，突破時空，沒有「現在」和「古代」的分別。

婆修盤頭尊者交付完「法眼」以後，就跳到半「由旬（印度計算里程的單位）」那麼高，在空中停住。四眾瞻仰婆修盤頭尊者，虔誠的祈請，婆修盤頭尊者又回到座位結跏趺圓寂了。「荼毗」火化以後，收集舍利建塔供養，當時是東漢殤帝十二年丁巳年。

●名相：荼毗（ㄆㄧˊ）

◎釋文：是梵語的音譯，意為焚燒、火葬。原為印度葬法之一，在中國專指出家人圓寂後的火葬。

（二十二）二十二祖摩拏羅尊者

二十二祖「摩拏羅尊者」是「那提國」「常自在王」的兒子，三十歲的時候遇到二十一祖婆修盤頭尊者出家，傳法到了西印度。那裡的國王叫做「得度」，也就是「瞿曇種族」，他們皈依佛教，力行精進。

有一天，得度國王行走在道路上的時候，發現一座小塔，想要取過來供養，但是眾人都不能舉得動，得度國王就舉行大會，召集會梵行、禪觀、咒術等眾人前來，想要知道原因。

●名相：梵行

◎釋文：是梵語，意譯「淨行」。即道俗二眾所修的清淨行為。以「梵天」斷淫欲、離淫欲者，故稱「梵行」。

●名相：禪觀

◎釋文：是坐禪觀法，指坐禪時，修行種種觀法。

●名相：咒術

◎釋文：即神咒的妙術，誦咒旨在降災於敵或為己除禍；具備此殺人或延壽的奇術，稱為「咒術」。

當時，摩拏羅尊者也在大會中，三眾都不知道緣由。摩拏羅尊者就告訴得度國王，這座小塔的因緣（這座小塔是「阿育王」造的，這裡不再贅述）。

這裡簡介一下「阿育王」，「阿育王」為中印度摩揭陀國「孔雀王朝」第三世的國王，西元前三世紀左右出世，統一印度，為保護佛教最有力的統治者。阿育王以「華氏城」為首都，其統轄範圍包括北印度全部、「大夏」的一半，南至「案達羅（位於今天印度東南方『安得拉邦』）」，東達海邊，縱橫數千里。且施政得宜，愛好真理，富博愛精神，實是印度有史以來治績空前的統治者。

再回到本文。

摩拏羅尊者說，現在這座小塔會出現，是得度國王的福力所導致。得度國王聽完以後說：「至高無上的聖人難以遇到，世間的樂趣也不是長久的。」就傳位給了太子，投奔摩拏羅尊者出家，七天就證到「四果（阿羅漢果）」。

●名相：四果

◎釋文：是指小乘聲聞修行所得到四種證果，其階段依次為「預流果、一來果、不還果、阿羅漢果」。

摩拏羅尊者對得度諄諄教誨說：「你住在這個國家有能力去度化他人，現在在別的地方有『大法器（凡能修行佛道者，稱為法器。）』，我要去度化。」

得度說：「師父『應跡』十方，動下念頭就能到，難道還需要親自前往嗎？」

●名相：應跡

◎釋文：是「應化垂跡」，「應化」謂佛、菩薩隨宜化身，教化眾生；「垂跡」謂佛、菩薩從本體上示現種種化身，濟度眾生。「應化垂跡」即佛菩薩應眾生的機緣，而自其本體示現種種變化身，以濟度眾生。

摩拏羅尊者說：「是這樣的。」

於是摩拏羅尊者焚香，遙遠的對月氏國的「鶴勒那比丘」說：「你在那個國家教導你的『鶴鳥徒眾』，道果將要證得，應該自己要知道。」

當時，鶴勒那比丘正在為那個國家的國王「寶印」解說「修多羅（一切佛法的總稱）」詩偈。忽然見到異香結成「穗（禾本植物聚生在莖的頂端的花和果實）」。

寶印國王問鶴勒那比丘說：「這是什麼祥瑞之物？」

鶴勒那比丘說：「這是西印度，傳佛陀心印的祖師『摩拏羅尊者』，將要到來，先降下了『信香（古代以『香』為『信使』，可以把願望傳達給神明。）』。」

寶印國王問說：「這個祖師的神力怎麼樣？」

鶴勒那比丘說：「這個祖師很早就承繼佛陀的授記，會到這個地方來弘法利生。」

當時，寶印國王和鶴勒那比丘一起遙遠禮拜摩拏羅尊者。摩拏羅尊者知道以後，就辭別得度比丘，前往月氏國接受寶印國王和鶴勒那比丘的供養。

之後，鶴勒那比丘問摩拏羅尊者說：「我在林間住了九年了，有一個弟子叫做『龍子』，年紀很小就很聰慧。我看他的前世，往前世推了很多世，都沒有找到原因。」

摩拏羅尊者回答說：「這個孩子，在第五劫的時候，生在妙喜婆羅門家中，曾經用『旃檀（ㄓㄢ ㄊㄢˊ，梵語，意思是檀香）』布施給佛廟，來做撞鐘的木槌。因為這個緣故，所以這一世受到聰慧的福報，受到眾人的欽佩景仰。」

鶴勒那比丘問說：「我因為什麼因緣，感動了鶴鳥群，成為我的徒眾呢？」

摩拏羅尊者回答說：「你在第四劫的時候，曾經是比丘。有一次，正當要赴會龍宮的時候，你的弟子們都想要一起跟隨著你去，你看到五百人當中，沒有一個人能夠勝任這次神奇的供養。當時，你的弟子們說：『師父常說佛法中，對待食物平等的人，對待法也是平等的。今天卻不是這樣，還說什麼聖人法呢？』你就讓他們一起赴會，等到你『捨生（死亡）』，『趣生（轉生）』到其他的國家，你的弟子們因為福德微薄的緣故，生在了『羽族（鳥類）』，在這一世為了感謝你教導的恩惠，所以成為了鶴群跟隨你。」

●名相：生趣

◎釋文：「趣」是行動歸向，意思是投胎去處。「生趣」指「四生六趣」，「四生」即卵、胎、溼、化；「六趣」即「六趣」，指天人道、阿修羅道、人道、餓鬼道、畜生道、地獄道。「趣生」就是投胎轉世的意思。

鶴勒那比丘問說：「該用什麼『方便法門（佛家用靈活的方式，勸誘各種人信仰佛教。）』來使他們解脫呢？」

摩拏羅尊者回答說：「我有無上的法寶，你應該聽信，來化度未來的眾生。」

摩拏羅尊者接著說一首詩偈：「心隨萬境轉，轉處實能幽。隨流認得性，無喜复無憂。」

●詩偈的大意是說：

你的心若隨萬境轉，就有種種的境界現前。可是就在這個「轉處」，實際上有個「幽（隱藏的祕密）」，讓你能夠「轉萬境」。只要隨順「流（煩惱；貪瞋癡等煩惱，能令眾生漂流流轉於生死海中。）」的時候，認得「自性」是清淨的，懂得停止自己第六識「意識」的分析判斷功能，就沒有「歡喜、憂愁」的分別心，你就能夠認識自己本有的「佛性」。

當時鶴鳥們聽到這首詩偈以後，心開意解，就鳴叫著飛走了。

摩拏羅尊者就結跏趺坐圓寂，鶴勒那比丘和寶印國王建塔供養摩拏羅尊者，那個時候是東漢桓帝十九年乙巳年。

（二十三）二十三祖鶴勒那尊者

二十三祖「鶴勒那尊者（『勒那』是梵語，『鶴』字是因為尊者經常感應到『鶴』群戀慕的原因。）」是「月氏國」人，姓「婆羅門」，父親是「千勝」，母親是「金光」。因為沒有孩子的原因，在「七佛」金「幢（旌旗一類的東西）」前祈禱，金光就夢到「須彌山」頂有一個神童，拿著金環說：「我來了。」金光睡醒就懷孕了。

●名相：七佛

◎釋文：佛教將釋迦牟尼之前的「毗婆尸佛、尸棄佛、毗舍婆佛、拘樓孫佛、拘那含佛、迦葉佛」和釋迦牟尼佛合稱為「七佛」。

鶴勒那尊者七歲的時候，在村落間遊玩，看到民間舉行不合禮制的祭祀，就入廟呵斥說：「你胡亂創立各種福禍，迷亂人心，詐騙人們，每年殺牲畜祭祀，殺生太多。」說完，廟宇及神像就塌壞了。自此以後，鄉里都說他是「聖子」。

鶴勒那尊者二十二就出家，三十歲的時候，遇到二十二祖摩拏羅尊者交付「正法眼藏」。

鶴勒那尊者遊行教化到了中印度，那裡的國王叫做「無畏海」，尊崇信仰佛道。鶴勒那尊者為無畏海國王說完正法以後，國王無畏海忽然見到兩個人，穿著紅色的布帛衣服參拜鶴勒那尊者。

無畏海國王問說：「這是什麼人？」

鶴勒那尊者回答說：「這兩個人是『日月天子』，我以前曾經為他們說法，所以來禮拜我。」

這兩個人很久才消失，只聞到奇異的香味。

無畏海國王問說：「『日月國』的國土總共有多大呢？」

鶴勒那尊者回答說：「一千個釋迦牟尼佛所教化的世界，各個都有百億個『迷盧（須彌山）』日月國土，我如果每個都說，都說不盡。」

●名相：迷盧

◎釋文：梵名「蘇迷盧」的略稱，即指「須彌山」。「須彌山」高八萬「由旬（為印度計算里程的單位）」，故又有「迷盧八萬」之稱。

●名相：須彌山

◎釋文：「須彌」是梵名，又翻譯作「蘇迷盧山、須彌盧山、須彌留山、修迷樓山」。意譯作「妙高山、好光山、好高山、善高山、善積山、妙光山、安明由山」。

原為印度神話中的山名，佛教的宇宙觀沿用之，認為「須彌山」是聳立於一小世界中央的高山。以此山為中心，周圍有八山、八海環繞，而形成一世界（須彌世界）。

佛教的宇宙觀主張，宇宙是由無數個「世界」所構成，一千個「世界」稱為一個「小千世界」；一千個「小千世界」，稱為一個「中千世界」；一千個「中千世界」稱為一個「大千世界」，綜合「小千、中千、大千」，總稱為「三千大千世界」，這是一尊佛的教化範圍。

每一個「世界」最下層是一層氣，稱為「風輪」；「風輪」的上面為一層水，稱為「水輪」；「水輪」的上面為一層金，稱為「金輪」；「金輪」的上面就是山、海洋、大洲等所構成的大地，而「須彌山」就位於這個世界的中央。

根據《長阿含經》卷十八「閻浮提洲品」的記載，「須彌山」高出水面八萬四千由旬，水面之下亦深達八萬四千由旬。「須彌山」直上，無所曲折，山中香木繁茂，山四面四埵突出，有「四大天王」的宮殿，山基有純金沙。

「須彌山」有上、中、下三級「七寶階道」，夾道兩旁有七重寶牆、七重欄楯、七重羅網、七重行樹，其間的門、牆、窗、欄、樹等，皆為金、銀、水晶、琉璃等所成。花果繁盛，香風四起，無數的奇鳥，相和而鳴，諸鬼神住於其中。「須彌山」頂有「三十三天宮」，為「帝釋天」所居住之處。

另外，根據《佛說立世阿毘曇論》卷二「數量品」的記載，以「須彌山」為中心，外圍有八大山、八大海順次環繞，整個世界的形相團圓，有如銅燭盤。

「須彌山」周遭為「須彌海」所環繞，高為八萬由旬，深入水面下八萬由旬，基底呈四方形，周圍有三十二萬由旬，繼之為「八山（由乾陀山、伊沙陀山、訶羅置山、脩騰娑山、阿沙干那山、毘那多山、尼民陀山、鐵圍山）」，山與山之間，隔著「七海」。「七海」的前六海名稱，即隨其所環繞之山而得名。第七山外有「鹹海」，其外有「鐵圍山」。

「須彌山」有「四大洲（弗婆提洲、瞿陀尼洲、閻浮提洲、鬱單越洲）」，各位於「鹹海」中的東、西、南、北四方，「地球上的眾生」就居住在南面的「閻浮提洲」。

再回到主文。

無畏海國王聽了以後，感覺很歡喜。當時，鶴勒那尊者演說「無上道（如來所得之道，更無過上。）」，度化有緣的眾生。

因為上首弟子「龍子」很早就去世了，他有一個兄長「師子」，廣具各種知識，記憶力特強，剛開始侍奉婆羅門，等到師父去世了，弟弟也去世了，就皈依鶴勒那尊者。

師子問鶴勒那尊者說：「我想要求道，該怎麼用心？」

鶴勒那尊者回答說：「你想要求道，不需要用心。」

師子問說：「既然不用心，那麼怎麼做『佛事（發揚佛德之事）』？」

鶴勒那尊者回答說：「你如果有用心，就不是功德，你如果『無作（無因緣的造作）』，就是『佛事』。佛經裡說：『我『所作（指身、口、意三業的發動造作）』的功德，是因為沒有『我所（為我所有的觀念）』的緣故。』」

師子聽到這些話以後，就領悟了「佛慧（指諸佛所證的平等大慧）」。

當時，鶴勒那尊者忽然指向東北方問說：「這是什麼『氣象（指能預示吉凶的雲氣變化）』？」

師子問說：「我看見一道氣就像『白虹（日暈）』，橫貫在天地之間，又有五道黑氣，橫貫在其中。」

●名相：白虹

◎釋文：日暈；日光通過雲層中的冰晶時，經折射而形成的光的現象。圍著太陽成環形，帶有彩色，通常顏色不明顯。

鶴勒那尊者問說：「這個徵兆代表什麼？」

師子回答說：「不知道。」

鶴勒那尊者說：「我滅度五十年以後，『北天竺國』會有災難，會對你有影響，我將要滅度了，現在把『法眼』交付給你，你要好好護持。」

鶴勒那尊者於是說一首詩偈：「認得心性時，可說不思議。了了無可得，得時不說知。」

●詩偈的大意是說：

認得「心性（自性）」的時候，可說是不可思議。要明白「心性（自性）」是不可得到的，真正得到「心性（自性）」的時候，不會說自己知道「心性（自性）」是什麼。

要認得自己的「心性（自性）」，必須要停止自己第六識「意識」的分析判斷功能，讓第七識「末那識」停止作用。所以，要認得自己的「心性（自性）」，是「不可思議」的，是不可以用「理解」的，必須要「直觀」。「直觀」是不經過「理智推理」過程，而由感覺或精神直接體驗的一種認識作用，才能證悟「心性（自性）」是什麼。

師子比丘聽完詩偈以後，欣喜暢快，但是不知道將會遇到什麼災難？

鶴勒那尊者就祕密的示現給師子比丘看，說完就示現十八變圓寂了。火化收集舍利之後，各方都想分到舍利去建塔供養。

鶴勒那尊者又出現在空中，說一首詩偈：「一法一切法，一切一法攝。吾身非有無，何分一切塔？」

●詩偈的大意是說：

「一切法（每一事物）」的本質都是「性空（一切諸法，其性本空，皆無有我。）」，都是因緣所生，都是「一法（真如自性）」所攝受變化出來的。我的身體是因緣所生，看似存在，實際上是空無的。「有」和「無」的觀念，是自己第六識「意識」的分析判斷功能在運作，實際上不存在「有」和「無」，你們為何要生起分別心，計較分得舍利，各自去建塔供養呢？

●名相：性空

◎釋文：謂諸法之性未生時為空無所有，遇眾緣和合時則生起諸法，若無眾緣，亦空無所有，如水藉火之燃燒而沸騰，遂顯出熱性，若火熄滅，熱性亦失。

●名相：一法

◎釋文：指唯一無二的「絕對法」，即人人本具的「真如自性」。

●名相：一切法

◎釋文：乃泛指一切有為法、無為法及不可說法，又稱作「一切諸法、一切萬法」，即包含一切事物、物質、精神，以及所有現象的存在。簡單的說，「一切法」是由因緣而起的存在者。

●名相：攝

◎釋文：攝取（吸收，吸取）、攝受（謂佛以慈悲心，收取和護持眾生。）

大眾聽完詩偈以後，就沒有再分取舍利，就地建塔供養，當時是東漢獻帝二十年己丑年。

（二十四）二十四祖師子尊者

二十四祖「師子尊者」是「中印度」人，姓「婆羅門」，得法以後就遊行四方。到了罽賓國，有一個叫做「波利迦」的人，本來在修習禪觀，所以有修「禪定、知見、執相（執著於形相）、捨相（放棄形相）、不語（不說話）」的五眾弟子，「師子尊者」譴責他們，然後教化導正令入正道，四眾都沉默由衷佩服，只有修習禪定的「達磨達」，聽說四眾被譴責，很氣憤的來找師子尊者理論。

●名相：禪定

◎釋文：「禪」與「定」皆為令心專注於某一對象，而達於不散亂的狀態。

●名相：知見

◎釋文：指依自己的思慮分別而立的見解。與智慧有別，智慧乃般若的無分別智，為離思慮分別的心識。

師子尊者問說：「仁者不是在修習禪定嗎？為什麼要來這裡呢？既然已經來到這裡，那麼你修習的是什麼樣的禪定呢？」

達磨達回答說：「我雖然來到這裡，但是我的心沒有散亂，『定』是隨著人修習的，難道和修習的地方有關係嗎？」

師子尊者說：「仁者既然來到這裡，修習也來了，既然沒有修習的地方，那麼還會有人在修習嗎？」

達磨達說：「是『定』修習『人』，不是『人』修習『定』，我來到這裡，『定』隨著『人』來了。」

師子尊者說：「『人』不是修習『定』，是『定』隨『人』的緣故。那麼當『定』自己來的時候，『定』是誰在修習呢？」

達磨達說：「就像乾淨透明的明珠，內外透明。如果明白『定』，一定是像這樣子的。」

師子尊者說：「如果明白『定』，就像明珠那樣。今天見到仁者，並不是像明珠那樣的乾淨透明。」

達磨達說：「那顆明珠明亮而清澈，內外都是『定』。我的心沒有散亂，就像這顆明珠一樣的乾淨。」

師子尊者說：「那顆明珠沒有內外，仁者有什麼能耐能夠『定』呢？看到汙穢的東西，『心』不動搖，才是『真定』。你所說的『定』，不是潔淨的『真定』。」

達磨達聽到師子尊者的開示以後，就開悟了，「心地（第八識「阿賴耶識」）」清澈明亮。

師子尊者已經收服五眾，名聲就傳揚到各地，才開始尋找自己的「法嗣（禪宗指繼承祖師衣鉢而主持一方叢林的僧人）」。

師子尊者遇到一位長者，帶著他的孩子去問師子尊者說：「這個孩子名叫『斯多』，生下來的時候，就左手握拳彎曲，現在長大了，左手也不能伸展開來，希望尊者能夠開示這其中的前世因緣。」

師子尊者看著童子斯多，就伸出手，接著說：「可以還給我珠子了。」童子斯多突然把左手伸開，把手裡的珠子奉給師子尊者，眾人都感覺到驚奇訝異。

師子尊者說：「我前世是一個『僧人』，有一個童子叫做『婆舍』。我曾經去西海『赴齋（化緣、做功德等佛事）』，把這個『嚫（ㄔㄣˋ，施予僧侶財物）珠』交付給他，現在他還給我是理所當然的。」。

長者於是就讓他的孩子斯多出家，師子尊者就給他剃度受戒。因為前世名叫「婆舍」的緣故，所以就把這個孩子取名「婆舍斯多」。

師子尊者對婆舍斯多說：「我的師父曾經祕密給我『懸記（指佛遙記修行者未來證果或成佛的預言）』，說我不久以後會有大難，現在我把如來的『正法眼藏』交付給你，你應該好好護持，廣大而周遍的利益未來的眾生。」。

師子尊者說一首詩偈：「正說知見時，知見俱是心。當心即知見，知見即於今。」

●詩偈的大意是說：

正確的言說「知見」的時候，「知見」都是「心識」的產物。當「如來藏心（真如自性）」就是「知見」的時候，「知見」與「智慧」同義。

凡夫的「知見」，是自己第六識「意識」分析判斷的產物。當停止自己第六識「意識」的分析判斷功能，讓第七識「末那識」停止作用，第八識「阿賴耶識」就滅除了，然後轉識成智，轉變為清淨智，稱為「大圓鏡智」，此時「自性」自然顯現。當凡夫的「知見」，轉變成「佛知見」時，則「知見」與「智慧」同義。

●名相：知見

◎釋文：指依自己的思慮分別而立的見解，與「智慧」有別。「智慧」是「般若」的「無分別智」，為離思慮分別的心識。惟作「佛知見（指諸佛如來照見諸法實相妙理的知見慧解）」時，則「知見」與「智慧」同義。

師子尊者說完詩偈以後，就把「僧伽梨（僧佛大衣的名稱）」祕密交付給婆舍斯多，讓婆舍斯多去其他的國家隨機教化眾生。婆舍斯多接受教誨以後，就到了南天竺，師子尊者說大難不可以苟且免於損害，獨自留在罽賓國。

（注意！「禪宗」真正的「傳衣」之說，一直到「印度禪宗」第二十四祖師子尊者，傳法給第二十五祖婆舍斯多尊者時，才首次見到有「傳衣」的記載。）

當時，罽賓國有兩個外道，一個名字叫做「摩目多」，另一個叫做「都落遮」，學習了很多幻術，想要一起籌劃叛變造反，就假裝成佛門弟子的樣子，偷盜進入到王宮中，並且說：「如果不能夠成功，就將罪過推給佛門弟子的身上。」妖人做壞事以後，災害也隨之而來。

國王果然發怒說：「我一直皈依三寶，為什麼要禍害我成這個樣子。」國王就讓下屬毀壞「伽藍（寺院）」，除去佛門弟子。

國王又拿著劍到師子尊者那裡，問說：「大師得到『五蘊皆空』了嗎？」

師子尊者回答說：「已經得到『五蘊皆空』了。」

國王說：「脫離生死了嗎？」

師子尊者回答說：「已經脫離生死了。」

國王說：「既然已經脫離生死，可以把你的頭布施給我嗎？」

師子尊者說：「身子本來就不是我，頭還有什麼可吝惜的。」

國王就揮劍砍下了師子尊者的頭，乳白色的血液湧了幾尺高，國王的右臂當時就立刻掉落在地上，七天以後就病死了。

太子「光首」感嘆的說：「我父親為什麼要給自己帶來災禍呢？」

當時，有象白山的仙人通曉因果，就和太子光首說了這其中前世的因緣，解開了他的疑惑。（事情具體的記載在《聖青集》及《寶林傳》中），於是就用師子尊者的身體建塔供養，當時是魏齊王二十年己卯年。

關於師子尊者和罽賓國國王的前世因果，在《佛祖綱目》有提到。

《佛祖綱目》卷第二十三原文：

師子與羅崛。往世皆為白衣。以嫉法勝故。陰戕於崛。乃今償焉眾遂以師子報體。

《佛祖綱目》卷第二十三翻譯：

師子尊者和罽賓國的羅崛國王，在前世都是「白衣（在家人；在家的世俗之人）」。因為前世師子尊者嫉妒前世羅崛的佛法知識勝過他的緣故，前世師子尊者祕密的殺害前世羅崛，所以到今世報應羅崛殺害師子尊者。

（二十五）二十五祖婆舍斯多尊者

二十五祖「婆舍斯多尊者」是「罽賓國」人，姓「婆羅門」，父親是「寂行」，母親是「常安樂」。

最初，婆舍斯多尊者的母親夢到得到一把神劍，因此懷孕生下了婆舍斯多尊者。婆舍斯多尊者一出生，左手就握著，遇到了二十四祖師子尊者解開了前世因緣，祕密的傳授心印給婆舍斯多尊者，後來到了南天竺又到了中印度。

那裡的國王叫做「迦勝」，設禮供養婆舍斯多尊者。當時，有外道叫做「無我尊」，在婆舍斯多尊者沒有到之前，為迦勝國王所禮敬尊重。無我尊嫉妒婆舍斯多尊者的到來，要和婆舍斯多尊者辯論義理，想要獲勝來鞏固自己的地位。

於是，無我尊在迦勝國王的面前，對婆舍斯多尊者說：「我只解沉默的論，不借靠語言。」

婆舍斯多尊者說：「那麼誰知道勝負呢？」

無我尊說：「不爭誰勝誰負，只取其中的『義（義理、法則）』。」

婆舍斯多尊者說：「你以什麼為『義理』呢？」

無我尊說：「以『無心』為『義理』。」

婆舍斯多尊者說：「你既然沒有『心』，又怎麼得『義理』呢？」

無我尊說：「我說的『無心』，是『名字』並不是『義理』。」

婆舍斯多尊者說：「你說『無心』只是『名字』不是『義理』，我說『不是心』指的是『義理』不是『名字』。」

無我尊說：「只有『義理』沒有『名字』，誰能夠辨別『義理』呢？」

婆舍斯多尊者說：「你說的『名字』不是『義理』，那這個『名字』又是什麼『名字』呢？」

無我尊說：「為了辨別『不是義理』，所以『名字』沒有『名字』。」

婆舍斯多尊者說：「『名字』既然沒有『名字』，『義理』也不是『義理』，辨別的『人』是誰呢？辨別的又是什麼呢？」

就這樣來回辯論了五十九次，外道無我尊才信服閉口不言。

當時，婆舍斯多尊者忽然面向北方，合掌嘆長氣說：「我的師父師子尊者今天遇難了，真是令人悲傷。」就辭別了迦勝國王，向南走去，到了南天竺」潛藏隱居在山谷中。

當時，南天竺的國王名字叫做「天德」，迎請婆舍斯多尊者到宮中供養。天德國王有兩個兒子，一個叫做「德勝」，性格兇殘暴虐，好色淫亂；另一個叫做「不如密多」，性格和柔，哀民疾苦。

婆舍斯多尊者就給天德國王陳述了其中的因果，天德國王立刻解開所有的疑問。

又有一個咒術師嫉妒婆舍斯多尊者的道法，就偷偷的在婆舍斯多尊者的食物中放毒。婆舍斯多尊者知道了，照樣吃下食物，那個咒術師反而遭受了災禍，於是投奔婆舍斯多尊者出家，婆舍斯多尊者就給他受戒剃度。

六十年以後，德勝繼承王位，又再信奉外道，對婆舍斯多尊者發問質難，弟弟不如密多因為進諫救婆舍斯多尊者，而被囚禁。

德勝國王就問婆舍斯多尊者說：「我的國家一向拒絕怪誕乖謬的人，大師所傳的是什麼宗派？」

婆舍斯多尊者說：「大王的國家，從古以來沒有邪法，我所得到的是『佛宗』。」

德勝國王說：「佛陀已經滅度一千二百多年，大師是從誰那裡習得的法呢？」

婆舍斯多尊者說：「『飲光大師（『迦葉尊者』的中文翻譯）』親自接受佛陀的心印，展轉到了二十四祖師子尊者，我從師子尊者那裡得到的法。」

德勝國王說：「我聽說師子比丘被『刑戮（刑罰或誅戮）』，怎麼能傳法給後人呢？」

婆舍斯多尊者說：「我師父大難還沒有來的時候，就祕密的傳授給我『信衣』和法偈，來表示師承。」

●名相：信衣

◎釋文：中國禪宗傳授的法衣。象徵師父認可弟子對其教法的證悟，因法衣有證明的作用，故稱「信衣」。

德勝國王說：「衣服在哪裡？」

婆舍斯多尊者就從口袋中，取出「信衣」來給「德勝」國王看。德勝國王下令焚燒衣服，衣服卻依然各種顏色都在，外形色彩明亮光豔，火燒完了，也還是沒變，「德勝」國王隨即懺悔禮敬。師子尊者真正的法嗣，已經被證明，德勝國王就釋放了弟弟不如密多，不如密多請求隨婆舍斯多尊者出家。

婆舍斯多尊者問不如密多說：「你想要出家，是為了什麼事？」

不如密多說：「我出家就是為了不做其他的事情。」

婆舍斯多尊者說：「不為什麼事情？」

不如密多說：「不做俗事。」

婆舍斯多尊者說：「應該是為了做什麼事？」

不如密多說：「為了做佛事。」

婆舍斯多尊者說：「等到太子的智慧達到的那天，一定會有各種聖蹟出現。」

婆舍斯多尊者就允許不如密多出家，侍奉了婆舍斯多尊者六年。後來在王宮裡受戒剃度，「羯磨（作法事）」的時候，大地震動，很多靈異現象發生。

●名相：羯磨

◎釋文：梵語的音譯，意譯為「作法辦事」，指誦經拜佛等法事。

婆舍斯多尊者於是對不如密多說：「我已經衰老了，不久於世，你應該好好護持『正法眼藏』，利益有情眾生。聽我的詩偈：『聖人說知見，當境無是非。我今悟真性，無道亦無理。』」。

●詩偈的大意是說：

聖人說的「知見」是「佛知見」，不是凡夫的「知見」，面對外境時，心中沒有是非的分別。我現在所領悟到的「真性（自性）」，實際上沒有「道」，也沒有「真理」的。

聖人所領悟到的「真性（自性）」，是以停止自己第六識「意識」的分析判斷功能，去直觀領悟的。既然心中沒有「分別心」，當然就沒有「道」和「真理」的存在。因為，「道」和「真理」本來就「絕對」存在於宇宙之間，凡夫認為「存在」或者「不存在」的「相對觀念」，都只是自己第六識「意識」的分析判斷功能在運作而已。

不如密多聽完詩偈以後，就再問婆舍斯多尊者說：「『法衣』還要再傳授下去嗎？」

婆舍斯多尊者說：「這件『法衣』是為了避難時，用來作證明，你沒有災難就不需要這件『法衣』了。你度化十方的時候，人們自然會相信你的。」

不如密多聽完以後，作禮而退。婆舍斯多尊者就示現神通變化，變化「三昧火」自焚，留下的舍利有一尺那麼高，德勝國王建塔供養婆舍斯多尊者，當時是東晉明帝太寧三年乙酉歲。

●名相：三昧火

◎釋文：根據《傳法正宗記》卷一載：釋迦自知化期已近，乃付首座弟子大迦葉以清淨「法眼」及

「金縷僧伽梨衣」，隨後即往「拘尸那迦羅城」娑羅雙樹間，敷座設床，右脅而臥，在諸比丘及眾弟子圍繞之下，泊然入寂，大迦葉聞訊趕至，見金棺內之「三昧真火」燔然而焚，舍利光焰普照天地。

這裡要注意一件事情，就是有關於「僧伽梨衣」。就是第二十五祖婆舍斯多尊者付法給第二十六祖不如蜜多尊者時，並沒有將這件「僧伽梨衣」傳下來，他的理由是：這件「法衣」是為了「避難」時用來作證明用的。

不如蜜多尊者要避什麼「大難」呢？

原來，第二十四祖師子比丘用「宿命通」看到第二十五祖婆舍斯多尊者在未來會到南天竺，當時南天竺的國王名字叫做天德，天德國王有兩個兒子，一個叫做德勝，性格兇殘暴虐，好色淫亂；另一個叫做不如密多，性格和柔，哀民疾苦。

六十年以後，德勝繼承王位，又再信奉外道，對婆舍斯多尊者發問質難，弟弟不如密多因為進諫救婆舍斯多尊者，而被囚禁。

德勝國王想找個理由除掉婆舍斯多尊者，就質疑婆舍斯多尊者所傳承的正法。婆舍斯多尊者就拿出二十四祖師子比丘交付他的「信衣」，也就是那件「僧伽梨衣」，給德勝國王看，做為他是「禪宗」第二十五傳人的證明。

德勝國王就下令焚燒這件衣服，準備燒完衣服，就要殺掉婆舍斯多尊者。沒想到火燒完了，這件衣服依然完好如初，德勝國王這才信服，嚇的向婆舍斯多尊者懺悔禮敬。婆舍斯多尊者也才因為這件燒不壞的「僧伽梨衣」，得以保住性命，逃過這次的「大難」。

等到婆舍斯多尊者傳法給第二十六祖不如密多的時候，不如密多問婆舍斯多尊者說：「『法衣』還要再傳授下去嗎？」。

婆舍斯多尊者說：「這件『法衣』是為了避難時，用來作證明，你沒有災難就不需要這件『法衣』了。你度化十方的時候，人們自然會相信你的。」

所以，這件「僧伽梨衣」就止傳了，《傳法正宗記》和《景德傳燈錄》也有記載這件事情。

《傳法正宗記》卷第四原文：

蜜多（第二十六祖）既受付法。復告斯多（第二十五祖）曰。尊者以祖師僧伽梨衣祕於王宮。不蒙授之。其何謂耶。斯多曰。我昔傳衣。蓋先師遇難。付法不顯用為今之信驗。汝適嗣我。五天皆知。何用衣為。但勤化導。汝之已後者度人無量。蜜多默然奉命。

●名相：五天

◎釋文：是指「五印度」，又稱「五天竺國」，簡稱為「五天」。印度古老的《往世書》將印度的疆域，劃分為「東印度、北印度、西印度、南印度、中印度」。這種疆域的劃分，起源於印度神話中的世界中心「須彌山」，和圍繞「須彌山」的鹹海中的「東洲毗提訶、南洲贍部、西洲瞿陀尼、北洲拘盧」。

《景德傳燈錄》卷第二原文：

不如密多（第二十六祖）聞偈再啟祖曰。法衣宜可傳授。祖曰。此衣為難故假以證明。汝身無難何假其衣。化被十方人自信向。不如密多聞語作禮而退。

（二十六）二十六祖不如密多尊者

二十六祖「不如密多尊者」是「南印度」的「天德」國王的第二個兒子，已經受法得度以後，就到了東印度。

那裡的國王叫做「堅固」，信奉外道，供養「長爪梵志（因為他的指甲特長）」。

●名相：梵志

◎釋文：梵語，通稱一切外道的出家者。音譯婆羅門、梵士。意譯淨裔、淨行。婆羅門志求住無垢清淨得生梵天，故有此稱。

這裡要說明一下，古印度有二位有名的「長爪梵志」，一位生於釋迦牟尼佛的時代，是舍利弗的舅舅；另一位生於二十六祖不如密多尊者的時代。

●名相：長爪梵志（這是舍利弗的舅舅）

◎釋文：「長爪」是梵名，佛弟子之一，舍利弗的舅舅。以其指甲特長，故稱長爪梵志。為「王舍城」的「蛭駛梵志」之子，聰明博達，善於論議。曾四出遊方，廣習「四吠陀十八術」，後至「南天竺（南印度）」，孜孜勤學，誓言若不為第一師則不剪爪。姪兒「舍利弗」出家後，「長爪」亦來拜訪釋迦牟尼佛，與釋迦牟尼佛論議，不能勝，遂出家為佛弟子，得「阿羅漢果」。

直到不如密多尊者將到東印度時，堅固國王和長爪梵志一起看見一道白氣橫貫上下。

堅固國王問長爪梵志說：「這是什麼祥瑞的徵兆？」

長爪梵志預知不如密多尊者要入國境，擔心堅固國王會皈依不如密多尊者，就回答說：「這是魔來的徵兆，哪有什麼祥瑞？」

長爪梵志就聚集他的弟子們討論問說：「不如密多將要進入『都城（國都）』，誰能夠去挫敗他呢？」

弟子們說：「我們都有咒術，可以移動天地，進入水火，還擔心什麼呢？」

不如密多尊者到了以後，先看到宮牆上有一道黑色的氣，就說：「這只是小難罷了。」就直接進見堅固國王。

堅固國王問不如密多尊者說：「大師要來做什麼？」

不如密多尊者說：「來這裡度化眾生。」

堅固國王問說：「用什麼法門來度化呢？」

不如密多尊者說：「根據他們的根器來度化。」

當時，長爪梵志聽說了以後，就非常憤怒，就用幻術幻化了一座大山，移到不如密多尊者的頭頂上。不如密多尊者用手一指，大山就移到了長爪梵志他們的頭頂上。長爪梵志等眾人感到惶恐，就向不如密多尊者求饒，不如密多尊者憐憫他們愚昧而迷亂，再用手一指，幻化的山就消失了。於是，不如密多尊者就給堅固國王演說佛法，使堅固國王歸向真正的「佛乘（教導眾生成佛之法）」。

不如密多尊者對「堅固國王說：「這個國家，將會有聖人來繼承我的衣缽。」

當時，有一個「婆羅門」的兒子，年紀二十多歲，年幼的時候就沒有了父母，不知道他的名字，有人說他叫「瓔珞」，所以人們叫他「瓔珞童子」。

●名相：婆羅門

◎釋文：是梵語，意譯淨行、梵行、梵志、承習。在「古印度四姓階級」中，是最上位的僧侶、學者階級。為古印度一切知識的壟斷者，自認為印度社會的最勝「種姓（宗族）」。

●名相：古印度四姓階級

◎釋文：指古代印度的四種社會階級：

(1)婆羅門：譯作淨行、承習。又作梵志、梵種、梵志種、婆羅門種。指「婆羅門教」僧侶及學者的「祭司（介於神靈與人之間的中間人，在祭儀中代表或領導人們向神靈祈禱或作祭。）」階級，為四姓中的最上位。學習並傳授吠陀經典，掌理祈禱、祭祀，為神與人間的媒介。

(2)剎帝利：譯作田主，是王族及士族的階級，故又稱為「王種」。掌管政治及軍事，為四姓中的第二位，然於佛典中，則多以其為第一位。

(3)吠舍：譯作居士、商賈、田家，是從事農、工、商等平民階級，為四姓中的第三位。

(4)首陀羅：譯作農，是指最下位的奴隸階級，終身以侍奉前述三種姓為其本務。又前三種姓有念誦吠陀及祭祀的權利，死後得再投生於世，稱為「再生族」；反之，「首陀羅」既無權誦經、祭祀，亦不得投生轉世，故稱為「一生族」。

瓔珞童子在鄉里漫遊，以乞討度日，如此「常不輕（時常不敢輕慢）」「四眾（四種佛弟子。即比丘、比丘尼、優婆塞、優婆夷。）」之類的行為。

●名相：常不輕菩薩

◎釋文：「常不輕」又稱作「常被輕慢菩薩」，略稱「不輕菩薩」，是《法華經》「常不輕菩薩品」中所的菩薩。此菩薩是過去「威音王佛」滅後，「像法時期」出世的菩薩比丘，即釋迦牟尼佛的前身。此菩薩每次見到「四眾（四種佛弟子。即比丘、比丘尼、優婆塞、優婆夷。）」，都禮拜讚嘆說：「我深敬汝等，不敢輕慢，所以者何？汝等皆行菩薩道，當得作佛。」眾人聞言而有生怒者，以瓦、石、木杖等擊之，然「常不輕菩薩」恭敬依然，乃至遠見四眾，亦復禮拜讚嘆如昔，以故增上慢之四眾稱之為「常不輕」。

此菩薩臨終時，聞「威音王佛」說《法華經》，得六根清淨，增益壽命，更為人宣說此經，顯現神通，遂令增上慢四眾歸服，「常不輕菩薩」終得成佛。當時的常不輕菩薩即為釋迦牟尼佛，增上慢四眾則指釋迦牟尼佛宣說《法華經》時，法會上的「跋陀婆羅」等五百菩薩、「師子月」等五百比丘尼、「思佛」等五百優婆塞等等。此菩薩的授記，是示現眾生皆有佛性；亦即表現大乘佛教精神的一位重要菩薩。

「常不輕」的修行，亦為古來「篤行者（確實履行的修行人）」所精修，《歷代三寶紀》卷十二所記載，隋代僧人「信行」，於道路不問男女均禮拜。

人們問瓔珞童子說：「你為什麼走這麼快？」

瓔珞童子回答說：「你為什麼走這麼慢？」

有人問瓔珞童子說：「你姓什麼？」

瓔珞童子」回答說：「和你同姓。」

人們不知道「瓔珞童子」為什麼這麼說。

後來，堅固國王和不如密多尊者一起坐車出去，看到瓔珞童子「稽首（一種俯首至地的最敬禮）」在車前。

不如密多尊者問說：「你還記得往事嗎？」

瓔珞童子回答說：「我記得在久遠劫中，和師父您住在一起，師父您給我演說『摩訶般若法』，我轉而修習非常深奧的『修多羅（佛教經典）』。今天的事，也是過去種下的因。」

不如密多尊者又對堅固國王說：「這個兒童不是別人，是『大勢至菩薩』，在這個聖人之後，會出現兩個人，一個人遊行教化到『南印度』，一個人因緣在『震旦（中國）』，四、五之內，又會回到這個地方。」

於是，不如密多尊者因為前世的因緣，幫瓔珞童子取法名為「般若多羅」。交付「正法眼藏」以後，不如密多尊者說一首詩偈：「真性心地藏，無頭亦無尾。應緣而化物，方便呼為智。」

●詩偈的大意是說：

「真性（自性）」藏在「心地（第八識「阿賴耶識」）」裡，沒有頭也沒有尾。隨順因緣，教化眾生，為便利教化眾生，把「真性（自性）」稱為「智慧」。

不如密多尊者交付完「法眼」以後，就辭別堅固國王說：「我的教化因緣已經盡了，應當歸於寂滅，希望國王對於最上乘的法，不要忘記，好好護持。」說完就回到自己的座位上，結跏趺坐圓寂，變化「三昧火」自焚。眾人收集舍利，埋葬不如密多尊者後，建塔供養，當時是東晉孝武帝太元十三年戊子年。

（二十七）二十七祖般若多羅尊者

二十七祖「般若多羅尊者」是「東印度」人，得法以後遊行教化到了「南印度」，那裡的國王叫做「香至」，崇奉佛法，尊重供養僧眾，「度越倫等（超越等級）」，又布施了無價的寶珠。

當時，香至國王有三個兒子：「月淨多羅」、「功德多羅」和「菩提多羅」，「其季」「開士」也（其中最小的兒子「菩提多羅」是個菩薩）。

●名相：其季

◎釋文：「其」是其中，「季」是兄弟排行次序最小的。

●名相：開士

◎釋文：即菩薩，以菩薩明解一切真理，能開導眾生悟入佛的知見，故有此尊稱。

般若多羅尊者想試探一下他們的根器，就拿香至國王所布施的寶珠問三個王子說：「這個寶珠圓鏡明亮光潔，有能夠超過它的嗎？」

第一王子月淨多羅和第二王子功德多羅都說：「這個寶珠是七寶中最尊貴的，所以沒有能夠超過的，除非是像尊者這樣有道行的人，才能夠接受它。」

第三王子「菩提多羅」說：「這是世間的珍寶，並不是最高上的。在所有的寶物中，『法寶（指佛說的法）』是最高上的。

寶珠是『世間的光』，但並不是最高上的。在所有的『光』中，『智慧的光』是最高上的。

寶珠是『世界的明』，但並不是最高上的，在所有的『明』中，『心明』是最高上的。

這個寶珠的光明，是不能夠自照的，需要藉助『智光』；『智光』照到了，才能夠認出知道這是一顆『寶珠』；既然知道這是一顆『寶珠』，就明白這是個『寶物』；既然明白是個『寶物』，那麼『寶物』也不是『寶』了；辨別出來是『珠』，那麼『珠』也不是『珠』了。

『珠』不是『珠』，是因為要藉助『智慧的珠』來辨別『世間的珠』；『寶』不是『寶』，是因為要藉助『智寶』來明白『法寶』。

因為大師有『道』的原因，『寶』就自現了，眾生如果有『道』，『心寶』也會自現。」。

般若多羅尊者讚嘆第三王子菩提多羅的辯才智慧，於是又問他說：「在所有的東西中，什麼東西是『無相（沒有形相）』的？」

第三王子菩提多羅回答說：「在所有的東西中，不發動生起的東西，是『無相（沒有形相）』的。」

般若多羅尊者又問說：「在所有的東西中，什麼東西最高？」

第三王子菩提多羅回答說：「在所有的東西中，『人我』是最高的。」

●名相：人我

◎釋文：即人我見，凡俗之人妄認自身常住不變，執著「有我」之見。

般若多羅尊者又問說：「在所有的東西中，什麼東西最大？」

第三王子菩提多羅回答說：「在所有的東西中，『法性（真如）』最大。」

●名相：法性

◎釋文：指一切現象的本質或真實性，亦即宇宙一切現象所具有的真實不變的本性，也稱為「真如」、「實相」、「自性」。

般若多羅尊者知道第三王子菩提多羅是法嗣，但是因為時機還沒有到，所以就沒再多說什麼。

等到香至國王去世，所有的人都在痛哭悲傷，只有第三子菩提多羅在靈柩前入定。七天以後才出定，於是請求般若多羅尊者出家。

等到菩提多羅受戒以後，般若多羅尊者告訴他：「如來把『正法眼藏』交付給大迦葉尊者，如此這樣迴環反覆，交付到了我這裡，我現在交付給你，聽我的詩偈：『心地生諸種，因事復生理。果滿菩提圓，華開世界起。』」

●詩偈的大意是說：

「心地（第八識「阿賴耶識」）」能夠生出「諸法的種子」，因外緣的「事」，才能顯出這個「理（真如實相）」。這「果」若滿了（指證得「果位」），「菩提（覺智）」也就圓滿了。從前釋迦牟尼佛拈花，唯迦葉尊者微笑，既而證道。從一朵花中，便能悟出整個世界，得入涅槃。

●名相：諸種

◎釋文：「諸」是「諸法、一切法」，泛指一切「有為法」、「無為法」及「不可說法」。又「作一切諸法、一切萬法」。即包含一切事物、物質、精神，以及所有現象的存在。簡單的說，「諸法」是由因緣而起的存在者。

「種」是「種子識」，執持一切法的種子而不會消失的「心識」，為第八識「阿賴耶識」的別名。「諸種」是「諸法的種子」，由因緣而起的存在者，好像「種子」一樣，儲存在第八識「阿賴耶識」裡面；好像電腦的「檔案」一樣，儲存在「超級無限大硬碟」裡面。

●名相：事和理

◎釋文：視之為「現象（事）」與「本體（理）」的相對，即以森羅差別的現象事法，稱為「事」；以此等現象的「本體」是平等無差別的理性真如，稱為「理」。

依「唯識家」之說，「事」是依他而起的「事法」，「理」則為本自圓成如實的「真如」，二者具有「不即不離」的關係。因為「事」與「理」的差別，在於「有為」與「無為」的不同，故謂「事理不即（非一體）」；而「真如之理」者，其自體雖凝然不動，寂靜止息，然又可綿綿衍出現象，而為「事法」所依據之實。

●名相：果滿

◎釋文：「果」原指草木的果實；轉指由「因」所生出之結果。一切有為法，是前後相續，故相對於前因，則後生的法，稱為「果」。「果滿」是說：修行得道，已經證得「果位」（證正果之位）。

●名相：菩提圓

◎釋文：「菩提」意譯「覺、智、知、道」。廣義而言，是斷絕世間煩惱而成就涅槃的智慧。即佛、緣覺、聲聞各於其果所得的「覺智」。此三種菩提中，以佛的「菩提」為無上究竟，故稱「阿耨多羅三藐三菩提」，譯作「無上正等正覺」。

「菩提圓」是說，修行得道，已經證得「果位」，「菩提（覺智）」也就圓滿了。

●名相：華開世界起

◎釋文：「一花一世界」，從一朵花裡，就可以看出整個世界。「微觀世界」或者「宏觀世界」，都是一個「世界」，一朵花就是一個宇宙，一個人身也是一個宇宙。當你有了「微觀」和「宏觀」隨時轉換的眼界時，你就想開了許多事情，不計較許多事情。你會發現自己不過是大「宏觀世界」的花朵上的一隻螞蟻。佛教認為一粒沙，可以見到三千大世界，現在科學叫做「宇宙全息論（科學家認為目前所見的宇宙是真實宇宙的投影）」。

般若多羅尊者交付完「法眼」以後，就在座位上起立，舒展開左右手，各放光明二十七道，五色光照耀。又跳到虛空中，比多羅樹高出七倍的地方，變化「三昧火」自焚，空中的舍利就像下雨一樣，眾人收集舍利來建塔供養，當時是宋孝武帝大明元年丁酉年。

般若多羅尊者因為東印度國王的邀請，就去東印度教化。國王於是問：「人們都都『轉經（讀誦經典）』，為什麼只有大師不轉呢？」

般若多羅尊者說：「貧道『出息』不隨眾緣，『入息』不居『蘊界』，經常轉這樣的經百千萬億卷，而不是一卷兩卷。」

●名相：出息不涉眾緣

◎釋文：禪宗的用語，「出息」，指呼出氣息、呼氣。「呼氣」是向外的動作。所謂「不涉眾緣」，是指縱使向外呼氣，也是不迷失於外在對境的事物。

●名相：入息不居蘊界

◎釋文：禪宗的用語，「入息」，指吸入氣息、吸氣。「蘊界」，「蘊」是指「五蘊（色、受、想、行、識）」，為眾生的心身。「界」是「境界」，為「六根（眼、耳、鼻、舌、身、意）」對「六塵（色、聲、香、味、觸、法）」，生起「六識（眼識、耳識、鼻識、舌識、身識、意識）」，三六共為十八，即「十八界」。

所謂「不居蘊界」，是指縱使向內吸氣，也是不迷失於內在對境的感受；意味身處「五蘊」和「十八界」中，仍然自在不為所動。

這裡要注意一件事情，第二十七祖般若多羅尊者付法給第二十八祖菩提達摩時，沒有「傳衣」的記載。

《傳法正宗記》第五卷原文：

久之遂以法而付囑曰。如來大法眼藏展轉而今付於汝（第二十八祖菩提達摩）。汝善傳之無。使斷絕。

（二十八）二十八祖菩提達磨祖師（東土初祖）

二十八祖「菩提達磨祖師」（東土初祖）是「南印度國」的「香至」國王的第三個兒子。種姓是「剎帝利」，本名「菩提多羅」。後來遇到第二十七祖般若多羅尊者到此國來，受到香至國王供養。般若多羅尊者知道「菩提多羅」前世因緣的祕密事蹟，因此做一項測驗，讓他與兩個哥哥辨析香至國王所施捨給他的寶珠，說明「心要（心髓與精要，指心性上精要的法義。）」。測驗後不久，般若多羅尊者對菩提多羅說：「你對於『諸法（萬法）』，已經廣泛的通曉。『達摩』就是『廣泛通曉』的意思，你應該叫做『達摩』。」於是「菩提多羅」改名號，叫做「菩提達摩」。

●名相：諸法

◎釋文：又作「萬法」，指一切有為、無為等萬法，現代語稱為「存在、一切現象」等。

菩提達摩問般若多羅尊者說：「我既然已經得到正法，應該去哪一個國家作『佛事（凡是發揚佛德的事）』呢？希望您能給我開示。」。

般若多羅尊者說：「你雖然已經得到正法，但是不可以到遠處旅遊，暫時住在南印度。等我寂滅六十七年以後，你就到『震旦（即中國）』去。建立大『法藥（佛法能治眾生之苦，故稱法藥。）』，廣傳佛教妙法，直接接引『上根（修行佛道的能力特優者）』，小心謹慎，不要急著去，那樣會讓佛教在『震旦（即中國）』衰微的。」

●名相：上根

◎釋文：指上等的根器，即眼根、耳根、鼻根、舌根、身根等諸根的上利者，或修行佛道的能力特優者。

菩提達摩又問說：「『震旦（即中國）』有『大士（菩薩）』能夠承接『法器（具有修證佛法的根性，能行佛道的人。）』嗎？千年以後，佛教會有什麼災難嗎？」

般若多羅尊者說：「你所教化的地方，獲得『菩提（斷絕世間煩惱而成就涅槃的智慧）』的人，不計其數。我寂滅六十多年以後，『震旦（即中國）』會發生一場災難。水中有花紋的布，自己好好降服（路程艱險，自己好好克服困難。）。你到達『震旦（即中國）』的時候，不要在南方居住。那裡只愛好有為的功勞事業，不明白佛理。你就是到了南方，也不要久留。聽我的詩偈：『路行跨水復逢羊。獨自栖栖暗渡江。日下可憐雙象馬。二株嫩桂久昌昌。』」。

●詩偈的大意是說：

般若多羅尊者預言菩提達摩遠渡重洋，在「震旦（即中國）」的「羊城（『廣州市』的別名）」上岸。在南朝的首都「金陵」嘗試度化「梁武帝」，結果話不投機，不契合離開，獨自「栖栖（ㄒㄧ，孤寂零落的樣子）」一葦渡江，去到北朝的北魏。

「日下（京都、京師、京城，指南朝的首都『金陵』）的「雙象馬（指『梁武帝』身旁有『傅大士』和『寶誌禪師』兩位高僧。佛典中對於傑出的人才，向來比喻為『龍象』。）」，對於菩提達摩的離去，深感「可憐（惋惜）」。

「二株」，「株」樹木露在地面上的根部，指「樹木」，「二株」是二棵樹，是二個木，是「林」

字。「嫩桂」，「嫩」是初生柔弱的樣子「嫩桂」是初生的小桂樹，是「少」字。「二株嫩桂」是暗指「少林寺」。「久昌昌」，「昌昌」是繁多。

「二株嫩桂久昌昌」是指菩提達摩在「少林寺」後山的山洞中等了九年，遇到二祖慧可來接法。繼二祖慧可之後，「禪宗」在中國大放異彩，影響久遠。

菩提達摩又問說：「這以後，又有什麼事呢？」

般若多羅尊者說：「從現在起到將來一百五十年，會發生一場小災難。聽我的讖語（預測災異吉凶的預言）」：『心中雖吉外頭兇，川下僧房名不中。為遇獨龍生武子，忽逢小鼠寂無窮。』。」

●讖語的大意是說：

「心中雖吉外頭凶」是指北朝的「北周武帝」，「周」字裡面有個「吉」字，「外頭凶」是指他做了大舉滅佛的大壞事。

「川下僧房名不中」，是指「北周武帝」，他姓「宇文」，名「泰邕」，「邕（ㄩㄥ）」字拆開來是是「川」下「邑」，古代稱「僧房」為「邑（ㄧˋ）」。「名不中」是指「北周武帝」滅佛一事。

「北周武帝滅佛」，即「建德毀佛」，是「三武滅佛」之一，指的是在中國南北朝時期的「北周武帝」建德年間（公元五七二-五七八年），在經過多次辯論之後，「北周武帝」下令在當時佛教盛行的「北周」罷斥佛教，從而在全境內展開了一場聲勢浩大的「滅佛運動」。在這次運動中，佛像全都被毀，寺廟被收為國有，寺僧均被勒令還俗，還俗僧人達三百萬。

「為遇毒龍生武子」，「毒龍」是指北周武帝「宇文邕」的父親「宇文泰」，「武子」是指北周武帝「宇文邕」。

「忽逢小鼠寂無窮」，「小鼠」是指「庚子年」，「寂無窮」是指「死亡」。公元五八零年是「庚子年」，「北周武帝」「宇文邕」死於公元五七八年，是在「庚子年」之前死亡，所以說「忽逢小鼠寂無窮」。

菩提達摩又問說：「這以後又怎麼樣？」

般若多羅尊者說：「自此以後二百二十年，會見到林子裡有一個人證得道果。」「這個人」是指六祖惠能。

般若多羅尊者說這番話後的二二零年，即公元六七七年。六祖惠能從五祖弘忍接法後，在獵人隊裡隱居了十五年後證果，才出山傳真法。六祖惠能是在公元六七六年，唐高宗儀鳳元年，正式出山的，與這個預言完全吻合。

般若多羅尊者說：「聽我的讖語：『震旦雖廣別無路，要藉兒孫腳下行。金雞解銜一粒粟，供養十方羅漢僧。』」

●讖語的大意是說：

「震旦（即中國）」雖大，從前古佛傳的「真道」，已經失傳了。「真道」要靠你我的兒孫傳出「祖師禪」，再傳給「震旦（即中國）」。「金雞（指菩提達摩）發送銜來一顆「粟（真道）」」，落在「震旦（即中國）」，繁榮了六祖惠能門下的南嶽懷讓、青原行思等姪孫，禪法遂流布於天下，能供養十方的羅漢僧。

般若多羅尊者又把各段偈頌演說了一遍，內容都是預言佛教的發展，教派的興衰（詳見《寶林傳》和《聖胄集》）。

菩提達摩恭敬承受教義，在般若多羅尊者身邊服勤將近四十年，從來沒有懈怠。等到般若多羅尊者圓寂以後，就在本國內教化眾生。

當時有兩位佛教大師，一位叫做「佛大先」，另一位叫做「佛大勝多」。二人本來和菩提達摩一起學習「佛陀跋陀」的「小乘禪觀」。佛大先遇上般若多羅尊者後，捨棄「小乘」而修「大乘」，和菩提達摩共同教化人民，當時號稱「二甘露門」。

●名相：甘露

◎釋文：意譯作「不死、不死液、天酒」，即不死的神藥，天上的靈酒。「吠陀」中謂「蘇摩酒」為諸神常飲之物，飲之可不老不死，其味甘之如蜜，故稱「甘露」。亦以「甘露」比喻佛法的法味與妙味，長養眾生的身心。

●名相：二甘露門

◎釋文：指五世紀的「佛大先」與「菩提達摩」共從「般若多羅」學道，並稱為「門下二甘露門」。「佛大先」為北印度「罽賓國」人，乃「說一切有部」之師，為禪法的傳持者。「菩提達摩」為南天竺「香至國」王子，是西天第二十八祖，為中國禪宗的初祖。

●名相：吠陀

◎釋文：意譯「智、明、明智、明解、分」，是古印度「婆羅門教」根本聖典的總稱。原義為「知識」，即「婆羅門教」基本文獻的神聖知識寶庫，為與祭祀儀式有密切關聯的宗教文獻。關於其成書年代，有諸異說，一般推斷，應該開始於「雅利安人」自印度西北入侵，定居印度河流域的五河地方，完成於其後移居恆河流域時，原有三種「吠陀」，即「梨俱吠陀、沙摩吠陀、夜柔吠陀」，此三者稱為「三明、三吠陀、三韋陀論、三部舊典」，再加上「阿闥婆吠陀」，即成「四吠陀」。

而佛大勝多卻把他的徒眾，又分為「六宗」：第一「有相宗」，第二「無相宗」，第三「定慧宗」，第四「戒行宗」，第五「無得宗」，第六「寂靜宗」。各宗局限於自己的見解，各別發展教化的本源，支系茂密，弟子眾多。

菩提達摩感嘆道：「彼之一師已陷『牛迹』（他們的老師已經誤導佛的教法），何況還要枝葉茂盛的分為六宗？我要是不除掉這些錯誤觀念的派系，他們就會永遠被邪見所糾纏。」。

●名相：牛迹

◎釋文：牛行走的足跡，謂佛為「牛王」，「佛的教法」為「牛跡」。

菩提達摩說完，小施神力，來到「有相宗」的寺廟。

（一）降伏「有相宗」

菩提達摩問說：「在一切法中，什麼是『實相（本體，指宇宙事物的真相或本然狀態）』？」

●名相：實相

◎釋文：原義為「本體、實體、真相、本性」等，引申指一切萬法真實不虛的體相，或真實的理法、不變的理、真如、法性等。這是釋迦牟尼佛覺悟的內容，意即本然的真實，舉凡「一如、實性、實際、真性、涅槃、無為、無相」等，都是「實相」的異名。以世俗認識的一切現象均為「假相」，唯有擺脫世俗的認識，才能顯示諸法常住不變的真實相狀，故稱為「實相」。

在僧眾中有一位叫做「薩婆羅」的尊長回答：「在各種『相（形相）』中，不與各種『相（形相）』，互相交錯，就叫『實相（本體）』。」

●名相：相

◎釋文：事物的形相、相狀、特質，是指除了「本體」外的一切表面的東西，是可以通過眼耳鼻舌身等感受得到的東西。

●名相：本體

◎釋文：一般西洋哲學將「本體」解釋為：其自身真正存在而與「現象」對立的存有物。在佛教，通常以「法體」一詞來表達同樣之含義，其意即指「諸法的體性」；或以諸法的本質、本性、法性、真如等，為其同類用語。

菩提達摩問說：「如果各種『相（形相）』，互不交錯，就叫『實相（本體）』，該怎麼『定（不變動的）』呢？」

薩婆羅回答說：「在各種『相（形相）』中，其實沒有『定（不變動的）』。如果有『定（不變動的）』，怎麼叫做『實（真實）』呢？」

菩提達摩說：「各種『相（形相）』沒有『定（不變動的）』，便叫做『實相（本體）』。你今天說『不定（沒有不變動的）』，是怎麼得來的呢？」

薩婆羅回答說：「我說『不定（沒有不變動的）』，不是說各種『相（形相）』；如果說各種『相（形相）』，意思也是這樣。」

菩提達摩說：「你說『不定（沒有不變動的）』應該是『實相（本體）』，『定（不變動的』其實就是『不定（沒有不變動的）』，也就不是『實相（本體）』了。」

薩婆羅說：「『定（不變動的』既然是『不定（沒有不變動的）』，就不是『實相（本體）』。就如同知道『我』不是『我』，『不定（沒有不變動的）』也就是『不變』。」

菩提達摩說：「你說『不變』，怎麼叫做『實相（本體）』呢？已經變了，已經去了，意義也還是一樣。」

薩婆羅說：「『不變』應當『在（存在）』，『在（存在）』就是『不在（不存在）』。所以變了『實相（本體）』，以訂立它的意義。」

菩提達摩說：「『實相（本體）』是不變的，變了就不是『實相（本體）』。就『有、無』來看，什麼叫做『實相（本體）』呢？」

薩婆羅心裡明白聖師悟解深遠，便用手指著「虛空（空無所有）」說：「這是世間的『有相（有形相）』，也能看作『虛空（空無所有）』。就我這身體看，能像這樣嗎？」

菩提達摩說：「若是理解『實相（本體）』，就會看見『無相（沒有形相）』。若是理解『無相（沒有形相）』，也就理解『色（物質存在的總稱）』的顯現。而對『色（物質）』的認識，又不失其假有的形體，對『無相（沒有形相）』的認識，不妨礙『有相（有形相）』的感受。如果能夠這樣理解，就叫做『實相（本體）』。」

僧眾們聽完菩提達摩的開示，都豁然開朗，欽佩的向菩提達摩行禮，十分相信並接受菩提達摩的教導。

菩提達摩一下子就從這裡消失了，又來到「無相宗」的寺廟。

（二）降伏「無相宗」

菩提達摩問說：「你們說『無相（無形相）』，怎麼證明它呢？」

●名相：無相

◎釋文：無形相的意思，為「有相」的對稱。謂一切諸法無自性，本性為空，無形相可得。

僧眾中有一個叫做「波羅提」的回答說：「我能夠辨明『無相（無形相）』，是因為心裡不顯現對象的形象的緣故。」

菩提達摩說：「你心裡不顯現，如何辨明『無相（無形相）』呢？」

波羅提說：「我辨明『無相（無形相）』，就是心裡對『形相』不加取捨。例如對於光明，就當作沒有光明。」

菩提達摩說：「對於各種有無現象，心裡不加取捨。又對著光明，當作沒有對著，光明也就不存在。」

波羅提說：「在進入『佛三昧』的禪定狀態中，尚且沒有什麼感悟所得，何況還想知道『無相（無形相）』。」

●名相：佛三昧

◎釋文：「三昧」是將心定於一處（或一境）的安定狀態，「佛三昧」是禪觀的一種方法，指以念佛為觀想內容的一種禪定。亦即一心觀想佛的功德或稱念佛名的「三昧」。

菩提達摩說：「『形相』是什麼都不知道，還說什麼『有、無』？尚且沒有什麼感悟所得，怎麼能叫做『禪定』呢？」

波羅提說：「我說『不證明』，意思是『證無所證（證明沒辦法證明的事情）』，不是因為『禪定』的緣故，不是我所說的『禪定』。」

菩提達摩說：「不是『禪定』，怎麼又叫做『禪定』呢？你既然說『不證明』，這不是『證明』，那什麼才是『證明』呢？」

波羅提聽完菩提達摩的分辨、分析，就領悟到自己的「本心（本性、自性）」，拜謝菩提達摩，懺悔自己以前的錯誤。

菩提達摩預言說：「你不久將證得道果。這個國家有魔，不久就會被你降服。」

菩提達摩說完，忽然就不見了，又來到「定慧宗」的寺廟。

（三）降伏「定慧宗」

菩提達摩問說：「你們所學的『定慧（禪定與智慧）』，是一起運用，還是有先後順序的差別？」

●名相：定慧

◎釋文：指「禪定」與「智慧」，息慮靜緣為「定」，破惡證真為「慧」。「定」是指防止心意散亂以求安靜之法，「慧」是指破除迷惑以證真理之道。

●名相：定慧等持

◎釋文：謂等同任持「禪定」與「智慧」，雙運並修而無輕重先後之別。因為「自性」有「體（定）」、「用（慧）」的關係，「體（定）」即「用（慧）」，因為「慧」不離「定」；「用（慧）」即體（定）」，因為「定」不離「慧」。「定」即「慧」的緣故，由「寂」而有

「智」；「慧」即「定」的緣故，由「智」而有「寂」，是為「定慧等持」。與「定慧雙修」同義。

僧眾中有個叫做「婆蘭陀」的人回答說：「我們這個『定慧（禪定與智慧）』，不是一起運用，也不是有先後順序的差別。」

菩提達摩說：「既然不是一起運用，也不是有先後順序的差別，那為什麼叫做『定慧（禪定與智慧）』呢？」

婆蘭陀說：「在『定』中又是『非定』，處在『慧』中，又是『非慧』。『一』就是『非一』，『二』也是『不二』。」

菩提達摩說：「當『一』不『一』，當『二』不『二』。這不是『定慧（禪定與智慧）』，怎麼說是『定慧（禪定與智慧）』呢？」

婆蘭陀說：「不『一』不『二』，能夠知道『定慧（禪定與智慧）』。非『定』非『慧』，『定慧（禪定與智慧）』也知道。」

菩提達摩說：「『慧』不是『定』的緣故，怎麼知道『定慧（禪定與智慧）』呢？不『一』不『二』，誰是『定』，誰又是『慧』？」

婆蘭陀聽了，懷疑心像冰溶解消散，不留痕跡。

菩提達摩又來到第四處「戒行宗」的寺廟。

（四）降伏「戒行宗」

菩提達摩問說：「什麼叫做『戒』？什麼叫做『行』？『戒行』是一起運用，還是有先後順序的差別？」

●名相：戒

◎釋文：意指行為、習慣、性格、道德、虔敬。為三學之一，六波羅蜜之一，十波羅蜜之一。廣義而言，凡善惡習慣皆可稱之為「戒」，如好習慣稱「善戒」，壞習慣稱「惡戒」，然一般限指「淨戒（具有清淨意義的戒）、善戒」，特指為出家及在家信徒制定的戒規，有「防非止惡」的功用。

●名相：行

◎釋文：意思是動作、行為，指為到達悟境所作的修行或行法，意即對於知解言說的實地踐行。

●名相：戒行

◎釋文：謂持戒的行為。受持佛陀所制的律法，能隨順戒體，動作身、口、意三業而不違法，稱為「戒行」。

僧眾中有一個「賢人」回答：「一即二，二即一，名異而實同，都是那因緣所生，依教法所說，內心不染，就叫做『戒行』。」

菩提達摩說：「你說依教法所說，內心不染就是有染。一二都破了，還說什麼依教法。你這兩種說法矛盾，不能訴諸行動，內外都不明確。再者，如何叫做『戒』？」

●名相：破

◎釋文：指斥其過誤，稱為「破」。自己所用以破斥他人主張的言論，確有破斥的力量，能將對方的「立論（對問題提出議論、看法）」摧毀者，稱為「能破」。他人有所主張時，若發現其理論不圓滿，證明不夠確切，於實質與形式上有過失時，指出其過失所在，摧毀其「立論」，便成「能破」，故「能破」即為「破邪」。

賢人說：「我有『內我、外我』，完全知彼知己，既然得到『通達（明白事理）』，就是『戒行』。如果說矛盾，就是全是全非。說到清淨，就是『戒』，就是『行』。」

菩提達摩說：「全是全非，還說什麼清淨？既然得到通達的緣故，又哪有內外之分呢？」

賢人聽了，自覺慚愧，信服了菩提達摩。

菩提達摩又來到「無得宗」的寺廟。

（五）降伏「無得宗」

菩提達摩問說：「你們說『無得（無所得）』，既然『無得（無所得）』，又得到什麼正果？既然沒有所得，也沒有能得。」

僧眾中有個叫做「寶靜」的回答說：「我說『無得（無所得）』，不是說沒有『能得』。要說『能得』，『無得（無所得）』就是『得』。」

菩提達摩說：「『得』既然是『不得』，『得』也就不是『得』。既然又說『能得』，能得到什麼？」

寶靜說：「見到的「『得』是『非得』，『非得』是『得』。如果見到『不得』，就叫做『能得』。」

菩提達摩說：「『得』既然不是『得』，『能得』也是『無所得』。既然『無所得』，又說什麼『能得』？」

寶靜聽完，迷惘頓消。

菩提達摩又來到「寂靜宗」的寺廟裡。

（六）降伏「寂靜宗」

菩提達摩問說：「什麼叫『寂靜』？在此法中，哪是『靜』，哪是『寂』？」

●名相：寂靜

◎釋文：心凝住一處的平等安靜狀態。遠離本能所起的精神動搖，稱為「寂」；斷絕一切感覺苦痛的原因而呈現安靜的狀態，稱為「靜」。修習禪定，可令心止於一處、遠離散亂等，且攝持平等。

僧眾中有一位「尊者」回答說：「此心不動，就叫『寂』。不染教法，就叫『靜』。」

菩提達摩說：「本心如果『不寂』，就要藉助『寂靜之法』。本來『寂』，哪還需要『寂靜之法』嗎？」

尊者回答說：「諸法本空因為『空空』。就『空空』而言，名叫『寂靜』。」

●名相：空空

◎釋文：指「空」的概念，也是沒有實性。

●名相：空

◎釋文：與「有」相對，意譯「空無、空虛、空寂、空淨、非有」。一切存在的物中，皆無「自體、實體、我」等，此一思想即稱「空」。亦即謂事物的虛幻不實，或理體的空寂明淨。

「空」可分別為「人空」與「法空」兩者。「人空」，意謂人類自己無其實體或自我的存在；「法空」則謂一切事物的存在，皆由因緣而產生，故亦無實體存在。

菩提達摩說：「『空空』已經是『空』，諸法也是『空』。『寂靜』無形相，哪有什麼『靜』，哪有什麼『寂』呢？」

那位尊者聽了菩提達摩的教誨，一下子開悟了。

接著六派徒眾都發誓歸依菩提達摩，這樣，菩提達摩的佛法教化，遍及南印度，聲馳全印度。在六十年的時間裡，度化了無數的眾生。

後來遇到「異見（異端邪說）」的國王輕視佛法，毀壞三寶。國王常說：「我的祖宗都信仰佛道，陷入了邪見，壽命不長，「運祚（國家的福運）」也短。況且，既然我的身體是佛，還外求什麼？善惡報應，都是聰明人妄自虛構的說法。至於國內的「耆舊（年高望重者）」，都要革除罷黜。」。

菩提達摩知道後，感嘆國王德薄，如何挽救他呢？他想到「無相宗」有兩個首領，一個是「波羅提」，此人與國王有緣，快要證得道果；另一個是「宗勝」，不是不博學善辯，而是沒有「宿因（前世的因緣）」。當時六宗的弟子，心裡無不暗想：佛法有難，祖師怎能自己安閒呢？

菩提達摩用「他心通」遙知弟子們的心事，就彈響指頭回應他們。

●名相：他心通

◎釋文：是「六神通（天眼通、天耳通、他心通、神足通、宿命通、漏盡通）」之一，即證得「他心智」，能如實了知他人心中差別相的神通力。「他心通」能聞知六道眾生苦樂憂喜的語言，及世間種種的聲音。

六眾弟子們聽到彈指的聲音後說：「這是我們的師父達摩的信息聲音，我們應該趕緊前去，聽受師父的命令。」六眾弟子們來到菩提達摩的住所，禮拜問候。

菩提達摩說：「有一片葉子障蔽了天空，誰能剪除？」

宗勝說：「我雖然道行淺薄，卻有勇氣去走一遭。」

菩提達摩說：「你雖然聰慧善辯，可是道行還沒有完備。」

宗勝心想：「師父擔心我見了國王之後，大作『佛事（佛教化眾生的事）』，名譽顯赫聞達，擁有光輝奪目的尊威。縱使那國王的福德與智慧雙全，我是受過佛教誨的佛門弟子，難道還敵不過他嗎？」於是他就私下去見國王。

宗勝到了王宮，他向國王廣說「法要（佛法的要義）」、世界的苦樂及人天的善惡等事情。國王追問他、詢問他，交鋒問答，所說的沒有不合理的。

國王問說：「你今天所解說的這些佛理，這其中的佛法在哪裡？」

宗勝說：「這個如同國王治國教化人民，應當合乎正道。國王的道是什麼？」

國王說：「我的道就是要除去邪法，你那個佛法，將降伏哪個人呢？」

就在國王詢問「宗勝」的時候，菩提達摩坐在座位上，用「他心通」預知宗勝對國王闡釋佛法教義失敗了。

菩提達摩急忙告訴波羅提說：「宗勝不聽我的話私下去勸化國王，一會兒就理屈了，你快點去救他。」

波羅提恭敬的接受菩提達摩的指示，說：「希望藉助您的神力。」

波羅提說完，腳下生起白雲，用神通立即飛到國王的面前，沉靜無聲的停住。

當時，國王正在詢問宗勝，忽然看見波羅提乘著雲到來，大吃一驚，忘了自己和宗勝的問答對話。

國王問說：「騰空而來的人，是正還是邪？」

波羅提回答說：「我不是邪，也不是正，所謂正邪。國王的心若是正的，我便沒有邪正之分。」國王雖然驚奇訝異，而正值傲慢頭上，便向宗勝下了逐客令。

波羅提說：「國王既然有道，何必趕走僧人？我願意來解答國王的問題。」

國王惱怒的問說：「什麼是佛？」

波羅提回答說：「見性是佛。」

國王問：「大師已經見性了嗎？」

波羅提說：「我已經見到『佛性（如來藏）』了。」

●名相：佛性

◎釋文：又作如來性、覺性。即佛陀的本性，或指成佛的可能性、因性、種子、佛菩提的本來性質。為「如來藏」的異名。

國王問說：「性在哪裡？」

波羅提說：「性在作用上。」

國王說：「什麼作用？我現在沒有看見。」

波羅提說：「現在正在作用，只是國王自己看不見。」

國王說：「我有『佛性（如來藏）』嗎？」

波羅提說：「國王的『佛性（如來藏）』如果作用，到處都有『佛性（如來藏）』；如果不作用，連自己的身體都難以看見。」

國王說：「如果『佛性（如來藏）』作用的時候，它分幾處出現？」

波羅提說：「如果『佛性（如來藏）』作用的時候，它分八處出現。」

國王說：「應該為我講講這八處出現。」

波羅提說一首詩偈：「『佛性（如來藏）』在胎為身。處世為人。在眼曰見。在耳曰聞。在鼻辨香。在口談論。在手執捉。在足運奔。徧現俱該沙界。收攝在一微塵。識者知是佛性。不識喚作精魂。」

●詩偈的大意是說：

在母胎為身體，「處世（待人接物，應付世情）」為人，在眼睛有看見的功能，在耳朵有聽見的功能，在鼻子有辨別香氣的功能，在嘴巴有說話談論的功能，在手有掌握的功能，在腳有移動奔走的功能。『佛性（如來藏）』出現在無所不包的「沙界（恆河沙數的世界）」，又「收攝（收聚）」在一顆微小的塵埃中。知道的人說是「佛性（如來藏）」，不知道的人說是「精魂（精神魂魄；靈魂）」。」

●名相：沙界

◎釋文：意謂恆河沙數的世界，即指無量無數的佛世界。

國王聽完這段偈語，心裡就開悟了，向波羅提悔過謝罪過去的錯誤。他經常向學佛者諮詢「法要（佛法的要義）」，日夜不倦的修習佛道，活到九十歲才去逝。

當時，宗勝被趕出王宮，隱匿在深山裡，心想：「我如今已經一百歲了，八十歲之前，做事品行不良，二十年來才歸依佛道。本性雖然愚昧，行為可沒有差錯。既然不能抵禦佛法的災難，活著還不如死了好。」說完，立即跳崖自盡。立刻有一位神人用手托住他，把他放在岩石上，身體安然無損。

宗勝說：「我慚愧的身為佛門弟子，本該以宣揚正法為使命，卻不能去除國王的偏見，所以犧牲生命，自我譴責。沒想到神人竟然救助我，我竟然走到如此的地步，希望神人賜我一句話，讓我保用餘生。」。

於是神人便說了一首詩偈：「師壽於百歲。八十而造非。為近至尊故。熏修而入道。雖具少智慧。而多有彼我。所見諸賢等。未嘗生珍敬。二十年功德。其心未恬靜。聰明輕慢故。而獲至於此。得王不敬者。當感果如是。自今不疎怠。不久成奇智。諸聖悉存心。如來亦復爾。」

●詩偈的大意是說：

大師您的壽命已經一百歲，八十歲之前，做事品行不良，因為接近「至尊（菩提達摩）」的緣故，淨心修行而入佛道。雖然具有的智慧較少，而多有你我的分別心。對於所遇見的諸位賢人，不曾生起恭敬心。雖然有二十年的功德，您的內心沒有恬然安靜。因為聰明對人輕忽簡慢的緣故，才會有今日的下場，受到國王不尊敬的報應，應當感受到，這就是果報。從今以後，不疏忽懈怠，您不久就會成就不尋常的智慧。所有的聖人，都懷有精進不懈怠的道心，如來也是一樣。」

宗勝聽完詩偈，非常喜悅，在岩洞間靜靜的坐禪。

這時，國王又問波羅提說：「仁人聰明善辯，應該是拜什麼人為老師？」

波羅提說：「我出家，拜婆羅寺的烏沙婆三藏為『受業師（傳授學業的老師）』，『出世師（傳授超脫六道輪迴方法的老師）』是國王的叔父菩提達摩。」

國王一聽到菩提達摩的名字，驚慌害怕了半天，說：「我的德性鄙陋淺薄，慚愧的繼承了王位，又趨向邪說，違背正道，忘了我尊敬的叔父。」倉猝下令，叫近臣們專程去迎請菩提達摩。菩提達摩就隨著使臣來到王宮，幫助國王懺悔過去的錯誤。國王聽了規勸告誡，流著眼淚向菩提達摩謝罪。又下詔書，請宗勝回國。

大臣稟奏：「宗勝被貶斥之後，已經跳崖自殺了。」

國王對菩提達摩說：「宗勝的死，都是我的錯。您如何能夠大發慈悲，免去我的罪過呢？」

菩提達摩說：「宗勝現在正在岩洞中休息，只要派使臣去召見，馬上就會回來。」

國王便派使臣進山，果然看見宗勝在那裡端坐禪定，宗勝聽說國王召他回去。

宗勝說：「深深愧對國王的美意，貧道立誓居處在巖泉。況且，王國之中，賢德眾多，菩提達摩是國王的叔父，佛家六眾的導師，波羅提是佛法中的龍象，希望國王崇敬仰慕二位聖人，以造福帝王的基業。」使者執行命令後回報，還沒走到宮中。

菩提達摩就對國王說：「你知道使者帶回宗勝了嗎？」

國王說：「不知道。」

菩提達摩說：「第一次請不來，第二次請一定會來。」

過了很久，使者回來了，果然如菩提達摩所說，沒有帶回宗勝。菩提達摩於是向國王告辭說：「好好修習善德，不久你就會疾病發作，我走了。」。

七天之後，國王得到疾病，請御醫來診治，病卻越來越嚴重。國王本姓的親族，和在君主左右侍從的臣子們，記起菩提達摩的預言，急忙派使者去對菩提達摩說：「國王病重，快到彌留的時候了，希望王叔大慈大悲，遠道來救治。」。

菩提達摩便到王宮來慰問。這時，宗勝再次承蒙國王召請，便離開了深山。波羅提也來探病，問菩提達摩說：「該怎麼做才能讓國王免除病苦？」

菩提達摩便叫太子代替父王赦免罪人、廣施恩惠、崇奉「三寶（佛、法、僧）」，又為國王懺悔，希望消滅罪過。這樣做了三遍，國王的病有了好轉。

菩提達摩想到「震旦（中國）」的傳法因緣，已經成熟，遊行化導的時機已經到了。便首先告別了先師的寶塔，然後又告別同師受業的人。

菩提達摩最後到王宮，安慰鼓勵國王說：「要勤修『白業（善業）』，護持佛家『三寶（佛、法、僧）』。我這一去不會很久，十九年後便回來。」。

國王聽了菩提達摩所說的話，涕淚交流，說：「這個國家有什麼不好，那方的土地有什麼吉祥？不過，叔父既然同『震旦（中國）』有緣，也不是我勸阻得了的。只希望不要忘記了祖國，事情辦完了，早日回來。」。

國王便準備了大船，裝上各種珍寶，親自率領臣屬，把菩提達摩一行送到海邊。菩提達摩在海上漂浮了三年之後，終於到達了中國的南海。這時是梁武帝普通七年，庚子年九月二十一日。

廣州刺史「蕭昂」備設東道主的禮儀，迎接菩提達摩，並且上表奏稟「梁武帝」。梁武帝看了奏章，派遣使臣奉詔到廣州迎請，十月一日菩提達摩到達金陵（今南京）。

梁武帝接見了菩提達摩，問他說：「朕繼位以來，建造佛寺，譯寫經書，度眾為僧不計其數，朕有什麼功德呢？」

菩提達摩說：「並沒有功德。」

梁武帝問說：「為什麼沒有功德？」

菩提達摩說：「這些只是人界及天界的小善果報，是『有漏（煩惱）』的原因，如影隨形，雖然有善果報，卻不是實在的有。」

梁武帝問說：「怎樣才是真功德呢？」

菩提達摩說：「清淨智慧、『圓妙（殊妙圓滿之意；亦即真實絕對之相）』，本體自然『空寂（遠離諸法相的寂靜狀態）』。這樣的功德，不是能夠通過俗世的事情去追求的。」

梁武帝又問說：「什麼是『聖諦』『第一義』？」

●名相：聖諦

◎釋文：「諦」是真實不虛的理；「聖諦」即指聖者所知一切寂靜的境界，是佛教的根本大義，故又稱「第一義、真諦」；是屬於出離世間法中的究竟深義。

●名相：第一義諦

◎釋文：二諦之一。即最殊勝的第一真理，為「世俗諦」的對稱，略稱「第一義」。又稱「勝義諦、真諦、聖諦、涅槃、真如、實相、中道、法界」。總括其名，即指深妙無上的真理，為諸法中的第一，故稱「第一義諦」。

菩提達摩說：「廓然無聖。」

●名相：廓然無聖

◎釋文：「廓然」指大悟的境界；此大悟的境界沒有凡聖的區別，既不捨凡，亦不求聖，稱為「廓然無聖」，亦即「廓然」而無「聖諦」的意思。

梁武帝又問說：「回答朕問話的人是誰？」

菩提達摩說：「不知道。」

梁武帝沒有領悟，菩提達摩知道二人的心思沒有契合，於是在十月十九日，悄悄回到長江北岸。十一月二十三日，菩提達摩到達洛陽。

在魏孝明帝正光元年。菩提達摩在嵩山「少林寺」住下來，整天面壁而坐，沉默不語。人們不知道他在做什麼，就稱他為「壁觀婆羅門」。

當時，有個僧人叫做「神光」，是個心胸豁達的人。他長期居住在洛陽附近，他閱讀廣博，學識豐富，善於談論玄妙的道理。他時常感嘆說：「孔子、老子的教理，不過是禮教法術，風紀法度，《莊子》、《易經》這些書，也沒有完備玄妙的道理。」。

近日聽說菩提達摩大士住在少林寺，神光心想：「聖人就離自己不遠，應該去探訪他那玄妙的境界。」於是來到少林寺，早晚參見侍候菩提達摩大士。菩提達摩卻時常面對著牆壁，端正身體而坐。

神光聽不到菩提達摩的教誨和鼓勵，神光心想：「過去的人求道，有的人不惜自殘身體，敲碎骨頭，吸取裡面的骨髓，從身上槊出血來暫時充飢；有的人布施頭髮，遮蓋泥土；有的人捨身跳崖去餵老虎。古人尚且如此，我又算是什麼人呢？」

這年十二月九日的晚上，漫天的大雨雪，神光站立在山洞外面，堅持一動也不動。一直到天亮時，積雪淹過他的膝蓋了。

菩提達摩憐憫的問說：「你站在雪地裡很久了，你要求什麼事？」

神光悲苦的流下淚來說：「只希望和尚慈悲為懷，打開『甘露門』，普度眾生。」

●名相：甘露門

◎釋文：即指如來的教法，「甘露」為「涅槃」的譬喻，故趨赴「涅槃之門戶」譬之為「甘露門」。

菩提達摩說：「諸佛的無上妙道，是需要久遠之劫，勤奮精進，能行難行之事，忍難忍之情而修得的。哪能憑小德小智，輕慢之心，就想得到真乘，這是白費辛苦。」。

神光聽了菩提達摩的教誨激勵，拿出一把隱藏的鋒銳刀，砍斷自己的左臂，將殘臂放在菩提達摩面前。

菩提達摩知道神光是具有修證佛法的根性，能行佛道的人，就說：「諸佛最初求道的時候，為了證法而忘掉了形骸，你今天在我面前砍斷手臂，你所追求的也可以得到。」菩提達摩於是給他改名，叫做「慧可」。

慧可問說：「諸佛的『法印』，可以說給我聽嗎？」

●名相：法印

◎釋文：「法」是指佛法、佛教；「印」，即旗印、印記、標幟。「法印」是指佛教的旗幟、標幟、特質，乃證明為真正佛法的標準。又「印」有真實、不動不變之義，例如「王者之印」，能為證明。

菩提達摩說：「諸佛的『法印』，不是從人那裡得到的。」

慧可說：「我的心還沒有安定，求大師幫助我安定下來。」

菩提達摩說：「把你的心交給我，我幫助你安定。」

過了一會兒，慧可說：「我找不到我的心。」

菩提達摩說：「我已經幫你安心，完全安好了。」

這裡要說明一下這個禪機公案：

慧可說：「我的心還沒有安定，求大師幫助我安定下來。」

菩提達摩說：「把你的心交給我，我幫助你安定。」

慧可愣了一下他的第七識「末那識」，急忙的在尋找自己心；同時，他的第六識「意識」，也不斷快速的在分析判斷「六根（眼、耳、鼻、舌、身、意）」傳來的資訊，尋找自己的心在哪裡？

過了一會兒，慧可說：「我找不到我的心。」這個時候，慧可的第七識「末那識」，滿心期待專心的想聽到答案。

菩提達摩冷不防的說：「我已經幫你安心，完全安好了。」

慧可一聽，當下愣住，腦袋可能空白了五秒鐘。因為這個答案，讓他的第六識「意識」的分析判斷功能暫時中斷停止，第七識「末那識」也暫時停止作用，「妄想執著」也暫時消失，「自性光」一閃即逝。

就在這電光火石之間，慧可開悟了。因為，剛剛他看到「自性光」一閃而逝，這道「自性光」，通常在「禪定」時，才會見到。

再回到主文。

過了九年，菩提達摩要返回印度了。他召集門人說：「回國的時間到了，你們何不說說自己有什麼心得？」

當時，一個叫「道副」的說：「在我看來，不執著於文字，不離開文字，這就是道用。」

菩提達摩說：「你學到了我的皮毛。」

「尼姑總持」說：「據我的理解，就像『慶喜（阿難尊者）』等眾人，見到『阿閦佛國』。如果是我，見了一次，就不再見第二次。就如同『文殊師利菩薩』所說：『所可見者，更不可見。』。」

在這裡要暫停一下，要先深入的探討「尼姑總持」所說的心得報告，因為許多人會誤解這段心得報告得內容。

●名相：尼總持

◎釋文：南北朝時代的尼師，又稱「尼總持」。俗姓蕭，名明練，為梁武帝的女兒；出家後，號「總持」，師事禪宗初祖菩提達摩。

●名相：慶喜

◎釋文：梵名音譯「阿難、阿難陀」，為釋迦牟尼佛的十大弟子之一。於《大般若經》等處，多用「慶喜」之名，而少用「阿難」之名。

阿難尊者是釋迦牟尼佛的堂弟，出家後二十餘年間為釋迦牟尼佛的常隨弟子，善記憶，對於釋迦牟尼佛的說法多能朗朗記誦，故譽為「多聞第一」。

阿難尊者天生容貌端正，面如滿月，眼如青蓮花，其身光淨如明鏡，故雖已出家，卻屢遭婦女的誘惑，可是阿難尊者志操堅固，終得保全梵行。

阿難尊者於釋迦牟尼佛生前未能開悟，釋迦牟尼佛入滅時悲而慟哭；後受迦葉尊者教誡，發憤用功而開悟。於首次經典結集會中被選為誦出經文者，對於經法的傳持，功績極大。

初時，釋迦牟尼佛的姨母「摩訶波闍波提」欲入教團，阿難尊者即從中斡旋，終蒙釋迦牟尼佛許可，對「比丘尼教團」的成立，功勞至鉅。

釋迦牟尼佛傳法予迦葉尊者，迦葉尊者後又傳法予阿難尊者，故阿難尊者為付法藏的第二祖。

阿難尊者於釋迦牟尼佛入滅後二十年至二十五年間，於殑伽河中游示寂，入寂前，將法付囑於三祖商那和修。

●名相：阿閦（ㄔㄨˋ）佛國

◎釋文：「阿閦佛」是五方如來之中的「東方佛」。根據《悲華經》云，久遠昔時「刪提嵐世界」中，有轉輪王名叫「無諍念」，他的第九王子「蜜蘇」在「寶藏如來」面前發願，修持戒行，成就淨土，「寶藏如來」賜名「阿閦」，並授記他將「於來世過一恆河沙等阿僧祇劫，入第二恆河沙等阿僧祇劫」時在「東方妙喜世界」成正覺，號「阿閦如來」。

「阿閦佛」為「大乘佛教」信仰中，「東方妙喜世界」的佛陀，地位等同於「西方極樂世界」的「阿彌陀佛」，著名的「維摩詰居士」即是出自「東方妙喜世界」。

「阿閦佛」的「東方妙喜世界」非常莊嚴，有高大的「七寶菩提樹」。「阿閦佛」信仰與「阿彌陀佛」信仰皆起源於「大乘佛教」早期，不過在同屬於大乘的漢傳佛教中，另外一位「東方琉璃世界」的

「藥師佛」較為人知。在「藏傳佛教」與「密宗」信仰中，「阿閦佛」是金剛界五智如來（五方佛）中的東方如來，代表「大圓鏡智」。

●名相：刪提嵐國

◎釋文：「刪提嵐」為「阿彌陀佛」及「釋迦牟尼佛」於過去世發菩提心時的國名。根據《悲華經》卷二和《法華文句記》卷二的記載，久遠過去的世界有轉輪聖王名「無諍念」，王有千子；臣名「寶海」，有子出家成佛，號「寶藏」，先後度王及其千子。此世界即「刪提嵐」，「寶海」即釋迦牟尼佛，「無諍念王」即「阿彌陀佛」，千子即「觀音菩薩、勢至菩薩」等。

這裡要探討一個問題，大多數人都會誤解這一段的意思。

原文：「尼總持曰。我今所解。如慶喜見阿閦佛國。一見更不再見。」

大多數人都會翻譯成：尼姑總持說：「據我的理解，就像『慶喜（阿難尊者）』見到『阿閦佛國』見了一次，就不再見第二次。」

為什麼說，照字面上翻譯是錯誤的呢？

因為，你查遍所有的佛經，絕對找不到『慶喜見阿閦佛國』的記載，更不用說『一見更不再見』這件事情。

正確應該翻譯成：尼姑總持說：「據我的理解，就像『慶喜（阿難尊者）』等眾人，見到『阿閦佛國』。如果是我，見了一次，就不再見第二次，就如同『文殊師利菩薩』所說：『所可見者，更不可見。』。」

要了解尼總持的修道心得報告，必須要研讀完《維摩詰所說經》。因為，「尼總持」的心得報告，來自於《維摩詰所說經》。

其實，尼姑總持是在述說她看完《維摩詰所說經》的心得，這一段話是在講二件事情。

我先來說明「如慶喜見阿閦佛國」這一段原文。

這個典故出處，是《維摩詰所說經》的「見阿閦佛品第十二」。

《維摩詰所說經》見阿閦佛品第十二原文：

是時佛告舍利弗。有國名妙喜。佛號無動。是維摩詰於彼國沒而來生此。

●原文的大意是說：

釋迦牟尼佛告訴弟子舍利弗，有一個淨土國度叫做「妙喜」，那裡的主事佛，佛號是「無動」，「維摩詰居士」就是從「妙喜國淨土」，投胎轉世到我們這個世界。

《維摩詰所說經》見阿閦佛品第十二原文：

是時大眾渴仰。欲見妙喜世界無動如來及其菩薩聲聞之眾。佛知一切眾會所念。告維摩詰言。善男子。為此眾會。現妙喜國無動如來及諸菩薩聲聞之眾。眾皆欲見。於是維摩詰心念。吾當不起于座接妙喜國。

●原文的大意是說：

經由釋迦牟尼佛介紹「妙喜國淨土」之後，當時大眾渴望看見「妙喜國淨土」的「無動如來」及其他菩薩聲聞等眾。釋迦牟尼佛知道眾人的想法，就告訴維摩詰居士說：「善男子！請為此會的眾人，示現『妙喜國淨土』的『無動如來』及其他菩薩聲聞等眾。眾人都想要見識一下。」於是維摩詰居士心裡默念：「我不起座，用神通遙接『妙喜國淨土』。」

《維摩詰所說經》見阿閦佛品第十二原文：

爾時釋迦牟尼佛告諸大眾。汝等且觀妙喜世界無動如來其國嚴飾。菩薩行淨弟子清白。皆曰。唯然已見。

●原文的大意是說：

那個時候，釋迦牟尼佛告訴眾人，你們同時觀看過『妙喜國淨土』的『無動如來』及『妙喜國淨土』的莊嚴美好了吧！『妙喜國淨土』的菩薩們都行持清淨，諸眾佛弟子也都清白無瑕啊。」菩薩們和眾弟子們都回答說：「是的！我們已經看見了。」。

所以，尼姑總持說「如慶喜見阿閦佛國」，是以「慶喜（阿難尊者）」做為眾弟子們的代表，「慶喜（阿難尊者）」和其他眾弟子們，都一起看過「妙喜國淨土」。

那「尼姑總持」為什麼又說「一見更不再見」呢？

「一見更不再見」是在「文殊師利問疾品第五」中，維摩詰居士與文殊師利菩薩的對話，尼姑總持認為是心得重點。

《維摩詰所說經》文殊師利問疾品第五原文：

時維摩詰言。善來文殊師利。不來相而來。不見相而見。文殊師利言。如是居士。若來已更不來。若去已更不去。所以者何。來者無所從來去者無所至所可見者更不可見。

●原文的大意是說：

此時維摩詰居士就對文殊師利菩薩說：「你好！文殊師利！雖然以『無來之相』來到我這裡，雖然以『不見之相』而見此一切。」

文殊師利菩薩回答說：「是的，維摩詰居士！如果已經來了，便不再來，如果已經離去，便不再去。為什麼呢？因為來的人，並不知道從何處而來，去的人，並不知道欲往何處去。一切可以見到的即時又已不可見了。」

所以，尼姑總持借用文殊師利菩薩所說的「可見者更不可見」，改成「一見更不再見」。意思是說：萬法都是「因緣合和」而成，緣起緣滅，萬法是空。

「一見」是緣起，「更不再見」是緣滅，尼姑總持的修道心得，是領悟到「因緣即空」之理。

一切萬有皆由因緣的聚散而生滅，稱為「因緣生、緣生、緣成、緣起」。因此，由因緣生滅的一切法，稱為「因緣生滅法」；而由「因」與「緣」和合所產生的結果，稱為「因緣和合」。一切萬有皆由「因緣和合」而假生，無有「自性」，此即「因緣即空」之理。

再回到主文。

菩提達摩說：「妳學到了我的肉。」

道育說：「『四大（地、水、火、風）』本是空，『五陰（色、受、想、行、識）』並非真有。而我的見解是，沒有什麼法可以得到。」

菩提達摩說：「你學到了我的骨頭。」

最後，慧可禮拜了菩提達摩，依次序站在自己的位置上，沒有開口說話。

菩提達摩說：「你學到了我的精髓。」

於是菩提達摩看著慧可，告訴他說：「過去如來把他的『清淨法眼』傳給迦葉大士，然後又展轉囑託，傳到我手裡。我今天交付給你，你要護持。並且把『袈裟』也傳給你，以作為傳法的信物。它們各有自己的含義，你應該要知道。」

慧可說：「請大師指示。」

菩提達摩說：「內傳『法印』，以便『契證（以領悟、感通的方式證實明白佛理）』心；外傳『袈裟』，以便確定禪宗的教義。

●名相：法印

◎釋文：「法」是指佛法、佛教；「印」，即旗印、印記、標幟。「法印」是指佛教的旗幟、標幟、特質，乃證明為真正佛法的標準。

若是後代風氣浮薄，生起疑慮爭論，說我是『西天（印度）』人氏，你是東方學子，憑什麼得到正法，你拿什麼證明呢？你如今接受這件『袈裟』和『正法』，以後遇上災難，只要拿出這件『袈裟』和我的『法偈』，就可以對人清楚的表示事情的真相，教化眾生，沒有妨害。

到我寂滅兩百年之後，衣裳就不再往下傳了，佛法已經遍布天下。但是那個時候，懂佛道的人多，行佛道的人少；說佛理的人多，了解佛理的人少。暗中相符，祕密的證說，有成千上萬之多。你應當宣揚正道，不要輕視了沒有證悟佛理的人。念頭一來就空掉，就可以回到你那本空的境界，找到了你自己的『本性』。聽我的詩偈：『吾本來茲土，傳法救迷情。一花開五葉，結果自然成。』

●詩偈的大意是說：

我來到東土中國，是為了弘揚佛法，度化迷惑的眾生。「一花開五葉」，自然結出禪宗興盛的果實來。

●「一花開五葉」有二種說法：

(1)「一花（六祖惠能）」開演出「五宗（禪宗的五宗，即由『南宗』所出的『溈仰宗』、『臨濟宗』、『曹洞宗』、『雲門宗』、『法眼宗』。）」。

(2)「一花（菩提達摩）」開演出「五葉（慧可、僧璨、道信、弘忍、惠能）」。

這裡要提一下「傳法衣」的事情，在「印度」的時候，第二十七祖般若多羅尊者付法給第二十八祖菩提達摩時，並沒有「傳衣」的記載。

直到菩提達摩到了中國在嵩山少林寺，傳法給「中國禪宗」第二祖慧可時，才又重新見到傳衣和缽的記載。其後歷經二祖慧可、三祖僧璨、四祖道信、五祖弘忍、六祖惠能，都有「付法傳衣」之說。

所以，我們可以推測，中國禪宗傳到六祖惠能手上的那件「僧伽梨衣」，是初祖「菩提達摩」自己的衣服。

再回到主文。

菩提達摩又說：「我有《楞伽經》共四卷，也要傳給你。這是如來心地『要門（精要的法門）』，讓諸眾生『開示悟入（開發，顯示，證悟，證入）』。

●名相：開示悟入

◎釋文：

(1)「開」是開發之意；即破除眾生的無明，開「如來藏」，見實相之理。

(2)「示」是顯示之意；惑障既除則知見體顯，法界萬德顯示分明。

(3)「悟」是證悟之意；障除體顯後，則事（現象）、理（本體）融通而有所悟。

(4)「入」是證入之意；謂事理既已融通，則可自在無礙，證入智慧海。

我自從來到這裡，總共五次中毒。我曾經把毒物吐出來試驗，毒物放在石頭上，石頭都裂開了。我離開南印度來到東土的原因，是看到『神州（中國）』大地有『大乘（上乘、勝乘、第一乘）』景象。所以才跨過大海，越過荒漠，為大法尋找法器。機遇未合，便像愚人一般，少言寡語，現在把正法傳授給你，我的目的已經達到。」。

（《別記》記載：菩提達摩在少林寺住了九年，為二祖慧可說法。只教他「外息諸緣，內心無事；心如牆壁，可以入道。」二祖慧可講說心性種種，同真理不相契合。菩提達摩只制止他的錯誤，不給他講解「無念心性」。二祖慧可有一天忽然說：「我已經息了諸緣。」菩提達摩問說：「莫非斷滅了嗎？」二祖慧可說：「不可斷滅。」菩提達摩說：「這就是諸佛所傳的心性，永遠不要懷疑它。」）

菩提達摩說完，和眾徒們來到禹門（洛陽龍門）的千聖寺，住了三天。當時期城的太守「楊炫（ㄒㄩㄢˋ）之」，很早就仰慕佛教。

楊炫之問菩提達摩說：「大師身為『西天五方印度（即印度。古印度區劃為東、西、南、北、中五部）』的祖師，那麼『佛道』究竟是什麼樣的呢？」

菩提達摩說：「明白『佛心宗（禪宗）』，『行解（修行和知解）』『相應（互相契合）』，就可以成為祖師了。」

●名相：佛心宗

◎釋文：「禪宗」的別稱，是出自《楞伽經》的「佛語心為宗」而來。「禪宗」以「不立文字、不依經典，直傳佛的心印。」為宗旨，故又稱為「佛心宗」。

●名相：行解

◎釋文：為「行」與「解」的並稱。「行」是「修行」的意思，即依循教理而實踐躬行；「解」是「知解、智解、認知」，即從各種見聞學習而領解教理。通常多稱為「解行」，為佛教各宗派欲達佛果聖道的大基本法門。

在「唯識宗」與「俱舍宗」，把「行解」更深入用「八識」來做分析解釋。指八個「心王」與「心所」對某一對象發生作用，同時了解、認知此一對象的意思。八個「心王」是指八個「心識」的識體自身，亦即吾人精神作用的主體；「心所」是指與八個「心王」相應而起的「心理活動」或「精神現象」，「俱舍宗」分為六類四十六種，「唯識宗」分為六類五十一種。

我們的「心識」對外境「進行作用（行）」時，即是自己第六識「意識」的分析判斷功能在運作。第六識「意識」把分析判斷的結果，傳遞給第七識「末那識」做決定，即是產生「認知了解（解）」的同時，所以「行」即是「解」。

「行解相應（『修行』和『知解』互相契合）」，就是指停止自己第六識「意識」的分析判斷功能，讓第七識「末那識」停止作用，第八識「阿賴耶識」就滅除了，然後轉識成智，轉變為清淨智，稱為「大圓鏡智」，此時「自性」自然顯現。

假如「行解（修行和知解）」可以「相應（互相契合）」，就可以「見性成佛」，就可以成為祖師了。

楊炫之接著又問說：「除此之外，還有什麼呢？」

菩提達摩說：「必須要明白瞭解『他心（他人的心念）』（這是指『六通』中的『他心通』），知道其中因緣果報的過去和未來（這是指『六通』中的『宿命通』），不厭煩有和無，對於正法沒有取捨，不『賢（有才能德行）』也不愚癡，沒有迷惑也沒有覺悟，如果能夠有這樣『無分別心』的見解（這是指『六通』中的『漏盡通』），就可以稱為祖師了。」

●名相：六通

◎釋文：指「六神通」，為佛菩薩依定慧力所示現的，六種無礙自在的妙用。即：神足通、天耳通、他心通、宿命通、天眼通、漏盡智證通。

●名相：他心通

◎釋文：為六神通之一，即證得他心智，能如實了知他人心中差別相的神通力。

●名相：宿命通

◎釋文：為六神通之一，能夠知道過去世的命運，即能夠知道過去一生、無量生中的受報差別、善惡苦樂等情狀。若能夠知此情狀，稱為「宿命通」。凡夫不知道「宿命」，故常憍慢，不畏造惡果報，不精進於萬善。

●名相：漏盡通

◎釋文：「漏」是煩惱的別稱，以聖智斷盡煩惱，稱為「漏盡」。「漏盡通」為六神通之一，謂斷盡一切煩惱惑業，永離生死輪迴的神通。即證得「漏盡智」，斷盡一切「有漏煩惱」，依止靜慮而示現威德具足。

楊炫之又問說：「弟子皈依三寶（佛、法、僧）已經有兩年了，但是智慧依舊愚昧糊塗，對於真理還有迷惑，剛才聽到大師說的話以後，更加不知所措，希望大師慈悲，能夠給我開示佛法主要的意旨。」

菩提達摩知道他誠懇周到，是真心求法，就說一首詩偈：「亦不覩惡而生嫌。亦不觀善而勤措。亦不捨智而近愚。亦不拋迷而就悟。達大道兮過量。通佛心兮出度。不與凡聖同躔。超然名之曰祖。」

●詩偈的大意是說：

也不看見惡事，就生起嫌棄厭惡的心；也不看見善事，就生起善有善報的心；也不捨棄智慧，去接近愚昧；也不拋棄迷惑，追求開悟。要通達大道，不可以超過適當的限量，不可以有「相對分別」的妄心；要通達佛心，不可以有「從此處渡過生死迷惑的大海，而到達覺悟的彼岸。」的妄心。不可以有「凡人、聖人」的分別妄心，能夠超脫世俗「相對分別」的妄心，就可以稱為祖師了。

楊炫之聽完詩偈以後，悲喜交加，對菩提達摩說：「希望大師能夠長久住世，教化教導眾生。」

菩提達摩說：「我就要走了，不會久留在這裡，這裡眾生的根性差別巨大，我再待在這裡，會有禍患災難降臨的。」

楊炫之說：「不知道是什麼樣的人，弟子我能夠幫大師除去嗎？」

菩提達摩說：「我本來就是來傳授釋迦牟尼佛的祕密心印，利益迷途的眾生。我如果去傷害他們來保障自己的安全，這在佛法裡是說不通的。」

楊炫之說：「大師如果不說，那麼怎麼知道，您有通曉變化觀照的力量呢？」

菩提達摩不得已，就留下「讖語（預測吉凶，可為日後徵兆的話。）」：「江槎分玉浪，管炬開金鎖。五口相共行，九十無彼我。」

楊炫之聽完以後，不明白其中的意思，就默默的記下來，然後就禮辭大師而去。菩提達摩留下的「讖語（預言）」，雖然當時不知道其中的意思，但是事後都應驗了。

這裡要探討一下菩提達摩所留下的「讖語（預言）」：「江槎（ㄔㄚˊ）分玉浪，管炬開金鎖。五口相共行，九十無彼我。」。

這首「讖語（預言）」我查遍書籍和網路資料，居然有名的大師們和法師們，都沒有人去翻譯和探討。只有少數學佛人士和「一貫道」宗教團體，對這首「讖語（預言）」有解釋。

我們先來看看這二種版本的說法：

(1)少數學佛人士的版本：

「江槎分玉浪，管炬開金鎖。五口相共行，九十無彼我。」

「江槎分玉浪」

「江」者「流」也，「槎」者「支」也，「玉浪」者「三藏」也，總言「流支三藏」也。

②「管炬開金鎖」

「管炬」者「光」也，「開」者「統」也，「金鎖」者「毒藥」也，總言「流支三藏下的毒」也。

③「五口相共行」

「五口」者「吾」字也，「相共行」者「與吾爭行佛法，生起忌妒心」也。

④「九十無彼我」

「九十」者「卒」字也，「無彼我」者「無彼此」也。

●詩偈的大意是說：

「流支三藏」與菩提達摩爭行佛法，生起忌妒心，預言最後「流支三藏」會下毒毒死菩提達摩。

●分析少數學佛人士的解說版本：

①「江」者「流」也，還勉強說得通；但是「槎」有「木筏、樹枝」的意思，解釋成「支」，說不通；「玉浪」是「白浪」的意思，解釋成「三藏」完全說不通，總言「流支三藏」，這是很牽強的字面解釋。只因為後來「流支三藏」毒害菩提達摩，「江槎分玉浪」就直指是「流支三藏」，這是不通的解釋。

②「管炬」者「光」也，說得通；但是「開」者解釋成「統」，不知所云；「金鎖」解釋成「毒藥」，更是亂說。這些說不通又牽強的解釋，目的就是要說明「流支三藏下毒」。但是，在中藥裡，反而有一味「開金鎖」的中藥名，又名「野蕎麥、金鎖銀開、金蕎麥」，為植物蓼科苦蕎麥的根狀莖，有抗炎抗腫瘤抑菌的作用。

③「五口」是指「吾（我）」字，「相共行」是指「『流支三藏』與『菩提達摩』爭行佛法，生起忌妒心」，這勉強說得通。

④「九十」是指「卒」字，「無彼我」是說「無彼此」，但是只有名詞解釋，沒有整句的翻譯。我覺得菩提達摩是大覺者，他會留下的「讖語（預言）」，應該是有益後代眾生的事情，而不是只預言「流支三藏」將會下毒毒死他，大覺者是不會這麼做的。

(2)「一貫道」宗教團體的版本：

「江槎分玉浪，管炬開金鎖。五口相共行，九十無彼我。」

「江槎分玉浪」

「江」者「江湖河海」也，「槎」者載人的舟船也，意思就是渡人的「小法船（指家庭佛堂）」，分佈在世界各地，遍佈大街小巷，乘風破浪，到處去普渡眾生。

②「管炬開金鎖」

「管」者「燈管」也，「炬」者「火把」也。要在有三盞佛燈的佛堂，「點傳師」藉「無極的燈光」，點破眾生的「玄關竅」，讓眾生契入真空，會見自家菩薩，顯露善美德行，顯佛的良心，作佛事，此皈依「佛」也，這是得道的第一寶：「玄關竅」。

③五口相共行」

「五口」者「無字真經（共五個音）」也，「明師（點傳師）」傳授「無字真經」，是要我們遠離一切語言形相的無極真理，當不著相，無為而為此皈依「法」也，這就是得道的第二寶：「口訣」。

④「九十無彼我」

最後傳授「九」跟「十」，是「合同子亥訣」也。

「天干」與「地支」是古代中國用以記錄時間（年、月、日、時）的符號，由兩者經一定的組合方式搭配成六十對，為一個周期，循環往復，稱為「六十甲子」或「六十花甲」。

「天干」是「甲、乙、丙、丁、戊、己、庚、辛、壬、癸」為「十干」，是中國古代用來表示次序的符號。

「地支」是「子、丑、寅、卯、辰、巳、午、未、申、酉、戌、亥」十二支的總稱，也是中國古代用來表示次序的符號。

中國古代有「五行（水、火、木、金、土）」之說，認為「五行（水、火、木、金、土）」是構成萬物的基本元素。五者相生相剋，使宇宙萬物運行變化，形成各種現象。

把「天干」與地支」配合「五行」，各有屬性如下：

①「天干」是「甲（木）、乙（木。）、丙（火）、丁（火）、戊（土）、己（土）、庚（金）、辛（金）、壬（水）、癸（水）」。

②「地支」是「子（水）、丑（土）、寅（木）、卯（木）、辰（土）、巳（火）、午（火）、未（火）、申（金）、酉（金）、戌（土）、亥（水）」。

「天干」中第九「壬」和第十「癸」屬水，也就是「壬癸水」。對應「地支」中屬水的，只有「子」和「亥」。

我們的右手有十二「地支」，從右手「無名指」根部（子）逆時鐘算起，「子、丑、寅、卯、辰、巳、午、未、申、酉、戌、亥」，繞一圈到「小指」根部（亥），剛好是十二「地支」的順序。

把右手「大拇指」按在右手「無名指」根部，是「子（水）」；左手「大拇指」按在右手「小指」根部，是「亥（水）」。再把兩手合抱起來，就是代表「合同」，意思就是修道要與上天契合，與眾生同，打破你我的執著，拳拳服膺，不離規戒，當永保赤子之心，此皈依「僧」也，這就是得道的第三寶：「合同」。

●詩偈的大意是說：

菩提達摩預言後世大道普傳的時代，「法船」是「家庭佛堂」，能夠躲災避劫，而傳法是以「佛燈（管炬）」打開「玄關（金鎖）」，「無字真經（共五個音）」是互相共同修行的不二法門，「子亥相掐（抱拳）」的「合同（九十）」是打破對待與天人合一的修持。現在「一貫道」的「點傳師」所傳授的「玄關、口訣、手印」三寶，就是菩提達摩所預言佛法未來的傳承。

●分析「一貫道」宗教團體的解說版本：

①「江槎分玉浪」

是指「小法船（指家庭佛堂）」乘風破浪，到處去普渡眾生。

②「管炬開金鎖」

是指「家庭佛堂」的三盞佛燈，「點傳師」藉「無極的燈光」，點破眾生的「玄關竅（金鎖）」，這是得道的第一寶：「玄關竅」。

③「五口相共行」

「五口」者「無字真經（共五個音）」也，「明師（點傳師）」傳授「無字真經」，這就是得道的第二寶：「口訣」。

④「九十無彼我」

最後傳授「九」跟「十」，是「合同子亥訣」。運用「天干」與「地支」來詮釋「九」跟「十」的意思，這就是得道的第三寶：「合同」。

「一貫道」宗教團體的解說，我第一次看到時，非常喜歡。因為，這個詮釋真是一絕，解釋的非常傳神，也是我最喜歡的詮釋。可惜的是，當我讀到「祖之所識。雖當時不測。而後皆符驗。」這一段之後，我就大失所望。原來是美麗的錯誤，巧合的誤解。

這段原文的意思是：菩提達摩留下的「讖語（預言）」，雖然當時不知道其中的意思，但是事後都應驗了。

原來這句「讖語（預言）」已經「雖當時不測。而後皆符驗。」，這就表示，「一貫道」宗教團體的「三寶」，和「讖語（預言）」裡的描述，是沒有關聯的。

(3)「呂冬倪」的版本：

「江槎分玉浪，管炬開金鎖。五口相共行，九十無彼我。」

那到底這句「讖語（預言）」在說什麼呢？

我再回顧前文：「祖曰。吾以傳佛祕密。利益迷途。害彼自安。必無此理。」意思是說：菩提達摩本來就是來中國傳授釋迦牟尼佛的祕密心印，利益迷途的眾生。如果去傷害他們來保障自己的安全，這在佛法裡是說不通的。」。

所以，菩提達摩的「讖語（預言）」，應該是要利益眾生的。以這個角度，來探討這句「讖語（預言）」，我的詮釋如下：

①「江槎分玉浪」：

網路上有人認為，「江槎分玉浪」是指菩提達摩乘「大舟（大船）」東渡到達中國廣州。但是，「槎（ㄔㄚˊ）」是「木筏」，「江槎」是江中的木筏，多指「江船」。菩提達摩是乘「大舟（大船）」東渡到達中國廣州，而不是「江槎（江船）」小船。

那麼「江槎（江船）」是指什麼呢？

前文提到「帝不領悟。祖知機不契。是月十九日。潛回江北。十一月二十三日。屆于洛陽。當魏孝明帝正光元年也。寓止于嵩山少林寺。」意思是說：梁武帝沒有領悟，菩提達摩知道二人的心思沒有契合，於是在十月十九日，悄悄回到長江北岸。十一月二十三日，菩提達摩到達洛陽。在魏孝明帝正光元年。菩提達摩在嵩山少林寺住下來。

所以，「江槎（江船）」應該是指菩提達摩渡過「長江」，到達北岸，也就是「達摩一葦渡江」的傳說。傳說菩提達摩渡過長江時，並不是坐船，而是在江岸折了一根蘆葦，立在葦上過江的。

關於「一葦渡江」的解釋，比較科學的解釋，是用「一束葦草」，浮在水面上，當做小船乘坐，而不是「一根蘆葦」。

翻開《詩經》，在「國風．衛風．河廣」，就有這麼一首詩：「誰謂河廣，一葦杭之。」意思是說：誰說黃河既寬又廣呢？用蘆葦編成的葦筏，就可以航行渡河。

唐代「孔穎達」在《毛詩正義》卷三之三「國風．衛風．河廣」裡，解釋說：「言一葦者，謂一束也，可以浮之水上而渡，若桴筏然，非一根葦也。」。

當然，菩提達摩已經修練到有神通，也有可能借著「一根蘆葦」，施展「神足通」過江。所以，「一葦渡江」也不是不可能的事情。

「玉浪」是「白浪」，是形容「達摩一葦渡江」時，乘風破浪的情景。所以，「江槎分玉浪」的意思是：菩提達摩一葦渡江，乘風破浪，渡過「長江」，到達北岸，最後在嵩山少林寺住下來。

②「管炬開金鎖」

「管炬」的「管」是「中空的圓柱形物體」，「炬」是「火把」，「管炬」就是「管狀的火把」。

在佛經裡，常用「炬」來譬喻「正法、智慧」。

《三論玄義》原文：

七百年間有一比丘。名曰龍樹。善巧說法。燃正法炬滅邪見幢。尋大小乘經。親記龍樹破邪顯正。

●名相：正法炬

◎釋文：正法，即佛所說的教法。「正法炬」即謂佛法猶如火炬，能照燭生死的昏闇，令癡迷眾生脫離煩惱，趨向涅槃正道，故以火炬比喻之。

北涼天竺三藏「曇無讖」翻譯的《大般涅槃經》卷第二十一光明遍照高貴德王菩薩品第十之一原文：「汝於佛性猶未明了，我有慧炬，能為照明。」

《南海寄歸內法傳》卷二原文：

是迷生之牢獄。仰晞寂岸。為悟寂之虛關。方可艤法舟於苦津。秉慧炬於長夜矣。

●名相：慧炬

◎釋文：謂智慧能照破無明的昏闇，使眾生知曉道途的險難，而以燈炬為喻，故稱「慧炬」。在佛經裡，常用「金鎖」來譬喻「身受繫縛」。

《宗鏡錄》卷第四十六原文：

金鐵二鎖者。大智度論云。譬在囹圄。桎梏所拘。雖復蒙赦。更繫金鎖。人為愛繫。如在囹圄。雖得出家。更著禁戒。如繫金鎖。今借譬此內外生著。在獄鐵鎖。如外計。逢赦。『金鎖』。如內計。金鐵雖殊。被縛義等。佛法雖勝。見繫無差。

《大智度論》釋初品中八念義第三十六之餘（卷二十二）原文：

於戒不生愛、慢等諸結使，知戒實相，亦不取是戒。若取是戒，譬如人在囹圄，桎梏所拘，雖得蒙赦，而復為金鎖所繫。人為恩愛煩惱所繫，如在牢獄；雖得出家，愛著禁戒，如著金鎖。行者若知戒是無漏因緣而不生著，是則解脫，無所繫縛，是名不著戒。

已上外道及內道執見。有二。並決真偽者。一就所起法並決。二就所依法並決。一今通從外外道四句。乃至圓四門外道見。通韋陀。乃至圓門三念處。三解脫。名數是同。所起見罪。繫縛無異。譬如金鐵二鎖。

●名相：鐵鎖金鎖

◎釋文：身受繫縛的比喻。「鎖」為束縛的用具，「金、鐵」品質有高低，然其不自由的意思則無差別。蓋「金鎖」譬喻無漏的「所知障」，「鐵鎖」則譬喻有漏的煩惱障。

●名相：所知障

◎釋文：指執著於所證的法而障蔽其真如根本智。

所以，「管炬開金鎖」的意思是：菩提達摩來到中國所傳的佛法，就像「管炬（智慧的火把）」一樣，打開修道者的「金鎖（無漏的所知障，執著於所證的法而障蔽其真如根本智）」。

③「五口相共行」

「五口」的「口」，是計算人數的單位，「五口」就是「五個人」，指二祖慧可、三祖僧璨、四祖道信、五祖弘忍和六祖惠能。「相共行」的「相共」，是「共同，一道」；「行」是「做、從事」。

「五口相共行」的意思是說：菩提達摩傳授正法給二祖慧可之後，後代總共傳承五個人，代代相傳，共同從事傳授正法的佛事。

④「九十無彼我」

「九十」就是「卆」字，同「卒」字，是古代的寫法，「卒」有「完畢、終了、終止、盡、終究、終於」等意思。

「無彼我」就是「無彼無我」就是「不分你我」，就是「沒有分別對待心」。這一句「無彼無我」，出自於《佛說無量壽經》，釋迦牟尼佛告訴阿難尊者，住在「西方極樂世界」的菩薩們，他們的修道境界。其中有一個特性就是「無彼無我」。

《佛說無量壽經》原文：

佛告阿難：「生彼佛國諸菩薩等，所可講說，常宣正法，隨順智慧，無違無失。於其國土，所有萬物，無我所心，無染著心。去來進止，情無所係。隨意自在，無所適莫，『無彼無我』，無競無訟。於諸眾生，得大慈悲饒益之心。柔軟調伏，無忿恨心。離蓋清淨，無厭怠心。等心、勝心、深心、定心、愛法樂法喜法之心。滅諸煩惱，離惡趣心。究竟一切菩薩所行，具足成就無量功德。得深禪定，諸通明慧，遊志七覺，修心佛法。

「九十無彼我」的意思是說：修持佛法到終究的境界是「無彼無我」，就是「沒有分別對待心」。

●詩偈的大意是說：

菩提達摩一葦渡江，乘風破浪，渡過「長江」，到達北岸，最後在嵩山少林寺住下來。菩提達摩來到中國所傳的佛法，就像「管炬（智慧的火把）」一樣，打開修道者的「金鎖（無漏的所知障，執著於所證的法而障蔽其真如根本智）」。菩提達摩傳授正法給二祖慧可之後，後代總共傳承五個人，代代相傳，共同從事傳授正法的佛事。修持佛法到終究的境界是「無彼無我」，就是「沒有分別對待心」。

我認為這個版本的解釋，比較符合「祖之所讖。雖當時不測。而後皆符驗。」的說法。

因為，《五燈會元》是南宋時期，所出出版的一部禪宗史書。「五口相共行」的預言，是指菩提達摩傳授正法給二祖慧可之後，後代總共傳承五個人代代相傳，共同從事傳授正法的佛事。作者是杭州靈隱寺「普濟」，禪宗正法最後傳承到唐代的六祖惠能，對於生在南宋的「普濟」而言，菩提達摩的預言「五口相共行」，當然是「而後皆符驗」。

以上是我個人的研究見解，當然我不敢說是完全正確，因為「聖意難測」。讀者若有更好的解釋，請在網路上分享給大家。

再回到主文。

當時，魏皇帝尊奉釋家，禪門俊才如林。「光統律師」和「流支三藏」二人，便是僧中的「鸞鳳（鸞鳥和鳳凰，比喻賢能的才俊之士。）」他們看到菩提達摩演說佛道，經常呵斥著相，直指人心，時常與其他大師論說佛法義理的對與錯。最後，這些辯論輸的大師們，就像一窩蜂似地，一擁而來，皈依菩提達摩。菩提達摩玄談的風氣，在極遠處亦受到影響，普遍施與「法雨（比喻佛的教法）」。

●名相：法雨

◎釋文：以雨來比喻佛的教法。佛法滋潤眾生，令由迷妄而至證悟，猶如雨的普澤草木，使其生長，而至開花結果，故以雨譬喻之。

而氣量褊狹的「光統律師」和「流支三藏」二人，自然不堪忍受，因為爭強求勝的心態，竟然生起害人之心，幾次在菩提達摩的飲食裡施放毒藥。到第六次放毒時，菩提達摩教化世人的因緣已盡，法教也有了傳人，便不再自救，端坐而圓寂。這時是魏莊帝永安元年戊申十月五日，同年十二月二十八日，菩提達摩安葬於熊耳山，人們在定林寺為他起了一座塔。

三年之後，魏臣「宋雲」奉命出使西域，回來經過蔥嶺時，遇到菩提達摩。宋雲看到菩提達摩手裡提著一隻鞋子，行動輕快的獨自遠去。

宋雲問說：「大師往哪裡去？」

菩提達摩回答說：「去『西天（印度）。』」

宋雲回到京城，把這件事情，源源本本的告訴大家。等到菩提達摩的弟子們開啟墳墓查看時，只剩下一付空的棺材，裡面有一隻鞋子。整個朝廷的人都為之驚嘆，官員們奉皇帝的命令，取了那隻鞋子，放在少林寺供養起來。

到了唐朝開元十五年，丁卯年，那隻鞋子被信道的人，偷到了五台山華嚴寺，現在不知道流落到哪裡？

當初，梁武帝遇到菩提達摩，因緣未契合。後來梁武帝聽到菩提達摩到魏國推行教化，打算親自為他寫一篇碑文，但是沒有抽出時間。後來，聽到宋雲的經歷，終於動筆把碑文寫出來。唐代宗「諡號（依死者生前的事跡，所給予的稱號。）」菩提達摩為「圓覺大師」，祭祀他的塔叫做空觀塔。

（《通論》說，《傳燈》記載「魏孝明帝」尊敬佩服菩提達摩非同尋常的事蹟，三次下詔書請他進宮，可是菩提達摩居然不離開少林寺。直到菩提達摩圓寂之後，宋雲從西域回國，在蔥嶺遇到菩提達摩。「魏孝明帝」下令打開墓穴。這時是《南史》所說的「普通八年」，即「大通元年」。魏孝明帝在這年四月癸丑去世。菩提達摩十月到達「梁國」，在菩提達摩還沒有到達「魏國」時，魏孝明帝已經去世，他的兒子即位不久，就被「爾朱榮」殺死，這才立「孝莊帝」，由此「魏國」大亂。

過了三年，孝莊帝死，五年之後，「北魏」分割為「東魏」和「西魏」，因而菩提達摩在少林寺的時候，正值「魏國」內亂。等到宋雲回來的時候，「魏孝莊帝」已經去世五六年，國家也早被分割很久了，哪有「魏孝莊帝」命令開啟墓穴的說法呢？

按照《唐史》的記載：後來「魏國」末年時，有個叫做菩提達摩的僧人航海來中國，去世之後，這年「魏國」使節宋雲從蔥嶺回來看見了菩提達摩。宋雲的門徒挖開他的墓穴，只有一隻鞋子留在裡面，這才是真實的記載。）

（二十九）二十九祖慧可大師（東土二祖）

二祖「慧可」是「武牢（今河南成皋縣西北）」人，俗姓「姬」。二祖慧可的父親名「寂」，在還沒有孩子的時候，經常心想：「我家崇尚善事，怎麼會沒有子嗣呢？」於是便天天祈求諸佛菩薩保佑，希望能生個兒子，繼承祖業。

有一天晚上，感應到佛光照滿室內，不久二祖慧可的母親便懷孕了。二祖慧可出生之後，父母就以佛光照滿室內的祥瑞景象，給二祖慧可取名為「光」。

「光」自小便志氣超群出眾，廣泛的涉獵、閱讀詩書，尤其精通深遠奧妙的道理，而不從事家產，喜好遊山玩水。後來，閱讀佛書，曠達淡泊，自在滿足，就到洛陽「龍門香山」，皈依「寶靜禪師」，出家受具足戒於「永穆寺」，漫游講論學習，全面學習大小乘的義理。

「光」三十三歲時，返回洛陽「龍門香山」，從早到晚學習靜坐。又經過八年，於靜坐寂靜中，突然見到一位神仙告訴他說：「你將要成就果位，為何滯留在這裡呢？大道離你不遠，速往南行。」。

「光」知道是神仙相助，從此改名「神光」。次日，神光感覺頭痛欲裂，好像被百萬隻針刺一樣，他的師父寶靜禪師想要幫他治療，此時空中突然傳來聲音：「這是脫胎換骨的狀況，並非一般的頭痛。」。

於是，神光就把靜坐中見到神仙的事情，告訴師父寶靜禪師。寶靜禪師端視他的頭頂骨，發現有如五峰爭秀，就說：「你的頭頂有吉祥之相，表示你將有所證悟，神仙既然要你南行，想必少林寺中的『達摩大士』就是你可依止的師父」。

神光接受師父寶靜禪師的教誨，隨即造訪少林寺，參謁菩提達摩。神光的「得法傳衣」事蹟，在前面介紹菩提達摩的文章中，已經詳細述說神光得法，成為二祖慧可。

菩提達摩自少林寺西歸印度之後，二祖慧可接續弘揚佛家的思想和玄談的風氣，廣求禪法的繼承人。

到了北齊天平二年，有一位居士，年紀超過四十歲，不說他的姓名，前來禮拜二祖慧可，問說：「弟子身受風邪，請和尚懺悔我的罪過。」

二祖慧可說：「將罪過拿來，我幫你懺悔滅除。」

居士想了很久說：「我找不到我的罪過。」

二祖慧可說：「我已經幫你把罪過懺悔滅除，你應該皈依安住『三寶（佛、法、僧）』。」

居士說：「今日見到和尚您，已經知道是『僧』，不知道什麼是『佛、法』？」

二祖慧可說：「這個心，就是『佛寶』；這個心，就是『法寶』。『法寶』與『佛寶』是一體無二的整體，『僧寶』也是一樣。『佛寶、法寶、僧寶』三寶，皆依一心而立，同體而異名，非內非外。」

居士說：「今日才知道罪性並不是一個實有，它既不在心內，不在心外，也不在心的中間。它具有空相，是人不能從外相上尋找得到的。『佛寶』與『法寶』原本是不二的，並非在心之外還另有一個『佛寶』與『法寶』。」

二祖慧可非常看重居士，就為他剃髮，說：「你是我在尋找的法嗣，應當取名為『僧璨』。」

同年三月十八日，於「光福寺」受具足戒，從此「僧璨」的風邪疾病逐漸痊癒。

僧璨在二祖慧可身旁侍候二年，二祖慧可告訴僧璨說：「菩提達摩遠自『竺乾（印度）』來到中國，以『正法眼藏』和『信衣』祕密交付給我。我現在傳授給你，你應當守護，不可以讓正法斷絕。聽我的詩偈：『本來緣有地。因地種華生。本來無有種。華亦不曾生。』」。

●詩偈的大意是說：

「自性」本來清淨，因為「無始無明」攀緣「心地（第八識「阿賴耶識」）」，才能變化出萬事萬物，有事實的存在。因為有「心地（第八識「阿賴耶識」）」，「業識種子」才能開花結果。「自性」本來清淨，「心地（第八識「阿賴耶識」）」中，原本沒有「業識種子」。因此一切「花報（因緣果報）」，都不曾出生過，這一句是在介紹「如來藏緣起論」。

●名相：本來

◎釋文：謂「無物之始」，猶如「無始以來」。《攝大乘論釋》卷五：「自性清淨者，謂此自性本來清淨，即是真如自性。」《法華經》卷一：「諸法從本來，常自寂滅相。」。

●名相：心地

◎釋文：指「心」，即第八識「阿賴耶識」。佛教認為「三界唯心」，「心」能生萬法，如同滋生萬物的大「地」一般，能隨緣生一切諸法，故稱為「心地」。在禪宗，菩提達摩所傳的「菩提」即稱為「心地」。

●名相：菩提

◎釋文：意譯「覺、智、知、道」。廣義而言，乃斷絕世間煩惱而成就涅槃的智慧。即「佛、緣覺、聲聞」各於其果位，所得到的覺智。此三種「菩提」中，以「佛的菩提」為無上究竟，故稱「阿耨多羅三藐三菩提」，譯作「無上正等正覺」。

●名相：如來藏緣起論

◎釋文：是指由「如來藏」的自性清淨心，生起一切萬有的「緣起論」，謂「如來藏」有常住不變的一面，同時亦有隨緣起動而變現萬有的一面。「如來藏」隨緣起動的順序，先是「如來藏」的一心被無始以來的「無明」惡習所薰習，而成為第八識「阿賴耶識」，再由第八識「阿賴耶識」現起萬有，然「如來藏」的本性並不毀損，而成為「如來藏為體，藏識為相」之關係。

二祖慧可說完，把「正法眼藏」和「信衣」交給了僧璨，又說：「你接受我的教化，應該居住在深山裡，不可以馬上遊行教化，因為國家將會有危難。」

僧璨問說：「師父既然已經預知國家會有危難，希望留下預言和教導如何因應。」

二祖慧可說：「不是我預知有國難，而是菩提達摩祖師流傳下來的，二十七祖般若多羅尊者所說的『懸記（指佛遙記修行者未來證果、成佛的預言）』裡說：『心中雖吉外頭凶』的預言。我根據年代推算，應當發生在你所處的時代。你要好好思維我前面所講的話，不要陷入這場法難。可是我前世有宿債，現在是要償還的時候了，你要好好保重，好好的修行。等待機緣成熟，把祖師的禪法和信衣傳承交付下去。」

二祖慧可付法完畢，就前往「鄴都（今河北臨漳縣西）」，隨緣說法，宣講佛法之音，闡明佛法之理。「四眾（四種佛弟子，即比丘、比丘尼、優婆塞、優婆夷）」都來皈依，如此長達三十四年。於是隱藏才能而不外露，行跡混雜在群眾當中。改變儀表容貌。有時候進入各酒店，有時候進入肉市，有時候時常街談巷議，有時候任憑供人使役。

有人問二祖慧可說：「大師是出家的修道人，為何不遵守戒律，出入這些不乾淨的地方呢？」

二祖慧可回答說：「我自己在調整自己的心，關你什麼事？」

二祖慧可又於「筦城縣（今河北省成安縣城南）「匡救寺（今稱匡教寺）」的「三門（山門）」下，暢談最上無比大道的佛道，聽者盛多，如林木般會聚，二祖慧可竭力陳說禪法。

●名相：三門

◎釋文：又作「山門」，為禪宗「伽藍（僧侶所居的寺院、堂舍）」的正門。「三門」有「智慧、慈悲、方便」三解脫門之義，或象徵「信、解、行」三者，非必有三扇門。

當時有一位「辯和法師」，於匡救寺中講解《涅槃經》，他的學徒聽到二祖慧可所弘揚的佛法，漸漸離他而去。辯和法師不勝惱恨，於是在「邑宰（縣令）」「翟仲侃」的面前誹謗二祖慧可，說他妖言惑眾。翟仲侃聽信辯和法師的讒言，對二祖慧可進行非法迫害。二祖慧可雖遭迫害，卻欣悅自得，順其自然。識別真相的人說，這是二祖慧可在償還業債。

最後，二祖慧可下獄而死，當時年紀是一百零七歲，即隋文帝開皇十三年癸丑歲三月十六日，葬於磁州滏陽縣東北七十里。唐德宗諡號「大祖禪師」。

（「皓月供奉」問「長沙岑和尚」說：「古德說：『了解業障『本來空』，沒有了結的業債，應該必須償還前世債。』只有像師子尊者一樣，償還前世債。二祖慧可大師為什麼必須償債去呢？」

長沙岑和尚回答說：「大德不了解『本來空』嗎？」

皓月供奉說：「『本來空』是什麼？」

長沙岑和尚說：「就是『業障』。」

皓月供奉問說：「『業障』是什麼？」

長沙岑和尚說：「就是『本來空』。」

皓月供奉不說話。

長沙岑和尚以詩偈表明說：「假有元非有。假滅亦非無。涅槃償債義。一性更無殊。」

●詩偈的大意是說：

「假有」原來是沒有，「假有」滅除，也不是沒有。「涅槃」償還「前世債」的意義，只有「一性（自性、佛性）」，更沒有其他東西。

●名相：假有

◎釋文：乃「實有」的對稱謂諸法皆依因緣和合而存在。因緣所生的法，如「鏡花水月」，無其實性，然非虛無之法；即諸法的存在，是由因緣而生的緣故，既非定無亦非定有，而是假施設為有者，故稱「假有」。

●名相：涅槃

◎釋文：意譯作「滅、寂滅、滅度、寂、無生」，原來指「吹滅」，其後轉指「燃燒煩惱之火滅盡，完成悟智（即菩提）的境地」。此乃超越生死（迷界）的悟界，亦為佛教終極的實踐目的。

●名相：一性

◎釋文：指「自性、佛性」。謂一切眾生皆具「佛性」，但背覺合塵，常為煩惱所覆障。若順「佛性」而修，則能超脫生死，悟入涅槃，與佛所證，無二無別。）

●禪機公案解析：

「皓月供奉」問「長沙岑和尚」說：「二祖慧可大師為什麼必須償債去呢？」

長沙岑和尚回答說：「大德不了解『本來空』嗎？」（長沙岑和尚準備點化皓月供奉。）

皓月供奉說：「『本來空』是什麼？」（這時，「皓月供奉」的第七識「末那識，滿心期待，專心的想聽到答案。）

長沙岑和尚說：「就是『業障』。」

皓月供奉問說：「『業障』是什麼？」（這時，「皓月供奉」的第七識「末那識，更專心的想聽到答案。）

長沙岑和尚說：「就是『本來空』。」

皓月供奉不說話。

（這時，「皓月供奉」一聽，當下愣住，腦袋可能空白了五秒鐘。因為這個答案，讓他的第六識「意識」的分析判斷功能暫時中斷停止，第七識「末那識」也暫時停止作用，「妄想執著」也暫時消失，「自性光」一閃而逝。可惜皓月供奉不是「上根」所以他不說話沉默不語，因為他無法理解長沙岑和尚所說的禪理。）

後來，長沙岑和尚以詩偈來解答：「假有元非有。假滅亦非無。涅槃償債義。一性更無殊。」

●詩偈的大意是說：

「假有」原來是沒有，但是「假有」滅除，也不是沒有。因為諸法皆依「因緣和合」而存在，因緣所生的法，如「鏡花水月」，沒有「實性」，可是並非是「虛無」；即諸法的存在，是由「因緣」而生的緣故，既非「確定無」亦非「確定有」，而是假借施設為有者，故稱「假有」，而不是「沒有」。

「涅槃」償還「前世債」的意義，只有「一性（自性、佛性）」，更沒有其他東西。「前世債」的發生，是由「因緣和合」而存在，是「緣起」；償還「前世債」是「緣滅」。發生「前世債」，了結「前世債」只是「緣起緣滅」，對於「一性（自性、佛性）」一點影響都沒有，所以才說「一性更無殊」，只有「一性（自性、佛性）」，更沒有其他東西。

我們都是「皓月供奉」看到二祖慧可被「辯和法師」陷害而死，心中一定會憤恨不平，認為好人為什麼沒有好報？殊不知這位「辯和法師」在前世，可能被前世的二祖慧可害死，所以二祖慧可在這一世才會被「辯和法師」陷害而死。

但是二祖慧可卻怡然自得，從容赴死。因為，二祖慧可心裡明白，他在這一世可以了結，他和「辯和法師」前世的因果，對他的修道路程，又減少一個障礙。

雖然二祖慧可犧牲了性命，但是不礙於他的「見性」。所以，「涅槃」償還「前世債」的意義，只有「一性（自性、佛性）」，更沒有其他東西。

（三十）三十祖僧璨大師（東土三祖）

三祖「僧璨」不知道是哪裡人？最初以「白衣（在家的世俗之人）」拜見二祖慧可。

●名相：白衣

◎釋文：原意「白色之衣」，轉稱「著白衣者」，即指「在家人」。印度人一般皆以鮮白之衣為貴，故僧侶以外者皆著用「白衣」，從而指「在家人」為「白衣」，佛典中亦多以「白衣」為「在家人」的代用語；相對於此，「沙門」則稱為「緇衣（黑衣）、染衣」。又西域一般「在家人」亦著「白衣」，故亦以「白衣」稱之。

不久，祖僧璨接受度化傳法，藏匿於「舒州（在今安徽省潛山縣）」的「皖公山（今天柱山）」，因為二祖慧可囑咐三祖僧璨，「後周武帝」將破滅佛法。

三祖僧璨往來「太湖縣（今安徽省西南部）」「司空山（位於今安徽省岳西縣城西南七十公里）」，居無定所，累聚十餘年，當時沒有人知道他是誰。

到了隋代開皇十二年壬子歲，有位「沙彌（出家受十戒，尚未受比丘戒的男子。）」叫做「道信」，年紀才十四歲，來拜訪三祖僧璨說：「希望和尚慈悲，給與『解脫』的法門。」。

●名相：解脫

◎釋文：意謂解放，指由煩惱束縛中解放，而超脫迷苦的境地。

三祖僧璨問說：「是誰捆綁你？」

道信回答說：「沒有人捆綁我。」

三祖僧璨說：「那你為什麼需要解脫呢？」

道信聽完大悟，就在三祖僧璨身旁服事效勞九年，後來在「吉州（今江西省吉安市）」受戒。道信侍奉三祖僧璨更加恭敬。三祖僧璨經常以深遠微妙的義理來測驗道信，知道他因緣已經成熟，就交付「信衣」和「正法」，說一首詩偈：「華種雖因地。從地種華生。若無人下種。華地盡無生。」

●詩偈的大意是說：

「業識種子」會開花結果，雖然是因為「心地（第八識「阿賴耶識」）」具有開花結果的性能。從「心地」種下「業識種子」，才會開花結果。假如沒有人去播種「業識種子」，「心地」就完全沒有「業識種子」，也不會開花結果。無業則無種，無種則無花。

三祖僧璨又說：「從前二祖慧可大師交付『正法』給我，後來前往鄴都遊行教化，三十年才死亡。

現在我有你做為傳法的人，為何還滯留在此地呢？」

三祖僧璨就前往「羅浮山（位於今廣州惠州）」，閒暇自得二年，又回到舊居。百姓追隨三祖僧璨，大做布施供養，時間超過一個月。三祖僧璨為「四眾（四種佛弟子，即比丘、比丘尼、優婆塞、優婆夷。）」傳播發揚心性上精要的法義完畢後，在法會大樹下合掌站立圓寂，當時是隋煬帝大業二年丙寅十月十五日。後來，唐玄宗諡號三祖僧璨葬身之塔，為「鑑智禪師覺寂之塔」。

三祖僧璨著有《信心銘》，全文詳細解釋，請參閱本書「第十九單元三祖僧璨傳授《信心銘》」。

（三十一）三十一祖道信大師（東土四祖）

四祖「道信」俗姓「司馬氏」，世代定居在河內，後來遷徙到蘄（ㄑㄧˊ）州「廣濟縣（今稱武穴市，是中國湖北省黃岡市代管的一個縣級市，位於湖北省東南部）」。四祖道信一出生就異乎尋常，年幼時就羨慕「空宗（禪宗）」的諸「解脫門」，好像在前世就已經學習過。

●名相：空宗

◎釋文：為「有宗」的對稱。指主張一切皆空、般若皆空的宗派。大乘的般若思想即其代表，以宣揚中道的空觀為主。從主張諸法皆空的「龍樹」、「提婆」的教系中，相對於小乘教「俱舍宗」的「有宗」而言，指「成實宗」；相對於大乘「法相宗（唯識）」而言，則指「三論宗」。「成實宗」主張人、法皆空，所說的空義勝於「有部宗」、「俱舍宗」等的僅說「人空」。「三論宗」則主張「空、有」皆無，以「諸法皆無所得」的空為宗義。又「禪宗」亦稱「空宗」，主張佛、魔皆空，以言語思辨為閑葛藤而排遣之。

●名相：解脫門

◎釋文：得入解脫境界之門，即稱「解脫門」；乃指脫離三界的苦而令得悟之門。此外，「空、無相、無願」等三種禪定，為通往「涅槃」的門戶，故亦稱為「解脫門」。

四祖道信繼承祖師的遺風之後，收斂心神不睡覺，「脅（胸部兩側，由腋下至肋骨盡處的部位。）」不躺在床上，將近六十年。隋代大業十三年，帶領徒眾抵達「吉州（今江西省吉安市所轄的一個市轄區）」，遇到成群的盜匪圍攻城牆，長達七十天無法解圍。眾人都很惶恐害怕。

四祖道信憐憫眾人，教導眾人念誦「摩訶般若」。當時，賊眾看到「雉堞（城上的短牆）」之間，好像有神兵出現。就互相說：「城內必定有特殊本領的人，不可以攻城。」就逐漸引兵退去。

唐代武德甲申年，四祖道信返回「蘄春（位於湖北省東南部，長江中游以北，隸屬黃岡市）」，住在「破頭山（位於湖北黃梅縣西北）」，眾多學生如行雲，迅速到來聚集。

有一天，四祖道信前往「黃梅縣（湖北省黃岡市管轄的一個縣）」，路上遇見一個幼童，他的骨相奇特秀美，不同於一般的幼童。

四祖道信問「幼童」說：「你姓什麼？」

幼童回答說：「我是有姓，但不是普通的姓。」

四祖道信說：「是哪個姓？」

幼童回答說：「是佛性。」

四祖道信說：「你沒有姓氏嗎？」

幼童回答說：「姓氏是個假名，其性本空，所以說沒有姓氏。」

四祖道信暗中記住這個幼童，知道他具有修證佛法的根性，是個能行佛道的，就派侍者到這個幼童的母親住所，希望給與這個幼童出家。幼童的母親，因為前世因緣的緣故，沒有反對，就讓這個幼童出家，成為四祖道信的弟子，這個「幼童」就是後來的五祖弘忍。一直到交付「正法」，傳受「信衣」給五祖弘忍。四祖道信就讓五祖弘忍以「學徒」的身分，藏在眾弟子中。

四祖道信說一首詩偈：「華種有生性。因地華生生。大緣與性合。當生生不生。」

●詩偈的大意是說：

會開花結果的「業識種子」有生花的性能，但是要借助於「心地（第八識「阿賴耶識」）」才能夠開花結果，生生不已。當種種的因緣，與「自性心地（第八識「阿賴耶識」）」相合時，就能出生一切萬法。一切萬法雖然出生，但是實質上卻是「無生」。因為有生就有滅，所謂「緣起緣滅」，實質上是「空」，是「無生」。

有一天四祖道信告訴眾弟子說：「我在『武德（『唐高祖』的年號）』中，游廬山，登上山的最高峰，眺望破頭山，見到紫雲覆蓋，下有白氣，橫分六道，你們知道是什麼意思嗎？」

眾弟子都默然不出聲。

五祖弘忍說：「難道是和尚日後會旁生出一支法脈嗎？」

四祖道信說：「說得好。」

（這二句對話是說，四祖道信知道因緣到了，便親自尋訪另一個旁生的法脈傳人，此即後來的牛頭山「法融禪師」，別立「牛頭禪」。）

後來，在貞觀癸卯年，「唐太宗」嚮往四祖道信超凡出世的情志，想要仰望他的聲威名望，下詔請四祖道信前往京城。四祖道信向唐太宗進呈奏章，謙讓不受，前後三次往返，最後以疾病的理由，辭讓拒絕。第四度，唐太宗命令「使節」傳話說：「如果不起身到京城，就取腦袋來。」

使節到破頭山宣讀皇帝的詔書，四祖道信就伸長脖子領死，神色嚴肅。使節詫異四祖道信的不怕死，回報唐太宗此事。唐太宗更加欽佩仰慕，就賞賜珍貴絲綢給四祖道信，以順從四祖道信的意向。

到了唐高宗永徽辛亥年閏九月四日，四祖道信忽然「垂示（留傳以示後人）」警戒弟子們說：「一切諸法，全部都解脫。你們要各自護念，「流布（流傳散布）」教化未來。」說完，就安穩的靜坐而逝世，享壽七十二歲。進塔於破頭山。到了明年四月八日，塔門無故自開，儀表容貌如生前一般。從此以後，弟子們不敢再關閉塔門，唐代宗謚號「大醫禪師慈雲之塔」。

（三十二）三十二祖弘忍大師（東土五祖）

五祖「弘忍」是「蘄（ㄑㄧˊ）州黃梅縣（湖北省黃岡市管轄的一個縣）」人。五祖弘忍的前世，是「破頭山」的「栽松道者（種植松樹的道人）」，曾經請教四祖道信說：「您宣揚的佛法之道，我可以聽聞嗎？」。

四祖道信說：「你已經老了，就算真能領悟佛法，又怎能繼續弘揚佛法呢？假如你可以轉世投胎再來人間一次，我應該可以等你來。」

於是栽松道者離去，走到水邊，看見一名「女子」在洗衣服。

栽松道者拱手行禮說：「我可以在妳這裡寄宿嗎？」

女子說：「我有父親和兄長，你可以去我家裡求他們。」

栽松道者說：「只有妳同意我，我才敢去。」

女子點頭表示同意，栽松道者就轉身離去。

這位「女子」姓「周」，是周家年齡最小的女兒，回家就懷孕了。因為未婚懷孕，父母親對她非常不諒解，就趕她出家門。「周女」無家可歸，白天在村里給人當傭人，紡線織布；晚上就隨意找一家旅館，睡在屋簷下。

然後周女生下一個兒子，她認為這個嬰兒是不吉利的，就把這個嬰兒拋棄在骯髒的江河中。隔天，見到這個嬰兒逆流而上漂浮著，生命的現象鮮明，大吃一驚，就把這個嬰兒撿起來。

這個嬰兒長大成小孩後，就跟隨著母親討飯。村里的人都稱呼這個小孩為「無姓兒」。遇到一位有智慧的人，感嘆的說：「佛有三十二相這個小孩只缺少七種相，不及如來相的圓滿。」這個小孩，就是後來的五祖「弘忍」。

原來，栽松道者接受四祖道信的提示。四祖道信對栽松道者說：「你已經老了，就算真能領悟佛法，又怎能繼續弘揚佛法呢？假如你可以轉世投胎再來人間一次，我應該可以等你來。」。

栽松道者死前向一洗衣女「借宿（借子宮）」，洗衣女說：「須問父母。」栽松道者說：「你答應一聲即可。」就這樣，未婚的洗衣女便懷孕了。父母認為敗壞門風，就把女兒逐出家門。從此洗衣女以乞討度日，生下一個「小兒」。

當我讀到這一段栽松道者死前，向一洗衣女「借宿（借子宮）」的典故，讓我想起「耶穌基督」誕生的故事。

《新約》聖經「馬太福音」第一章：

1：18 耶穌基督降生的事、記在下面．他母親馬利亞已經許配了約瑟、還沒有迎娶、馬利亞就從聖靈懷了孕。

1：19 他丈夫約瑟是個義人、不願意明明的羞辱她、想要暗暗的把她休了。

1：20 思念這事的時候、有主的使者向他夢中顯現、說、大衛的子孫約瑟、不要怕、只管娶過你的妻子馬利亞來．因他所懷的孕、是從聖靈來的。

1：21 他將要生一個兒子．你要給他起名叫耶穌．因他要將自己的百姓從罪惡裡救出來。

1：22 這一切的事成就、是要應驗主藉先知所說的話、

1：23 說、『必有童女、懷孕生子、人要稱他的名為以馬內利。』（以馬內利翻出來、就是神與我們同在。）

1：24 約瑟醒了、起來、就遵著主使者的吩咐、把妻子娶過來．

1：25 只是沒有和他同房、等他生了兒子、〔有古卷作等他生了頭胎的兒子〕就給他起名叫耶穌。

再回到主文。

多年後，四祖道信在赴黃梅的路上遇到這個「小兒」。

四祖道信問小兒說：「你姓什麼？」

小兒回答說：「我是有姓，但不是普通的姓。」

四祖道信說：「是哪個姓？」

小兒回答說：「是佛性。」

四祖道信說：「你沒有姓氏嗎？」

小兒說：「性空故。」

於是，四祖道信當下知道個「小兒」是「栽松道者」的轉世。這個「小兒」，就是後來的五祖「弘

忍」，得到「法嗣（禪宗指繼承祖師衣鉢而主持一方叢林的僧人）」，教化眾生於「破頭山」。

唐高宗咸亨年間，有一位居士，姓盧名「惠能」，自「新州（今河南省南陽市新野）」來依禮拜見五祖弘忍。

五祖弘忍問惠能說：「你從何處而來？」

惠能回答說：「從『嶺南（是南方『五嶺』以南地區）』來。」

五祖弘忍說：「來此有何事嗎？」

惠能說：「來此求作佛。」

五祖弘忍說：「『嶺南』人沒有佛性，怎能成佛呢？」

惠能說：「人才有分南北，『佛性』怎麼會有高低之分呢？」

五祖弘忍知道惠能是有特殊本領的人，就大聲斥責說：「到『槽廠（馬房）』去。」

惠能「禮足（即以頭頂觸禮佛足；用以表示身心上的絕對皈依，又作『頂禮』）」就退下，便進入「碓房（舂米的作坊）」，從事勞役於「杵」與「臼」之間（泛指舂搗物品的器具），日夜不休息。

經過八個月之後，五祖弘忍知道交付「信衣」，傳授「正法」的時機到了。就告訴眾弟子說：「正法難以理解，不可以僅記住我所說的話，當作是自己的責任。你們各自隨意描述一首詩偈，假如有誰詩偈中所包含的意思，能夠暗合佛法大意，我就將『信衣』與『正法』都交付給他。」。

當時，五祖弘忍的門下有七百多個僧人，「上座（指僧眾中的出家年數較多者）」是「神秀」，學問通達修身和行事，為眾人所敬仰。

眾人都推辭作詩偈，說：「若不是受尊敬的『神秀』，誰敢作詩偈呢？」

神秀偷偷的傾耳細聽，眾人對他的稱讚，不再思量，就在走廊旁邊的牆壁上書寫一首詩偈：「身是菩提樹，心如明鏡臺，時時勤拂拭，莫使惹塵埃。」

●詩偈的大意是說：

「身體」好像「菩提樹」一樣，「念心」好像鏡臺上的一面「鏡子」一樣。鏡子有了灰塵，要時常把灰塵擦掉，隨時保持鏡子不沾染灰塵。

神秀這首詩偈的意思是說：我們要經常檢討、反省、觀照自己的「念心」，使這個「念心」不打妄想，不起「貪、瞋、癡」三毒，不患得患失、不貪名貪利、不說他人是非。否則，就會像鏡子一樣，沾滿灰塵。

「菩提樹」又稱為「覺樹、道樹、道場樹、思惟樹、佛樹」，是釋迦牟尼佛於中印度「摩揭陀國」伽耶城南方的「菩提樹」下證得無上正等正覺。

神秀比喻我們的「身體」就像「菩提樹」一樣，修行必須要「調身」和「調心」。

「調身」就好像種「菩提樹」一般，若不拔草、澆水、施肥（意思就是要持戒清淨、修善斷惡），「菩提樹」就長不好。

「調心」的方法在於這「念心」要時時要檢討、反省，不起貪、瞋、痴。有了這些「灰塵」，要立刻懺悔、檢討、反省，把它擦掉，這是一個「漸次修證」的方法，依據這個方法修行用功，也能夠逐漸悟道，稱為「漸悟」。

五祖弘忍因為「經行（散步）」，忽然見到這首詩偈，知道是神秀所述作，就讚嘆說：「後代的人，依此詩偈修行，也可以得到『勝果道』。」這面牆壁本來想讓「處士（有才學而隱居不做官的人）」「盧珍」繪畫「楞伽變相」，見到牆壁題詩偈，就停止不畫了，讓眾人念誦這首詩偈。

●名相：經行

◎釋文：意指在一定的場所中往復回旋之行走。通常在食後、疲倦時，或坐禪昏沈瞌睡時，即起而「經行」，為一種調劑身心之安靜散步。

●名相：勝果道

◎釋文：指趣向「勝果之道」，即望「勝上之果」而欲趣求之道。四果之中，除「阿羅漢果」外，其餘三者皆有「勝上之果」可求，故得果以後必更趣求之，稱為「勝果道」。如「一來向、不還向、阿羅漢向」等地向道，即為趣至「一來果、不還果、阿羅漢果」等「勝果之道」；以其勝於前之果位，且更趣向後之果位，故稱「勝果道」。

●名相：楞伽變相

◎釋文：「變相」是描繪佛經內容或佛傳故事的圖畫，又稱「經變、佛經變相」。其取材多與當時流傳的佛教思想有關，如南北朝時代的經變多采自小乘經典，宣揚自我犧牲的精神，呈現樸拙的風格，內容以本生經變相、佛傳故事居多；隋唐以後，大乘思想盛行，諸師更創新義、立新派，以致其內容富變化，有「楞伽變相、維摩詰經變相、本行經變相、金剛經變相、金光明經變相」等類，為中國美術史上相當特殊的創作。

惠能在「碓房（舂米的作坊）」，忽然聽到有人大聲朗讀詩偈，就問「同學（同師受業的人）」：「那是什麼詩文？」

同學說：「你不知道和尚求『法嗣（禪宗指繼承祖師衣鉢而主持一方叢林的僧人）』，命令眾人各自述說學道的心得詩偈。這首詩偈是神秀上座所述說，和尚非常讚賞，必定將交付『正法』和『傳衣』給神秀上座。」

惠能問說：「那首詩偈的內容怎麼樣？」

同學就大聲朗讀一遍神秀寫的詩偈。

惠能沉思了好一會兒，說：「詩偈的境界是很美，但是還沒有『了悟（指對諸法實相、宇宙真理之明了覺悟。）』」

同學大聲斥責說：「平庸無能的人知道什麼？不要說誇大放肆的言辭。」

惠能說：「你不相信我的話嗎？我可以依照原詩偈的內容，作一首詩偈來比較境界的不同。」

同學不回答，和其他人互相看著對方，而發出會心的一笑。

到了晚上，惠能暗中告訴一位未成年的小孩，帶領他到走廊下面。惠能自己拿著燭火請江州「別駕（職官名，為州刺史的佐官）」「張日用」在神秀所作詩偈的旁邊，幫他書寫自作的詩偈：「菩提本無樹。明鏡亦非臺。本來無一物。何處惹塵埃。」

●詩偈的大意是說：

「菩提」就是我們的「覺心、覺性」，本來就沒有「樹（指身體）」，「樹（身體）」是「因緣合和」下的產物，不是真實的。

我們的這個「念心」，也不像是一面「明鏡」，「明鏡臺」是一種形相的執著。我們這個「念心」是「空性」，是「真空」，當中沒有任何事物，但是這個「念心」有智慧、有神通妙用。

我們這個「念心」是「空性」，「煩惱」不可得，「菩提」也不可得，本就沒有任何事物可得，從哪裡去沾染「塵埃（妄想執著）」呢？

●名相：菩提

◎釋文：意譯為「覺、智、知、道」。「菩提」是斷絕世間煩惱而成就涅槃的智慧。即「佛、緣覺、聲聞」各於其果位，所得到的「覺智」。在這三種菩提中，以「佛菩提」為無上究竟，所以稱為「阿耨多羅三藐三菩提」，翻譯作「無上正等正覺、無上正遍智、無上正真道、無上菩提」。

我們把「神秀」和「惠能」兩人所作的詩偈，作一個分析比較，就可以得知：

①「神秀」的詩偈，屬於「漸修法門」；「惠能」的詩偈，屬於「頓悟法門」。

②「神秀」的詩偈，屬於「有為法」，必須經過修證的次第，適合一般人的修行；「惠能」的詩偈，屬於「無為法」，是直接從「自性」的角度來講，明白的說明「菩提自性」是什麼樣的心境，適合上根智慧人的修行。

五祖弘忍後來見到這首詩偈，問說：「這首詩偈是誰作的？也還沒有見性。」眾弟子聽師父這麼說，就不理會惠能這首詩偈。

到了夜晚，五祖弘忍暗中的前往「碓房（舂米的作坊）」，問惠能說：「米白了嗎？」這個意思是問惠能，開悟了沒有？

惠能回答說：「米白了，只是欠人篩過（用篩子過濾東西。）。」這個意思是說：「我早就有所領悟了，只是還沒有人為我印證而已。」

五祖弘忍用錫杖在「碓（舂米的用具）」上敲了三下後離開，惠能立即領會五祖宏忍的意思，「敲三下」就是要惠能在三更時分到「方丈室」來。

五祖弘忍告訴惠能說：「諸佛出世，是為一大事而來，所以隨著機緣的大小，來引導眾生，才有『十地、三乘、頓漸』等『宗旨（指經典與論書等的主要旨趣）』，分為不同的宗派。

但是，釋迦牟尼佛以『無上微妙、祕密圓明、真實正法眼藏』交付給『上首（大眾之中位居最上者）』大迦葉尊者，流轉遷徙，傳授了二十八代，到菩提達摩到達『東土（中國）』，得到慧可大師承襲法脈，一直到現在。

我以『法寶』和所傳承的『袈裟』任命交付給你，你自己要好好保護，不可以讓法脈斷絕。聽我說一首詩偈：『有情來下種。因地果還生。無情既無種。無性亦無生。』」

●詩偈的大意是說：

有情的眾生，造作「業」，就種下了「業識種子」。因為「心地（第八識「阿賴耶識」）」的作用，才能夠開花結果，生出果報。初始的「心地（第八識「阿賴耶識」）」是清淨的，沒有「情識」，也沒有「業識種子」，沒有所謂的「實性」，也是「無生（謂諸法的實相無生滅）」的。

●名相：一大事

◎釋文：即「一大事因緣」，謂釋迦牟尼佛出現於世間的唯一大目的，是為開顯人生的真實相，此即所謂「一大事」。

●名相：十地

◎釋文：即指十種地位。又作十住。「地」是住處、住持、生成之意。即住其位為家，並於其位持法、育法、生果之意。《大智度論》卷七十五中，以此「十地」各配於三乘的階位。「智顗」的

《法華玄義》卷四下、《摩訶止觀》卷六上釋其意如下：乾慧地、性地、八人地、見地、薄地、離欲地、已作地、辟支佛地、菩薩地、佛地。

●名相：三乘

◎釋文：即三種交通工具，比喻運載眾生渡越生死到涅槃彼岸的三種法門。就眾生根機的鈍、中、利，佛應之而說「聲聞乘、緣覺乘、菩薩乘」等三種教法。

①「聲聞乘」：聞佛聲教而得悟道，故稱「聲聞」。其「知苦、斷集、慕滅、修道」，以此「四諦」為乘。

②「緣覺乘」：又作「辟支佛乘、獨覺乘」。觀「十二因緣」覺「真諦」理，故稱「緣覺」。始觀「無明」乃至「老死」，次觀「無明滅」乃至「老死滅」，由此因緣生滅，即悟非生非滅，乃以此「十二因緣」為乘。

③「菩薩乘」：又作「大乘、佛乘、如來乘」。求「無上菩提」，願度一切眾生，修「六度萬行」，以此「六度」為乘。

前二乘唯自利，無利他，故總稱「小乘」，菩薩乘自利利他具足，故為「大乘」。

●名相：頓漸二教

◎釋文：不依次第，快速到達覺悟的教法，稱為「頓教」；依順序漸進，經長時間修行而覺悟者，稱為「漸教」。若以教法形式觀之，開始即講說深奧的內容，稱為「頓教」；而自淺顯內容次第講說進入深奧內容者，則稱為「漸教」。上述為一般教判的標準，即以受教的根機而論，或由釋迦牟尼佛說法的方法與內容區別之。此外，中國禪宗南北二系於證悟過程之旨趣互異，南方慧能系主張速疾直入究極之悟，世稱「南頓」；北方「神秀」系則強調依序漸進之悟，世稱「北漸」，此即禪宗的頓漸二教。

惠能行者跪著接受「信衣」和「正法」，問說：「『正法』已經接受，『信衣』要交付給誰呢？」

五祖弘忍說：「從前菩提達摩剛到『東土（中國）』，人們還不相信禪法，所以傳承『信衣』以證明得到『正法』。現在人們的信心已經成熟，『信衣』反而是引起爭執的事因。『信衣』傳承到你，就停止不再傳了。而且你應當到遠處隱居，等候時機到了，再遊行教化。所謂接受『信衣』的人，生命像懸吊的細絲一樣（比喻生命垂危）。」

六祖惠能說：「我應當隱居在何處？」

五祖弘忍說：「離開這兒後，向西南方走去，遇見『懷集縣（今廣西省懷集縣）』就要停止下來。因為『懷集縣』再往上走，就是廣西『壯瑤』之地，因為少數民族所信仰的教派不同，佛教不宜在那裡駐足。遇到『四會縣（今廣東省四會縣）』，就立刻隱藏起來。因為『四會縣』的西北方，占全縣五分之三以上的面積（今屬廣寧縣），都是山麓叢林，除了山多樹多，竹林也很茂密，是個理想的藏身之地。」

六祖惠能向五祖弘忍頂禮完，就捧著「信衣」而出。於是當晚向南方遠行，其他的眾師兄弟都不知道。

五祖弘忍傳法給六祖惠能之後，不再上堂講課。眾弟子們心中感到懷疑，就問五祖弘忍什麼原因？五祖弘忍說：「我已經把道傳承下去了，為什麼要再詢問呢？」

眾弟子們再問：「『信衣』和『正法』是誰得到呢？」

五祖弘忍說：「是惠能得到。」

於是眾弟子們在批評討論六祖惠能之後，到處尋找探問，都找不到六祖惠能。眾弟子們知道六祖惠能得到「信衣」和「正法」，就一起奔走去追逐六祖惠能。

五祖弘忍已經交付「信衣」和「正法」，再經過四年，到了唐肅宗上元二年，忽然告訴眾弟子們說：「我現在事情已經完成，我要走了。」說完就進入房間，安穩靜坐而圓寂，享壽七十四歲。眾弟子們建塔供養五祖弘忍於黃梅的「東山鎮（今湖北省黃梅縣）」，唐代宗謚號「大滿禪師法雨之塔」。

（三十三）三十三祖惠能大師（東土六祖）

六祖「惠能」俗姓「盧」，他的祖先是「范陽（今河北涿州）」人。父親名「行瑫（ㄊㄠ）」，唐高祖武德年間遭貶官，徙居到嶺南「新州（今廣東新興）」，就入籍定居。六祖惠能三歲就喪父，他的母親守寡，由母親撫養成人，家境愈貧寒，六祖惠能只能靠上山打柴維持生計。

有一天，六祖惠能以肩背柴到街上賣柴，聽到客人讀誦《金剛經》，讀到「應無所住而生其心」這句經文時，內心有所感觸而醒悟，就問客人說：「這是什麼佛法？從什麼人那裡獲得？」。

客人說：「這部佛經叫做《金剛經》，是從黃梅『忍大師』那裡獲得。」。

六祖惠能急忙回家告訴他的其母親，他為學習佛法，要去尋找五祖弘忍的意願。六祖惠能告別母親，直接抵達「韶州（今廣東韶關）」，遇到德行之士「劉志略」，結交為朋友。

「無盡藏」比丘尼是劉志略的姑姑，經常讀誦《涅槃經》。六祖惠能剛剛聽完，就為她解說《涅槃經》的意義。無盡藏比丘尼就拿《涅槃經》問字。

六祖惠能說：「我不識字，經義可以請問。」

無盡藏比丘尼說：「字都不認識，為何能夠解釋經義？」

六祖惠能說：「諸佛的妙理，和文字無關。」

無盡藏比丘尼驚奇訝異六祖惠能所說的話，告訴鄉里的老人說：「惠能是有道的人，應該請來供養。」

於是居民爭著來瞻仰禮拜，附近有「寶林古寺」舊地，眾人討論商量修建，讓六祖惠能居住，「四眾（四種佛弟子。即比丘、比丘尼、優婆塞、優婆夷。）」如雲霧密集般群聚，片刻成為「寶坊（和尚、僧侶的寺院）」。

有一天，六祖惠能忽然自言自語說：「我是要求大法，怎麼可以中途停止。」隔天就離開寶坊，到「昌樂縣（山東省濰坊市下轄的一個縣）」西山石室間的時候，遇見了「智遠禪師」，六祖惠能就請求給予禪法更明確的指導。

智遠禪師說：「我看你流露於外的非凡姿態，豪爽出眾，恐怕不是一般的人。我聽說菩提達摩從西域來到中土，傳佛心印，展轉傳給黃梅的五祖弘忍，你應當速往五祖弘忍處參學，以解決生死之疑惑。」。

六祖惠能向智遠禪師告辭，直接到達黃梅的「東山鎮（今湖北省黃梅縣）」，當時是唐高宗咸亨二年。

五祖弘忍一見到六祖惠能，暗中觀察而了解六祖惠能是法器，後來傳「信衣」和「正法」給六祖惠能，命令他隱藏於「懷集」和「四會」之間（今廣東肇慶市下轄的懷集、四會）。

到了唐高宗儀鳳元年丙子正月八日，六祖惠能到「南海（今廣州）」，遇到「印宗法師」在「法性寺（今光孝寺）」講《涅槃經》，六祖惠能寄居居住在「廊廡（堂前東西兩側的廂房）」之間。

到了夜晚，風吹寺廟的「幡旗（一種狹長、垂直懸掛的旗幟）」，六祖惠能聽到二位僧人的對話。一位僧人說，是「幡旗」在動；另一位僧人說，是「風」在動，兩人爭論不休，一直沒有結論。

六祖惠能說：「可否容許我這個庸俗短見之輩，參與見解高論呢？不是『風』在動，也不是『幡旗』在動，而是你們的『心』在動。」印宗法師私下傾耳細聽六祖惠能的回話，驚懼他的見解。

隔天，印宗法師邀請六祖惠能入他的房間，詢問「風動」、「幡動」和「心動」的見解。六祖惠能分析「心動」的道理，印宗法師聽完不自覺的站起來說：「行者一定不是普通人，請問您的師父是誰？」

六祖惠能毫不保留，敘述自己得法的經過。於是，印宗法師以弟子之禮，請六祖惠能傳授禪法的要義。

印宗法師告訴「四眾（四種佛弟子。即比丘、比丘尼、優婆塞、優婆夷）」說：「我是一個凡夫，今天遇到『肉身菩薩（大善知識的尊稱）』」指著座下的六祖惠能繼續說：「『肉身菩薩』就是這位六祖惠能。」於是請六祖惠能出示五祖弘忍所傳授的「信衣」，讓眾人瞻仰禮拜。

到了正月十五日，印宗法師聚集有名望德行的人，為六祖惠能剃髮出家。到了二月八日，六祖惠能依從法性寺的「智光律師」傳授「滿分戒」，舉行「授戒儀式」及「說戒」的「戒壇」，這是宋朝「求那跋陀三藏」所設置的儀式。

《出三藏記集》記載，後來應該有「肉身菩薩」在此「戒壇」受戒。又梁末「真諦三藏」在「戒壇」的旁邊親手種植二棵「菩提樹」，告訴眾人說：「自此以後一百二十年，有『大開士（指菩薩。因其能開悟眾生，使生信心。）』於此樹下演說『無上乘（謂至極之佛法，大乘的別名。）』，度無量的眾生。」六祖惠能受完「具足戒」，在此「菩提樹」下創辦「東山法門」，彷佛先前的預言。

●名相：律師

◎釋文：即專門研究、解釋、讀誦律之人。如北魏「慧光」、唐朝「法礪、道宣、懷素」等皆稱「律師」，以熟習「四分律」見稱。後來則指通達「戒律」的人而言，與「經師、論師、法師、禪師」等相對。

●名相：四分律

◎釋文：是佛教典籍，後秦「佛陀耶舍」與「竺佛念」共同翻譯於「長安」，總共六十卷，原為「印度佛教」「上座部」系統的「法藏部」所傳的戒律。內容記載「僧團戒律規範」和「制戒因緣」，主要分成四部分，故稱為「四分律」，是唐代「律宗」所依據的基本律典，唐代以後並成為中國僧團共同奉行的律典。

●名相：犍度

◎釋文：意指「蘊、聚、眾、分段」。即分類編集，而將同類之法聚集一處。相當於品或節。是有關「受戒、布薩、安居」等僧團內的儀式作法，與日常生活的規定條文，經由分類整理而成者。

●名相：滿分戒

◎釋文：「具足戒」的異稱。相對於在家、沙彌的五戒、八戒而言，比丘、比丘尼受持的「具足戒」即稱「滿分戒」。

●名相：具足戒

◎釋文：意譯「近圓」，有親近涅槃之義，指比丘、比丘尼所應受持之戒律；因與沙彌、沙彌尼所受十戒相比，戒品具足，故稱「具足戒」。

●名相：戒壇

◎釋文：指用以舉行「授戒儀式」及「說戒」的壇場，即於「戒場」中特製稍高於平地的土壇。「戒場」本無建築屋舍的必要，隨處空地僅須有「結界（依作法而區劃一定的地域）」標示即成，然為防患風雨起見，古來皆「堂內受戒」與「露地結界受戒」並行。古代印度初於露天作法，不另設壇。

隔年二月八日，六祖惠能忽然告訴眾人說：「我不願意居住在這裡，想要回去舊時的隱居處。當下印宗法師與「緇白（僧俗人士。『緇』指僧徒，『白』指俗人。）」一千多人，送別六祖惠能返回「寶林寺」。「韶州（今廣東省韶關市）」刺史「韋據」，請於大梵寺「轉妙法輪（演說佛法）」，同時領受「無相心地戒」。

●名相：轉法輪

◎釋文：指佛的教法，如印度古代戰車的車輪旋轉，可粉碎敵人，譬喻佛所說的教法於眾生之中迴轉，即可破碎眾生的迷惑煩惱，轉凡成聖，稱為「法輪」。佛說法，度眾生，稱為「轉法輪」。又「轉輪聖王」轉動金輪，以降伏怨敵；而釋迦牟尼佛以說法降伏惡魔，故稱「轉法輪」。

●名相：無相心地戒

◎釋文：全稱「無相金剛心地戒、無相戒」，為「大乘戒」，以離一切定相堅固不壞的「佛心」為「戒體（戒的體性）」，「戒相（持戒表現的相狀差別）」有《梵網經》的「菩薩十重戒」

和「菩薩四十八輕戒」，此為禪門正傳的「佛戒」。而「天台宗」所傳的戒，稱為「圓頓無作戒」；「密宗」所傳之戒，稱為「祕密三摩耶戒」；各家皆以其宗義而稱其所傳之戒。

●名相：戒體

◎釋文：戒的體性，指行者受戒後，於身所生防非止惡的功能。亦即對於戒法之信念與奉持戒法的意志。

●名相：菩薩十重戒

◎釋文：又名「十波羅夷」，即《梵網經》中所說的「十無盡藏戒」。「十重戒」是殺戒、盜戒、淫戒、妄語戒、酤酒戒、說四眾過戒、自讚毀他戒、慳惜加毀戒、瞋心不受悔戒、謗三寶戒，一共十戒。佛告諸佛子言：不誦此戒者，非菩薩。應當學，敬心奉持。因為此種戒的「戒相」雖只有十種，但是已經包含了法界一切的戒，故名「無盡藏戒」。又因別於「四十八輕戒」，故稱為「重」，誰要是犯了，即得「波羅夷罪」。

●名相：波羅夷

◎釋文：為比丘、比丘尼所受持的具足戒之一，乃戒律中的「根本極惡戒」。修行人若犯此戒，則：

①失其比丘、比丘尼資格，道果無分。

②自教團中放逐，不得與僧同住。

③死後必墮地獄。

此罪如同斷首之刑，不可復生，永被棄於佛門之外，故稱「極惡」。

●名相：四十八輕戒

◎釋文：為《梵網經》所說的「大乘菩薩戒」；是相對於「十重戒」而立的四十八種輕戒。略稱四十八輕。為道俗七眾所共同受持。「輕戒」是指為防犯輕垢罪所制定的戒條。

六祖惠能的弟子「法海」，集錄六祖惠能的說法，成為一部經典，名稱為《六祖大師法寶壇經》，盛行於世間。

後來，六祖惠能返回「曹溪（位於「韶州」，今廣東曲江縣東南）」的「寶林寺」，下大「法雨（佛法）」，學者多達一千多人。

●名相：法雨

◎釋文：以雨來比喻佛的教法。佛法滋潤眾生，令由迷妄而至證悟，猶如雨的普澤草木，使其生長，而至開花結果，故以雨譬喻之。

唐中宗神龍元年下詔說：「朕已經迎請嵩嶽『慧安師』及北宗『神秀師』二師到宮中供養，朕處理萬種國事閒暇之餘，常常研究『一乘（佛乘）』。可是這兩位法師都推讓說：『南方廣東有『惠能禪師』，他是祕密收受五祖弘忍大師的衣鉢，傳『佛心印』真正的繼承者，可以請他來詢問。現在我派遣宮中的『內侍（太監）』，名叫『薛簡』，帶著皇帝的詔書前往廣東，來迎請大師。但願大師出於慈愛的念頭，速來京城『長安』。」

●名相：一乘

◎釋文：即指佛乘，「乘」是載運的意思。佛說「一乘」之法，為令眾生依此修行，出離生死苦海，運至涅槃彼岸。

●名相：佛乘

◎釋文：《華嚴經》、《法華經》說一切眾生皆可成佛的教法，稱為「佛乘」。此法不分二乘、三乘等，而說唯一成佛之法，故又稱「一乘」。

六祖惠能進呈奏章，推說有病，但願終老於林間山麓。

薛簡說：「京城那些禪師大德都如此說，若你想領悟道法，必須要坐禪修習定力。假設不經由禪定而得到解脫的話，這是決不可能的事情，我不知道法師您所說的法如何？」

六祖惠能說：「『道』是從『心』悟出來的，怎麼會在禪坐裡悟到呢？《金剛經》上說：『假如見到如來，好像是坐著，或者躺著，這是行旁門外道。』為什麼呢？因為佛是無所從來，亦無所去。假如沒有生滅，這個才是『如來清淨禪』。一切法本來是空寂的，這是『如來清淨坐』。究竟也無所證得，何況只是打坐？」

薛簡說：「弟子回京時，皇上必定會問我的，但願和尚您大發慈悲，指示心性上精要的法義，好讓我回去稟告皇上。」

六祖惠能說：「『道』的本體是沒有『明暗』之分的，『明暗』只是新陳代謝，新舊交替的意思。『明』來則『暗』去，『暗』來則『明』去，『明暗』交替沒有盡頭。但是，這也是有盡頭，為什麼呢？因為『明暗』是『分別對待法』，有對待就會有盡頭。所以，《維摩經》上說：「法是無可比擬的，它是『絕對』而非『相對』的緣故。」

薛簡說：「『明』比喻是『智慧』，『暗』譬喻是『煩惱』。修道人，若不以『智慧』照破所有的『煩惱』，那麼從無始劫到現在的生死，憑什麼可以出離呢？」

六祖惠能說：「『煩惱』即是『菩提』，它們是沒有分別的。假使你要用『智慧』照破『煩惱』，這是『二乘（聲聞、緣覺）』的見解，『二乘（聲聞、緣覺）』就如同羊車、鹿車等的機緣，『大智』和『上根』的眾生，他所修行的方法，就不是這樣。」

薛簡說：「什麼是大乘的見解呢？」

六祖惠能說：「『明』與『無明』，它們的『性（性質）』沒有兩樣，『無二（獨一無二、沒有兩樣、相同）』的『性（性質）』，這就是『實性』。什麼叫『實性』呢？就是處在愚癡的眾生之中，它不減；處在聖人地位上，它也不增；處在煩惱的境界，它不亂；處在禪定的境界，它也不靜寂。『不斷不常（「常見」和「斷見」都是妄）』，『不來不去（不來亦不去）』，不在中間，不在內外，不生不滅，『性相如如（體性（實體）與相狀（形態）都是一樣）』，它是常住不動，所以為它取名叫作『道』。」

●名相：性

◎釋文：有不變之義，指本來具足的性質、事物之實體（即自性）、對相狀而言的自體、眾生的素質（種性）等，即受外界影響亦不改變的本質。

●名相：實性

◎釋文：「真如」的別名。諸法的本體，名為「法性」，亦叫「真如」，湛然常住，遍滿十方，具有圓滿成就真實之性，名「圓成實性」。

●名相：真如

◎釋文：「真」是真實不虛妄之意；「如」是不變其性之意。即大乘佛教所說的「萬有之本體」。

「真如」即指遍布於宇宙中真實的本體；為一切萬有的根源。又作如如、如實、法界、法性、實際、實相、如來藏、法身、佛性、自性清淨身、一心、不思議界。早期漢譯佛典中譯作「本無」。

●名相：不斷不常

◎釋文：「斷」是斷見，「常」是常見。「斷見」是堅持人死之後，身心斷滅不復再生的邪見；「常見」是堅持身心常住，永恆不滅的邪見。「常見」和「斷見」都是妄見，因此說「不斷不常」。

●名相：不來不去

◎釋文：我們生命的來去，有人認為從此道「來」，往彼道「去」，因此有「來去」之見。如甲乙二人，甲至乙地，甲認為「去」彼處；乙則認為「來」此處。所以，「去來」之間，不過是假名的分別對待。以世俗的見解，則宇宙萬法的因緣皆有生有滅，有來有去；以「自性」而言，諸法均無「去來往復」，所以說「不去不來」。

●名相：性相

◎釋文：指「體性（實體）」與「相狀（形態）」。不變而絕對的真實本體，或事物的自體，稱為「性」；差別變化的現象的「相狀」，稱為「相」。「性」與「相」無異，僅是名稱有別，說「性」即說「相」，說「相」即說「性」，譬如說「火（性）」即說「熱（相）」，說「熱（相）」即說「火（性）」，故「性」與「相」有時可以互用。

●名相：體性

◎釋文：指實體，即事物的實質為「體」，而「體」的不變易稱為「性」，故「體」即「性」。若就「理」的法門而言，「佛」與「眾生」，其體性同一而無差別。

●名相：相狀

◎釋文：指形態，「相」是指除了本體外的一切表面的東西，是可以通過眼耳鼻舌身等感受得到的東西。

薛簡問說：「大師所說的『不生不滅』，與外道所說有什麼兩樣呢？」

六祖惠能說：「外道所說的『不生不滅』，是『滅』後就『不生』，以『生』來彰顯『滅』。外道將『生、滅』說成兩個狀態，雖然說是『滅』，卻不是『真滅』；雖然說是『生』，卻說『不生』。而我所說的『不生不滅』，本來它就沒有生，所以現在它也沒有滅，所以不同於外道所說的『不生不滅』。你若是想要知道心性上精要的法義，就不要思量一切的『善』和『惡』，你自然會得到進入本有清淨的心體，清明瑩澈，無『常（生滅變化）』與無『寂（煩惱的擾亂）』。但它的『真空』裡有『妙有』，其微妙的用途比『恆河沙』都多。」

薛簡承蒙六祖惠能指示教導之後，忽然開悟了，於是向六祖惠能頂禮辭別，回到皇宮去。

薛簡將六祖惠能所說的道理，寫在奏章來奏明皇上。有一詔書謝六祖惠能，同時賞賜名貴的「高麗國」所朝貢的「磨衲袈裟」，絲絹五百匹，寶鉢一個。十二月十九日，敕令改「古寶林」為「中興寺」。三年十一月十八日，又敕令「州刺史」重新修飾，賜額為「法泉寺」，六祖惠能的「新州」舊居為「國恩寺」。

有一天，六祖惠能告訴眾弟子說：「各位諸善知識！你們各自清淨自己的心，注意聽我演說佛法。

你們眾人，不須向外面求佛，你們的『自心（自性；佛性）』就是佛，更不可以因為多疑而猶豫不決。若向外馳求，則沒有一物可以建立成功，因為萬法都是從自己的心裡生出來的緣故。

《大乘起信論》上說：『因為心生，所以種種法生。若心滅，則種種法滅。』假如想要成就『種智』。必須到達『一相三昧』和『一行三昧。』的境界。

●名相：種智

◎釋文：為「一切種智」的略稱。「一切種智」是佛了知一切種種法的智慧，即能以一種智慧覺知一切道法、一切眾生的因種，並了達諸法的寂滅相及其行類差別的智慧。根據《大智度論》卷二十七記載：「『一切智』是聲聞、辟支佛事，『道智』是諸菩薩事，『一切種智』是佛事。聲聞、辟支佛但有總『一切智』，無有『一切種智』。」唯有佛有「一切種智」，聲聞、緣覺等僅有總「一切智」。

●名相：一相三昧

◎釋文：禪定之名。「一相」是指平等無差別的「真如相」；「三昧」是指將心定於一處的一種安定狀態。「一相三昧」是指心專於「一相」而修習的正定。菩薩住此三昧，能觀見諸法皆一，無論有相、無相或一切法空，皆能了知「一切即一」之理，而以「一相」智慧莊嚴此「三昧」。

●名相一行三昧

◎釋文：禪定之名。「一行」是指專注於一事，特指念佛修行；「三昧」是指將心定於一處的一種安定狀態。「一行三昧」是指心專於「一行」而修習的正定。菩薩住此三昧，與「畢竟空（意指諸法究竟不可得。亦即以空破諸法，使無遺餘，不執於一物。）」相應。

假如對於『一切處（不論何處）而不執著停住在形相上，在那個形相上，不生起憎恨或喜愛的心，也沒有取捨的心，心不念利益、產生、毀壞等事，安靜悠閒，恬然安靜，淡泊謙虛，融洽和諧，恬靜而不慕名利，這個稱為一相三昧』。

假如對於『一切處（不論何處），行、住、坐、臥時，都用直心，如如不動，直心是道場，這就是淨土，這個稱為『一行三昧』。

假設這個人具足『一相三昧』和『一行三昧』，就像地底下有種子一樣，能夠包含蘊藏，撫育培養，造就成熟菩提的果實，『一相三昧』和『一行三昧』就和這個道理一樣。

我今天說法，就好像是及時的雨，普潤大地。你們的『佛性』，譬如各個『種子』，遇到我今天的『說法』，譬如『雨水』充分的使土地浸潤，普遍施惠使你們受益，都能夠發菩提芽生長。凡是接受我的要旨的人，一定能夠證得『菩提（覺智）』；依照我所說的去實行的人，一定能夠獲得『證妙果（修佛所達到的境界）』。」

●名相：菩提

◎釋文：意譯覺、智、知、道。廣義而言，乃斷絕世間煩惱而成就涅槃的智慧。即佛、緣覺、聲聞各於其果所得的覺智。此三種菩提中，以佛之菩提為無上究竟，故稱「阿耨多羅三藐三菩提」，譯作「無上正等正覺」。

●名相：證果

◎釋文：「果」是取其「結實」之義，「證果」是指修道而有所證悟，證入果位。即以「正智」契合「真理」，進入「佛、菩薩、聲聞、緣覺」等的果位。如三乘人斷惑證理，分別到達極果。又如「大乘」證得「初地」乃至「等覺」等菩薩的「分果」及佛之「滿果」，「小乘」證得「阿羅漢、阿那含」等的四果，皆稱為「證果」。

唐玄宗先天元年，六祖惠能告訴「四眾（四種佛弟子。即比丘、比丘尼、優婆塞、優婆夷。）」弟子說：「我接受忍大師的『信衣』和『正法』，現在為你們說法，不交付這件『信衣』，你們的『信根（信心之根）』濃厚成熟，學道堅決的意志不疑，可以勝任弘揚佛法的大事。」

●名相：信根

◎釋文：三十七道品中的五根之一。「信」為入理的根本，「根」為堅固不動之義；此是以信心堅固不動搖，來比喻草木之根。

六祖惠能說：「聽我說一首詩偈：『心地含諸種。普雨悉皆生。頓悟華情已。菩提果自成。』」

●詩偈的大意是說：

「心地（第八識「阿賴耶識」））」含藏著一切法的種子，現在遇到及時雨（佛法），普遍滋潤一切的種子，所以都生出菩提芽。修行人只要頓悟，世間的花報是如何產生的，花開後，「菩提妙果」就自然成就。

六祖惠能說完詩偈後，又說：「我所說的『頓教法門』沒有兩個，只是一個，心也要變成一個。我所修的道，本來清淨，而且沒有一切的相。但是，你們也不要誤會說，只觀這個『淨』。你若只觀這個『淨』，這也是一種執著。同時，也不要枯守『頑空（一種無知無覺、無思無為的虛無境界）』，為什麼呢？因為一切眾生的心，本來就是清淨，沒有可取，也沒有可捨。你們要各自努力修行，隨著你們各自的因緣，到各處去弘揚佛法。」」。

曾經有一位「僧人」提出「臥輪禪師」所作的詩偈說：「臥輪有伎倆，能斷百思想，對境心不起，菩提日日長。」（「臥輪」不可考，不是名字，便是住處。）

●詩偈的大意是說：

「臥輪禪師」有「伎倆（本領）」，這個「伎倆（本領）」能夠斷絕各式各樣的思想（煩惱）。對境時，都不起心動念，「菩提（覺智）」日日增長。

臥輪禪師的「有伎倆」是一種斷煩惱的方法，是一種有「造作」的禪法，是一種初步修止的法門。這個方法是「能斷百思想，對境心不起」，就是能夠停止自己第六識「意識」的分析判斷功能，達到「不起心動念」的境界，止息心中的思想和善惡的念頭，對外境的色、聲、香、味、觸等不起作用，這是處在禪定中的狀態，但是還沒有「般若智慧」，這是屬於「小乘」的境界。「小乘」要進入「涅槃」，就要先把第六識「意識」滅掉，最後要滅掉第七識「末那識」的一部分，這稱為「入滅盡定」。「小乘」不是不好，不好的地方是停留在原處，不再繼續修行進階到「大乘」的境界，只有「定」，沒有「慧」，不究竟圓滿。佛法是有深、淺層次的，但是執著「小乘」的境界不願意再進步，這就是不對了。

臥輪禪師認為他的「伎倆」，對著任何境界都不起心動念，自認為可以「菩提日日長」。其實，這只是一種「定境」，並沒有「慧境」，這種想法其實就是一種「妄想執著」。

六祖惠能聽了臥輪禪師的詩偈，就對這位僧人說：「這首詩偈還沒有見到『自性』，如果依照這首偈去修行，反而會受到束縛。」

為什麼六祖惠能會這樣評語呢？

因為，臥輪禪師只是修出「禪定」，並沒有「識自本心，見自本性。」，所以，六祖惠能對臥輪禪師的評語是「此偈未明心地」。

那為何六祖惠能又說「若依而行之。是加繫縛。」為什麼會增加「繫縛」呢？

因為，臥輪禪師的禪法，是以「伎倆」使身心止息不動處於「禪定」的境界，還沒有「見性」；另外，只有「禪定」而沒有「般若智慧」的結合，禪者將執著於「禪定」境界的「禪樂」，而難以自拔。當禪者著迷於「禪樂」，便是所謂的「繫縛」。

因此，六祖惠能說了一首偈語來教導他：「慧能沒伎倆，不斷百思想，對境心數起，菩提作麼長。」

● 詩偈的大意是說：

「惠能」沒有什麼「伎倆」，不用斷絕各式各樣的思想（煩惱）。對境時，心不斷的起心動念，「菩提（覺智）」增長個什麼啊？

六祖惠能說，惠能我沒有什麼本領，也不需要斷絕各式各樣的思想，因為「煩惱即菩提」，我連斷百思想的念頭都沒有。實際上是因為，第六識「意識」已經轉成「妙觀察智」，所以對境、對事，不用「分別」就立即知道事情的前因後果。「事來則應，事去則靜。」，所以隨「妄想」來，也隨「妄想」去。我也不管「菩提」長不長，因為「自性」不增不減，這和我從前說過「本來無一物，何處惹塵埃」的道理是一樣的，我的「自性」本來就是清淨的，又何必「勤拂拭」呢？「見性」後，這念心「一念不生」，處處作主，如如不動，外面的境界是「境隨心轉」。

六祖惠能說法利益眾生，經過四十年。這年七月六日，六祖惠能命令弟子往「新州（今廣東省雲浮市新興縣）」的「國恩寺」，建立「報恩塔」，頻頻命令加倍趕工。

又有一位從「蜀（四川）」來的僧人，名字叫做「方辯」，來拜見六祖惠能說：「我精通塑像。」

六祖惠能持嚴正的態度說：「你試著塑一尊像看看。」

方辯一時不知所措，他塑成了一尊六祖惠能的法像，大約有七尺高，惟妙惟肖。

六祖惠能看完之後說：「你只懂得塑像的性，不懂得『佛性』。」

六祖惠能贈與衣物給方辯，方辯謝禮就離去。

唐玄宗先天二年七月一日，六祖惠能告訴弟子們說：「我要返回「新州（今廣東省雲浮市新興縣）」，你們快去準備船隻。」。

當時，眾弟子們哀傷思慕，請求六祖惠能留下來。

六祖惠能說：「諸佛出世，尚且還要示現涅槃，有來必定有去，這是正常的道理。我這個肉身骸骨，也應該有個歸宿。」

眾弟子們說：「師父！您現在去『新州』，什麼時候再回來？」

六祖惠能說：「落葉歸根，我來時沒有說法，去時也沒有說法。我雖說法這麼多年，實未說一法。」

眾弟子們又問說：「師父的『正法眼藏』，傳給了什麼人？」

六祖惠能說：「『有道（有德行）』的人，就可以得到我的『正法眼藏』。能放下自我的執著心，就是『無心』，『無心』的人就能夠跟『正法眼藏』相通了。」

眾弟子們又問說：「以後有沒有災難呢？」

六祖惠能說：「我滅度後，大約五、六年的時候，應當會有一個人來偷取我的頭顱。聽我的預言：『有人會來取走我的頭顱，如奉慈親一般的供養。偷取頭顱的人，是為了填飽口腹，遇到『滿』字的事難（指『張淨滿』。根據《傳法正宗記》載，汝州梁縣人『張淨滿』在洪州開元寺，以二十千錢受僱於『金大悲』。），州縣當官是楊柳（根據《傳法正宗記》記載，『張淨滿』被捕時的地方官，一位姓『楊』，另一位姓『柳』。指的是：韶州刺史是『柳無忝』和曲江縣令『楊侃』。）。」

六祖惠能又說：「我滅後七十年，將有二位菩薩從東方來，一位是在家人，一位是出家人，同時興盛佛法，教化眾生，建立我的宗派，修建佛寺，繼承祖師衣鉢而主持一方叢林的僧人，會非常興盛繁多。」

六祖惠能說完，就前往新州國恩寺，沐浴後，盤足而坐，就圓寂了。圓寂時，當下異香撲鼻，日暈照耀大地。

當時是那年的八月三日，「韶州」和「新州」兩郡，各自修築靈塔，出家人與世俗人，爭相要迎請六祖的真身去供養，無法決定該往何處。「韶州」和「新州」兩郡的刺史，共同焚香禱告說：「香煙所指向的地方，就是大師的歸宿。」

當時香爐的香煙一直飄向曹溪，十一月十三日，眾人把六祖惠能坐化的神龕以及五祖傳下的衣鉢，都由新州「國恩寺」，遷回曹溪「寶林寺」入塔供奉，享壽七十六，當時「韶州」刺史「韋據」敕立碑紀念六祖惠能的道行。

弟子們回憶起「取頭顱」的預言，就先以鐵片和漆布圍護六祖惠能的頸部。塔中有菩提達摩所傳的「信衣」（傳說菩提達摩所傳的「袈裟」即以西域的「屈眴布（一種由木棉心織成的細布）」裁成），後人以「碧絹」做為裡襯。唐中宗御賜「磨衲（袈裟名）」和「寶鉢」，以及「方辯」所塑的六祖惠能法相，連同六祖惠能所用過的道具等，永遠做為「寶林寺」的鎮寺之寶，主塔的侍者陳列示眾。

唐玄宗開元十年壬戌八月三日半夜，忽然聽到塔中有拉拽鐵鏈條的聲音，寺院內的僧人們都大吃一驚，趕緊起來搜尋。看見一個穿孝衣的人，從塔里走出來，接著看見六祖惠能的真身脖頸上有傷痕，於是向州縣衙門報告賊情。

縣令「楊侃」和州刺史「柳無忝」，下公文緊急捉拿罪犯。到了八月五日，在「石角村」抓到了賊人，押送到「韶州」衙門審問。

審判結果說：罪犯姓張，名淨滿，是「汝州梁縣」人，在「洪州」的「開元寺」接受「新羅國（古朝鮮）」僧人金大悲的二十千錢，讓他把六祖惠能的頭顱偷取出來，帶回海東「新羅國（古朝鮮）」供養。

「柳無忝」太守聽了招供，沒有立即判罪行刑，親自去「曹溪」，問大師的高足弟子「令韜」說：「該怎樣判處斷案呢？」

令韜說：「如果按照國家的法律，理所當然應該判殺頭罪，但從佛教講慈悲的宗旨來說，冤家和親人本質上平等沒有區別，何況盜賊的本意，是想供養大師的頭顱，所以他的罪就可以寬恕了。」

柳無忝太守感嘆的說：「今天才知道，佛門真是胸懷廣大啊！」於是赦免了罪犯。

上元元年，「唐肅宗」派遣使者，迎請六祖惠能的衣鉢到宮廷內供養。到了永泰元年五月五日，「唐代宗」夢見六祖惠能請求歸還衣鉢。七日，下聖旨給刺史「楊緘」說：「朕夢見惠能禪師請求將『傳法袈裟』歸還『曹溪』。現在派遣鎮國大將軍『劉崇景』禮敬送回。這是朕的國寶，你可以在原寺院內，妥當安置，並且專門指派得到大師宗旨真傳的僧人們，嚴加看守護衛，不要讓它遺失。」。後來，「傳法袈裟」又被人偷竊，都是賊人還沒有逃走很遠，就被抓回，像這樣的情況一共有四次。「唐憲宗」給六祖惠能諡號為「大鑒禪師」，靈塔敕封為「元和靈照」。

宋太祖「趙匡胤」開寶初年，天子的軍隊平定「南海劉氏」。「南海劉氏」的戰敗剩餘的軍隊，從中阻撓使其不得進行。六祖惠能的靈塔和寺廟，化為灰燼，而六祖惠能的「真身」被「守塔僧」保護著，完全沒有損壞。不久，天下恢復秩序，重新興建整修靈塔和寺廟，還沒有興建整修完成，遇到「宋太宗」皇帝登位，「宋太宗」留心「禪宗」，靈塔和寺廟的興建整修，略微增進雄偉華麗。

三、禪宗三十三代祖之後的法脈傳承

在東土（中國）禪宗的六代祖中，四祖道信不只傳法給五祖弘忍，他還傳法給「牛頭法融」。《傳燈錄》說，四祖道信到「牛頭山」時，看見「牛頭法融」周圍有許多虎狼，便故作恐怖狀。牛頭法融見了便說：「你還有這個在？」

過一會，待牛頭法融進屋裡後，四祖道信就在牛頭法融的石座上寫一個「佛」字。牛頭法融出來欲就座，忽然看見「佛」字在石座上，惶急縮身。

四祖道信說：「你也還有這個在？」

聽到這句話，牛頭法融才向四祖道信請示法要，因而別傳「牛頭法融」一支法脈，名為「牛頭宗」。

五祖弘忍密付衣法給門下的下的惠能，是為禪宗第六祖。此外，五祖弘忍另一位得意的弟子「神秀」，精通老莊玄學，深入三乘佛學要旨，是一位深通世、出世學的學者，後被譽為「東山之法，盡在秀矣」。

大足元年（西元七〇一年），「神秀」應「武則天」的徵召入京，沒多久，聲名大噪，被奉為「兩京法主，三帝門師。」神秀一生雖未得五祖弘忍付法，然能為帝王所器重，化導於京畿，既弘揚「東山之法」，作為五祖弘忍的旁系法嗣，應無不可。

五祖弘忍其下分為「北宗神秀」與「南宗惠能」二派，「北宗」主「漸悟」，行於北地，並無分派；「南宗」主「頓悟」，行於南方，盛於「中唐」以後。

六祖惠能的門下有「荷澤神會」的「荷澤宗」，但不久就沒落。另外，「南嶽懷讓」和「青原行思」二支，為唐末以後，禪宗的主流。

「南嶽懷讓」的門下「馬祖道一」創立「洪州宗」，「馬祖道一」的門下出「溈仰宗」和「臨濟宗」。

「青原行思」的門下「石頭希遷」創立「石頭宗」，「石頭希遷」的門下分「曹洞宗」、「雲門宗」和「法眼宗」，是為「五家」。

「臨濟宗」門下又分「黃龍派」和「楊岐派」，合稱「七宗」。於是，「五家七宗」各立門戶，各有家風。到了宋朝以後，唯有「臨濟宗」和「曹洞宗」盛行於世。

由以上的說明，可得知禪宗的「宗派」形成，直到六祖惠能才大放異彩，而後開演為五家七宗。其後發展，更是取代大乘各宗的地位而獨步當代。

下面的單元，將依序詳細介紹「牛頭宗」、「荷澤宗」、「洪州宗」、「石頭宗」、「溈仰宗」、「臨濟宗」、「曹洞宗」、「雲門宗」、「法眼宗」、「黃龍派」和「楊岐派」。

國家圖書館出版品預行編目資料

看懂禪機（上）／呂冬倪著. --初版.--臺中市：
白象文化事業有限公司，2021.10
面； 公分
ISBN 978-626-7018-21-7（平裝）
1.禪宗 2.佛教修持
226.65　　110011408

看懂禪機（上）

作　　者　呂冬倪
校　　對　呂冬倪
專案主編　陳逸儒
出版編印　林榮威、陳逸儒、黃麗穎、水邊、陳媁婷、李婕
設計創意　張禮南、何佳諠
經銷推廣　李莉吟、莊博亞、劉育姍、李如玉
經紀企劃　張輝潭、徐錦淳、洪怡欣、黃姿虹
營運管理　林金郎、曾千熏
發 行 人　張輝潭
出版發行　白象文化事業有限公司
412台中市大里區科技路1號8樓之2（台中軟體園區）
出版專線：（04）2496-5995　傳真：（04）2496-9901
401台中市東區和平街228巷44號（經銷部）
購書專線：（04）2220-8589　傳真：（04）2220-8505
印　　刷　基盛印刷工場
初版一刷　2021年10月
定　　價　每套1500元（上、中、下三冊合售）